岩波現代文庫／社会 302

機会不平等

斎藤貴男

岩波書店

目　次

序章は、岩波現代文庫版刊行にあたっての書き下ろしです。第一章から五章は、本書の底本(文春文庫版)の本文を、わずかな修正をのぞいて、そのまま収録したものです。団体名や個人の肩書、年齢なども底本の記述にあわせて、原則として取材時点のものです。

序　章

相模原の惨劇は〝テロリズム〟か

二〇一六年七月二十六日の未明に、神奈川県相模原市の障害者施設で、同日中に死者十九人、重軽傷者二十六人を出す連続殺傷事件が発生した。一二年十二月から事件の五ヶ月前の一六年二月まで同施設に勤務していた男(当時二十六歳)が、侵入し、重度の障害がある入所者らを、次々に刃物で切りつけていったのである。

あまりの凶悪事件の第一報を聞いた際、私は直感的に、これは〝テロ〟だと受け止めた。同じように感じた人は少なくなかったらしい。テレビや新聞の報道でそう表現されたことがあるとは聞かないが、ベストセラー『里山資本主義』(共著、角川書店、二〇一三年)で知られる藻谷浩介・日本総合研究所主席研究員が「毎日新聞」のコラムで、岡原正幸・慶應義塾大学教授(感情社会学、障害学)が「サンデー毎日」のインタビューで、それぞれ〝テロ〟を示唆する発言を残している。アメリカのジョン・ケリー国務長官も、滞在していたラオスのビエンチャンで、遺族への追悼の意を述べた後、「これは一種のテロだ」と明言したと報じられたし、他ならぬ被害者の父親(当時七十二歳)が、事件の一ヶ月後、「一人のテロリストにかけがえのない施設が踏みにじられた」と語ったという(「産経新聞」二〇一六年八月二十六日付朝刊)。

実際、植松聖《さとし》容疑者は凶行の実行に先立って、大島理森《ただもり》・衆院議長の公邸に、〈障害者が安楽死できる世界〉の実現が自分の目標だとする手紙――犯行計画書を持参していた。公開された一部文面の最後には決行後に自首するから〈監禁は最長二年〉まで、出所後の新しい名前や戸籍等、および〈金銭的支援〉五億円が欲しいといった〝要望〟が列挙され、〈安倍晋三様にご相談頂けることを切に願っております〉と結ばれてもいた。「産経新聞」の捜査関係者への取材によると、彼は当初、これと同じ内容の文書を直接、首相本人に送るつもりだったとされている(七月二十九日付朝刊)。

いかにもテロリスト然とした行動だ。テロリズムの定義は国際的には多様で、未だに確立されていないのだが、松葉祥一・神戸市看護大学教授(フランス哲学)の整理では、テロと呼ばれるには最低限、①目的の政治性、②恐怖心を呼び起こすことを戦術とする、③暴力の行使、④非合法性――の四要素が必要である(「国家テロリズムあるいはアメリカについて」『現代思想』二〇〇三年三月号)。相模原の事件はいずれにも該当している。

テロリズムが定義されにくいのは理由がある。フランス革命当時のジャコバン党は、むしろ積極的な統治手法として、自らの恐怖政治をそう称していた。転じて、まず罵倒語の意味ありきの現代においては、パレスチナとイスラエルが互いを「テロリスト」だと侮蔑し合っている現実があるように、用いる主体が都合よく定義できてしまう概念に変質してもいる。仕掛けた側が自らを〝仕掛ける相手に虐げられてきた被害者〟として位置づけているに違いないというイメージだろうか。テロに用いられる自動車爆弾が〝貧者の空軍力〟、生物兵器が〝貧者の核兵器〟などと形容されるのも、同様の発想に導かれたものと思われる。

もっとも日本国内では、「テロリズム」の官製〝定義〟がかなり浸透している感がある。〈国家の秘密工作員または国内外の結社、グループがその政治目的の遂行上、当事者はもとより当事者以外の周囲の人間に対してもその影響力を及ぼすべく非戦闘員またはこれに準ずる目標に対して計画的に行われる不法な暴力の行使をいう〉。これは公安調査庁がアメリカ国務省の定義などを基に策定したとされる定義だが、組織の性格上、反体制派への敵愾心が露わな主張が、特に大きな議論にも発展しないまま、一般にも丸ごと受け容れられているようなのが、この国らしいと言えばこの国らしい。

同庁の定義に従うと、相模原事件はテロとは言い難いことになる。植松容疑者に安倍首相や彼の率いる国家体制と対峙するつもりはなかった。容疑者の内面奥底まではもちろん不明だが、犯行計画書の中身や宛て先を考える限り、逆に彼らを共闘し得る〝同志〟として認識していた、と理解する方が自然でさえあるのである。

ここで考えたいのが、容疑者は己や安倍政権をむしろ、被害者として捉えていたのではないか、ということだ。そして、この凶行を「テロ」だと直感した私自身もまた、現代のこの国では、本当の社会的弱者に対して暴力を行使する者がそうやって己を正当化する発想が決して珍しくない、どころか、むしろ主流になりつつある社会心理を知っていた。

いつかこんな事件が起こってしまうに違いないと、ずっと危惧していた気がする。これは、二〇〇〇年に単行本化された本書『機会不平等』のための取材を重ねていた一九九〇年代後半以来、ずっと抱き続けてきた感覚だった。

心地よい格差!?

執筆当時の思いは本書の第五章に詳しい。優生学とか遺伝子とか社会ダーウィニズムとか、いつの間にか医学や社会思想史の領域にまで踏み込んでいた。

取材を始めたばかりの頃は、そのような問題への言及が必要になるなどとは、考えてもいなかった。もともとはただ、一九九〇年代の初頭から本格化し始めた規制緩和の流れが急になるにつれて、初期にはさほど珍しくもなかった批判的な言説が影を潜めていき、九〇年代の半ば以降は礼賛一色になった社会情勢に、言い知れぬ不安を覚えたのに過ぎない。

——物事にはすべて裏表がある。なるほど日本の戦後システムは限界に近づいた。従来の既得権益に支配されたままでは、これ以上の発展はあり得ず、いずれ衰退を余儀なくされる……などといった当時流行のロジックは基本的には誤っていないとしても、大手メディアの翼賛体制の下で性急な破壊が進められれば、弊害も大きいはずだ。

規制緩和の〝光〟が強いなら強いほど、それに伴う〝影〟も必然的に色濃くなるに違いない。〝光〟に照らされる範囲だって未知数ではないか——。

そう考えて取材に着手した私が、社会をリードする指導的地位にある人々に会って話を聞くたびに感じたのは、激しい被害者意識である。多くの場合、由緒ある家柄の出身で、自らの能力にも自信を持っている彼らは、平等を理想としてきた戦後の社会を、どこか憎悪しているように思えてならなかった。

まるで〝戦後の農地解放で小作人に土地を安く買われた寄生地主のルサンチマン〟だ、と感じた記憶が生々しい。本書が、特に引用したわけでもなかった水谷研治・元東海銀行専務の著書『強者が収奪される時代』を参考文献に挙げているのも、ストレートには書きにくいそんな感触を、彼ら自身の側から発してくれたかのようなタイトルを通して、読者に伝えたかったからだ。

あれから二十年近い歳月が流れた。本書で近い将来への警鐘を乱打できたつもりではあったし、それなりの評価をいただきもしたものの、力不足は否めない。二〇〇一年に登場した小泉純一郎政権のいわゆる構造改革路線を経て、日本社会は当時の私が抱いた不安をはるかに上回る姿になった。

ずいぶん貧困化が進んだ。内閣府と厚生労働省、総務省が合同で二〇一五年十二月にまとめた分析によると、一二年度における日本の「相対的貧困率」は一六・一%で過去最悪。一四・九%だった〇三年以降は上昇続きで、近年はOECD(経済開発協力機構)の国際比較でも、メキシコやトルコ、アメリカに準ずる貧困大国の様相を呈しつつある。あくまでも国民の可処分所得を高い順に並べた際の中央値の半分に満たない人の割合を示す数字であり、生存に必要な最低限の収入を得られない人の割合「絶対的貧困率」とは異なるのだけれど、後者だけを重視するありがちなスタンスからは、先進国の一角ではある日本で暮らしているのに貧しいのは、すべてその人自身が悪いからだという結論しか導かれ得ない。貧困とは全体の印象や経済指標のみで測れるものではなく、それぞれの社会における相対的なものでもあることが忘れられてはならないだろう。

貧困そのものではなく、所得や資産の格差を表す「ジニ係数」はどうか。完全な平等が〇で、数値が高くなるにつれて不平等度が強まり、富が一人に集中すると一になる指標だ。厚生労働省が二〇一六年九月に発表した最新の調査によると、日本のジニ係数は一九八三年以降上昇を続けており、一三年度は〇・五七〇四で過去最大になった。税金や社会保障費の徴収、公的年金の給付などを反映させた「再分配」後だと〇・三七五九で前回調査より微減というデータも算出されたが、これは高齢化が進み年金受給者が増えた結果でしかないので、格差の拡大傾向はますます進んでいると断じてよい。先進各国との比較でも、最も不平等度が高いとされる米国や英国に次ぐ順位が定着してしまった。

二〇〇〇年代半ばの一時期には注目もされた格差の問題は、しかし、近年では報じられる機会さえ珍しい。格差は広がって当たり前、が主要メディアのコンセンサスになり、人々の関心も遠のいた。朝日新聞社とベネッセ教育研究開発センターが二〇一二年に実施した共同調査では、「所得の多い家庭の子どもの方がよりよい教育を受けられると言われる傾向をどう思うか」との問いに、「当然だ」が六・三％、「やむを得ない」が五二・八％。それぞれ三・九％と四二・五％だった〇四年調査、三・九％、四〇・〇％の〇八年とは激変した様相がわかる。

〈私はパイが大きくなるのを止めるような平等はいけないと思う。「日本社会にとって心地良い格差」をつくるべきだ〉

規制緩和を推進した旗頭の一人である宮内義彦・オリックス会長が、二〇〇六年に残した言葉だ（「朝日新聞」九月十三日付朝刊のインタビューで）。当時は一定の批判を集めたりもしていたが、わずか十年後の日本社会は、まさに彼にとっての理想郷になっている。

たまたま、ではない。不景気が長く続いているから、というだけでももちろんない。

格差は国策として、意図的に拡大させられてきた。

二十世紀末までの経緯は、第一章以下の本文を読んでいただきたい。バブル経済崩壊後の長期的な景気低迷を打破するとして推進された規制緩和は、しかし実質的な景気回復を呼び起こすことはなく、階層間格差を拡大していく効果ばかりを果たして、今日に至っている。

この間には、たとえば――。

「雇用改革」または「労働市場改革」。一九九九年に勤労人口の二四・九％だった非正規雇用の割合が、二〇〇四年に三〇％を超えた。その後も増加を続けて、一五年には三七・五％にまで膨らんでいる（総務省「労働力調査」より）。

一方、民間企業で働く人々の二〇一四年における平均年収は四百十五万円。正規も非正規も、男性も女性も合わせて計算された金額だ。ピークだった一九九七年より五十二万三千円の減収、〇〇年との比較でも四十六万円も減った（国税庁「民間給与実態統計調査」より）。

「教育改革」では、各地で学校選択制の採用が急がれ、既存の小中学校の統廃合などによる公立小中一貫校への再編成が進んだ。県立高校の学区が撤廃される動きも激しい。いずれも競争原理の導入を主たる目的としており、文部科学省は二〇〇七年度にスタートした全国学力・学習状況調査（全国学力テスト）や、教員評価制度の強化などとも連動させて、その効果を高めたい意向であるという。

学力テストについては、二〇一四年度から自治体による結果の公表も認められるようになった。それまでは学校や生徒の序列化を招く恐れがあるという理由で禁じられていたのだが、一部の自治体首長によって強行されるケースが相次ぎ、なし崩しに解禁されたのである。文科省は一応、学校側との協議を義務づけるなどの制約を課しはしたが、公表されたデータが教育産業などの利用に供されるのは自明だ。また各地では、通常の授業がこのテストの準備ばかりに終始したり、成績のよくない生徒の答案を取り除いて採点に回していた事例も、たびたび表面化している。

世間の思い込みとは正反対の事態が進行中なのが「社会保障制度改革」である。消費税率の引き上げが民主・自民・公明の三党の間で合意されたのは、民主党政権時代の二〇一二年六月だった。増税による社会保障の充実が高らかに掲げられ、マスコミの大方もこれを支持する論調だったさまは周知の通りだが、実際に消費税率が五％から八％へと引き上げられる五ヶ月前の一三年十二月に可決・成立した「社会保障改革プログラム法」は、国民に対する「自助」の奨励を眼目にしていた。一般に「充実」と聞いて連想される「公助」は、むしろ放棄あるいは縮小していく方向性が、法律に明記されたことになる。

驚くには当たらない。二〇〇六年に制定された「障害者自立支援法」も、〇八年に始まった「後期高齢者医療制度」も、この間に展開されてきた社会保障政策は、どれも同様の考え方に基づいていたし、そのことは隠されてもいなかった。

以上の他にも、格差の拡大を不可避にした構造改革は数限りない。「司法制度改革」や「大学改革」、「三位一体の改革」、「郵政改革」、「公務員制度改革」……。具体的な内容については割愛するが、ともあれ二〇〇〇年代以降のこの国では、そのようにして階層間格差の拡大が進められたのだった。

自分より弱そうな立場の他者に対して

日本の年間自殺者数が初めて三万人を上回ったのは、一九九八年のことである。人口比でも先進国最悪の座をお隣の韓国と争う状態は、そのまま継続され、ようやく三万人の水準を下回るまでには、十五年目の二〇一二年を待たなければならなかった。

自殺者が増えた最初のきっかけは、日本長期信用銀行や山一証券の破綻が相次いだ一九九七年の金融危機、および金融機関の自己資本比率に関わるＢＩＳ(国際決済銀行)規制に伴う貸し渋り、貸し剝がし等が、主に中小・零細企業を直撃したせいだというのが定説だ。私はここに、やはり九七年に実施された消費税率の三％から五％への引き上げが追い打ちをかけたと見ているが、いずれにせよ自殺者が三万人を越す惨状が十四年間も改善されなかったのは、この国の社会が被ったダメージの上に、一連の構造改革という、さらなる暴風雨が吹き荒れた結果である。

何かと言えば競争原理や自己責任原則が強調される。社会全体のセーフティネットが次々に取り払われていく。自殺者の内訳で最も高い割合を占めたのは失業者を含めた「無業者」だし、定職があっても、職場でのパワハラが原因で自殺に追い込まれる者が続出した。

私は二〇〇〇年代を通して、次のようなことを訴え続けていた。

私たちはそろそろ気づかなければいけない。同期入社のサラリーマンの給料が定年まで同じなのはおかしいとか、日教組の先生が運動会の徒競走で手をつないで一緒にゴールインさせるのが悪平等の典型だなどという話題がしばしば持ち出されるが、そんなエピソードは普遍的な現実でも、いわんや社会全体を説明する要素でもなんでもない。第一、無理に探さなくても、この国には大金持ちも貧乏人も、どちらもいくらでもいる。

なぜなら人間には、悲しいかなスタートラインに違いがある。物心がついたら両親がいなくて孤児院で育っていた子がいるかと思えば、一方ではかつての〝満州〟の支配者で戦後はA級戦犯だったはずがいつの間にか首相になっていた人を祖父に持ち、その娘婿であるところの父親は元外相で大叔父も元首相、一族のコネで小学校から大学まで進み、一族のコネで就職し、父亡き後は地盤看板を世襲して、あげく一族の七光りで次世代の首相候補と持て囃されているなどという子もいたりする。百メートル競争に喩えれば、片や本来のスタートラインよりさらに百メートル後ろから走らされるハンデを背負わされた、片やあらかじめ九十九・九メートルのおまけを与えられている。だったらせめて、人生は人それぞれと誰もが自由気ままに生きていくことができるのならまだしも、世界はますます単一の価値観に染め上げられつつあり、後者は〝勝ち組〟、前者は〝負け組〟、自己責任原則なのだから負けた奴が悪いなどと〝第三者評価〟され、人間が〝格付け〟されてしまうのが、この国の現在なのではあるまいか。

本書が初めて文庫化された際に書いた「文庫版のためのまえがき」の一節だ。二〇〇四年一月の日付がある。

現在も考え方に変わりはないが、読者や講演の聴衆に伝わりにくくなった状況が否めない。結局、何ひとつ食い止められなかった。右の文中に登場した〝次世代の首相候補〟は現実にも首相となり、一度はその立場を自ら投げ出しておきながら、数年後には返り咲いて、憑かれたように強権を振るい続けている。

はたして社会全体が千々に乱れ、分断された。格差や貧困のただ中で、あるいは自らは決して貧しいわけでもないのに、閉塞感に苛まれた人々の多くが、自分よりも社会的に弱そうな立場の他人を見つけては、差別的な言動を繰り返す。

権力の座にある政治家や、彼らに近い文筆業者らが下々を見下した暴言を吐きたがる図は、驕慢の窮みだ。まさにその下々が、別の下々に向かって悪罵の限りを尽くすヘイト・スピーチの数々は聞くに堪えない。冒頭で紹介した相模原市の障害者施設連続殺傷事件も同様の心性に導かれたヘイト・クライムと形容される犯罪類型に属するとされるが、二〇〇三年から〇四年にかけて、被差別部落出身者や元ハンセン病患者、周囲の関係者らに差別そのもののハガキが大量に送り付けられた事件も、私の頭にこびりついてしまっている。

〈●●●●(原文は実名)は特殊部落出身です。人間じゃない賤しい生物です。〉などと綴り続けた犯人は、当時三十四歳の、名門大学卒の男性だった。二〇〇四年十月には脅迫罪の容疑で逮捕・起訴され、懲役二年の実刑判決(求刑三年)を受けることになるのだが、案の定と言うべきか、この男にはもともと被差別部落についての知識などまったくなかったことが、裁判の過程で明らかになっている。関係者に危害を加えられた体験も一切ない。いわゆるヘイト本(この頃はまだそのような呼称はなかったが)の類《たぐい》を丸ごと信じ込んだ末の愚行だったのだ。

　私はこの事件を少しだけだが取材したことがある。二〇〇三年の年の瀬に部落解放同盟の関係者宅に届いた封書を読み直すと、犯人の怨念めいた心理状態が、それから十数年を経た現在のこの国ではより広く共有され、花開いてしまっているような気がして、やりきれない。このストレス社会では、お前たちのような〝差別されるための存在〟が必要だ、などとの独善が書き連ねられていた。

私は考え過ぎているのだろうか。だとしたら、こんなに嬉しいことはない。ただ、ならば二〇〇〇年代以降のこの国に山ほど現れた異様な流行語に反映された、たとえば次のような現実をどう見ればよいのか。ざっと思いつくだけでも――。

勝ち組・負け組／貧困ビジネス／ニート／ワーキングプア／希望格差社会／負け犬／下流老人／介護難民／介護離職／子どもの貧困／嫌韓流／待ち組／偽装請負／ゆとり世代／派遣切り／無縁社会／ナマポ（生保＝生活保護）／かあさん助けて詐欺／ブラック企業／ブラックバイト／自発的隷従／ヤンキー政治／反知性主義／貧困女子／貧困バッシング／プア充／奨学金破産／劣化／保育園落ちた日本死ね……。

新自由主義の旗手の後悔

中谷巌・一橋大学名誉教授が、二〇〇八年の暮れに〝懺悔の書〟を出している。『資本主義はなぜ自壊したのか』（集英社インターナショナル）。一九九三年に細川護熙《もりひろ》政権が設置した諮問機関「経済改革研究会」（座長＝平岩外四・経団連会長）の委員に就任して以来、一貫して規制緩和・構造改革路線の旗を振った経済学者だ。小泉政権でも竹中平蔵・慶應義塾大学教授（経済財政担当相や総務相も歴任）とともに、理論的支柱の一方の雄であり続けていた。

その人物が、実に率直な告白をしてのけたのである。

今にして振り返れば、当時の私はグローバル資本主義や市場至上主義の価値をあまりにもナイーブに信じていた。そして、日本の既得権益の構造、政・官・業の癒着構造を徹底的に壊し、日本経済を欧米流の「グローバル・スタンダード」に合わせることこそが、日本経済を活性化する処方箋だと信じて疑わなかった。（中略）

だが、その後に行なわれた「構造改革」と、それに伴って急速に普及した新自由主義的な思想の跋扈、さらにはアメリカ型の市場原理の導入によって、ここまで日本の社会がアメリカの社会を追いかけるように、さまざまな「副作用」や問題を抱えることになるとは、予想ができなかった。

私は〝懺悔〟直後の中谷氏にインタビューする機会に恵まれた。詳しくは拙著『経済学は人間を幸せにできるのか』（平凡社、二〇一〇年）にまとめたが、一部を要約して紹介したい。

――「思うところあって自分は間違っていたのかもしれないと考えるようになった」というのは、二〇〇〇年代に入った頃からですか？

「徐々にですね。自分自身で人体実験しているような感じでした。経済学だけで社会を論じることはできないのだと、政策を語れば語るほど思い知らされました。

（経済学の）ロジックで解決できる部分って、たぶん人間生活の二割か三割程度でしょう。それが見えない。経済学者は、とりわけ新自由主義を信奉する経済学者は、社会というものをまったく見ていないのではないか。何もかもを個人に回収させ、アトム化させた世界しか見えていないのだと思う。個人と個人が出会う場所は市場だけではないですし。重要なのは「社会」をどう構築するかです」

――どうしてそんなにナイーブだったのですか？

「学校教育のせいもあると思います。私は戦後教育の第一世代でしたから。とにかくアメリカン・デモクラシーがベストだと教え込まれた。（後に日産自動車勤務を経て留学した）アメリカのパワーは本当にすごかった。大学のシステムも、留学生に対する態度も。世界中の優秀な人材を集めて、味方を増やすのが国策だったのでしょう。私も彼らのフェアネスというか、一生懸命に勉強して成績を上げれば奨学金も生活費も得られるという、日本では考えられない現実を見せつけられて、呑み込まれたということだったと思います」

〝懺悔の書〟には、こんな件《くだり》さえあった。〈おそらく、新自由主義というのは学術的に、あるいは論理として「正しい」ということで支持を集めたというよりも、一部の人々、はっきり言ってしまえばアメリカやヨーロッパのエリートたちにとって都合のよい思想であったから、これだけの力を持ったのではないか〉。この文脈の延長線上の話題で、

彼は、

「ヨーロッパの人々は国と国とが地続きなので戦争の連続で、相手を説得することによってしか前進できないことを骨身に沁みて知っている。成熟しています。アメリカにはそういう経験がないから、正しいと思ったらとことんやれと突っ走ってしまう」

——足りない部分は軍事力があるぞ、みたいな。

「いざとなったら軍事力でやればいいという感じ。イスラム教徒にアメリカ流の民主主義を押しつけようだなんて、とんでもない時代錯誤だと思うのですが」

よほどの葛藤と反省があったのに違いない。新自由主義の旗手だった頃の中谷氏は、たとえば鈴木淑夫・野村総合研究所理事長(後に衆議院議員)、大田弘子・大阪大学教授(後に経済財政担当相)との座談会で、こんな言葉さえ口にしていたのだから。

確かに大店法(引用者注・大規模店舗法)を撤廃すると、パパママストアはいくつかは倒産するかもしれない。(中略)パパママストアは倒産する。倒産するけれども、みんなは今の論理と同じで、三〇%豊かになるわけです。それでニュービジネスが出てくるから、パパママストアで倒産した人たちは、そのニュービジネスにトライもできるし、あるいはそのウォールマートストアーズに雇ってもらうこともできるでしょう。しかし、町全体としてはその結果すごく豊かになる。規制緩和というのはそういう絵だと思います。(中略)

だから、ぜひ部分利益追求だけにとどまらない、広い視野を持った国民に成長してもらいたい。おこがましいけど、そういう希望を持っています。（中略）しかも、私なんかに会いに来られて、堂々と正義の味方のような顔をしておっしゃるのが困るわけです。少しは、これは恥ずかしいことを実は要求しているのですけどというような顔つきをしていただきたいというのが私の本音です。（笑）（中谷巖・大田弘子『経済改革のビジョン――「平岩レポート」を超えて』東洋経済新報社、一九九四年）

他人に経済活性化の犠牲になることを強要し、生き方を変えろと命じる権限があるかのように振るまっていた男が、「自分は間違っていた」と真摯に悔い改め、満天下に謝罪した。それでも新自由主義の猛威はとどまるところを知らず、立ち止まって来し方行く末を省みようとする気配すらない。

分断された社会をその深部から問うために

「「世界で一番企業が活躍しやすい国」を目指します」

と、安倍晋三首相は高らかに宣言した。二〇一三年一月に召集された第百八十三回通常国会における二月二十八日の施政方針演説。世界中の優れた企業や人材を集めて、日本を世界の経済成長センターにしよう、という話の流れでの一言だった。

経済の活性化は重要な政治イッシューである。そのためには企業が経営しやすい環境を整える政策も必要だ。が、世界スケールを謳う国家ビジョンの中でそれを最優先事項に位置付ければ、グローバル巨大資本の利潤追求を妨げかねない要素は排除する以外の選択肢が失われる。労働者やその家族だけでなく、社会全体の安全や、人間一人ひとりの人権までも。

現実に、第二次安倍政権の〝アベノミクス〟と自称された経済政策には揺るぎがない。すでに医療や年金、介護、生活保護などは前述の「社会保障改革プログラム法」に基づきながら、着々と切り捨てられている。七十歳から七十四歳までの医療費は原則二割に引き上げられ、入院時の食費も値上げされた。後期高齢者医療制度の特例軽減措置は廃止された。介護分野では二〇一五年四月から要支援者の訪問介護・通所介護利用が保険給付から外されてきているし、特別養護老人ホームの入所資格が原則として要介護三以上に限定されている。生活保護の基準も年々引き下げられていて、たとえば生活費の部分「生活扶助」は、一三年度から段階的に実質六・五％分の削減となった。

介護や就労支援、グループホームなどの福祉サービスを受けている障害者が、六十五歳になると介護保険サービスに切り替えられる「六十五歳問題」も、深刻さを増してきた。二〇一三年に施行された「障害者総合支援法」(旧・障害者自立支援法)の細かな条文を根拠とした運用とされるが、一部の自己負担が原則になったり、サービスの量や質が変わってしまう。「六十五歳の誕生日で障害者でなくなるとでも言うのか」という当事者たちの反発は切実きわまりない。

「公助」から「自助」への転換メニューは、まだまだ目白押しだ。入院の部屋代徴収をはじめベッド数の削減、七十五歳以上の窓口負担増額、要介護一、二の介護利用も保険給付から外す、年金支給年齢のさらなる引き上げ、生活保護費のよりいっそうの減額を盛り込んだ法案が、今後、矢継ぎ早に国会に提出されることになっている。経済財政諮問会議が二〇一五年十二月にまとめた「経済・財政再生アクション・プログラム――〝見える化〟と〝ワイズ・スペンディング(引用者注・賢い支出の意)〟による「工夫の改革」」が、そして社会保障制度の「公助」性を破壊していくのではないか。同プログラムが活用を謳う「KPI(Key Performance Indication＝重要業績評価指数)」というのは、もともと企業の徹底したIT化および定量化・数値化、本社の一元管理による目標管理システムだ。合わせて発表された「改革工程表」に盛り込まれている七十九の項目のうち、半数以上の四十四項目が社会保障の分野であり、二十九項目がこれと密接な関係があると見られる地方自治に関わっている(川上哲「「経済・財政再生アクション・プログラム」とKPI改革」、「賃金と社会保障」一六年六月上旬号)。プログラムの趣旨に照らせば狙いは明白だが、なぜか一般のマスメディアではまったく報じられていない。

それでも消費税はなお増税され続けていく。二〇一四年四月に八％になった税率は一九年十月には一〇％へと、さらに引き上げられる予定だし、それで終わる保証はどこにもない。

二〇一一年度に必修となった小学五、六年生の英語は、二〇年度から教科化される。合わせて小学三、四年生の英語も必修となる予定だ。

対応できる小学校教師はきわめて少ない。多くの公立学校は、民間の英語学校に講師の派遣を依頼することになるだろう。ビジネスの論理が学校現場に流れ込んでいく。早期教育の成果は家庭環境に左右される部分が大きい。他方、格差の拡大や貧困家庭の増加で奨学金という名の教育ローンを借りざるを得ない学生が増加し、卒業と同時に返済地獄に陥る社会問題については、なお解決の糸口が見えてこないのである。

二〇一六年九月十六日に参加する委員が発表された政府の有識者会議「働き方改革実現会議」(議長・安倍晋三首相)は、第一次安倍政権時代の〇六年に竹中平蔵・元総務相による提言を受けた「労働ビッグバン」構想の実現を目的に設置されている。かつてのアイドルグループ「おニャン子クラブ」の元メンバーで、現在は乳がんの治療を受けながら活動している女優の生稲晃子さん(四十八歳)が委員に入ったことばかりが話題にされるが、実態はどうか。

安倍首相は「働かせ方改革」に臨んで、「非正規という言葉を一掃したい」と胸を張り、「長時間労働の是正」や「同一労働同一賃金」を強調した。とはいえ経済財政諮問会議の場などで労働ビッグバン構想をリードした経済学者の八代尚宏・国際基督教大学教授は、かねて総人件費の抑制を訴えていた論者だ。また、「実現会議」委員発表の当日に日本経済新聞が一面トップで掲載した「主要一〇〇社社長アンケート」の結果に照らすと、額面通りに受け取ってよいとは考えにくい。それによれば、大企業のトップたちは、「働き方改革」に期待する施策として、次のような意志を示しているのである。

「裁量労働制の拡大」五一%、「テレワーク・在宅勤務の促進」四三・五%、「脱時間給の導入」四二・二%。以下、「解雇の金銭解決の導入」「外国人労働者受け入れの促進」「高齢者雇用の促進」「残業時間の上限設定」「同一労働同一賃金の実現」……と続く(三つまで選択)。最後の項目は首相の発言と一致したものの、他の選択肢のいずれもが人件費の削減を主たる狙いとするものであることを考慮すれば、これとても一般の期待とは裏腹のシナリオが用意されていると考える方が自然ではなかろうか。すなわち、正規の賃金水準を非正規のそれに合わせて引き下げていく。エリート以外の働かせ方の原則を非正規にしてしまう。例外的な響きを伴う〝非正規〟という形容の意味を失わせるわけだ。そこまで行かなくても、正規の賃金水準を非正規のそれに合わせて引き下げることで「同一賃金の実現」に近づけるなどとの論法が、マスメディアや経済学会の主流になるのが先か。

階層間の格差は、あるいは相対的な貧困は、このままだと確実に、よりいっそう拡大し、深刻さの度合いを増していくだろう。当然のことながら、その影響は限られた領域に留まってはいない。分断された社会に深く刻まれる溝は市民同士の対立を不可避にし、排除型の監視社会や言論・思想の統制を必然的に招くことになる。グローバリゼーションの時代には、こうしたムーブメントが一国内で収まっていないことも、今さら指摘するまでもないはずだ。

中谷巌・一橋大学名誉教授が述べていた「いざとなったら軍事力」という発想の存在を想起されたい。憲法改正が政治日程に入ってきた二〇一六年の日本に、そこへの予兆を感じているのは、ひとり私だけだろうか。

ともあれ本書は、現在の方向へと大きく舵を切り始めた時期のこの国の深部を切り取って提示した。これからの議論の大前提になるべきだとの自負が、私にはある。

第一章　「ゆとり教育」と「階層化社会」

「非才、無才には、せめて実直な精神だけ養ってもらえばよい」。基礎学力を培う義務教育の年間授業時間数をあえて削減する「ゆとり教育」について、三浦朱門・前教課審会長はこう説明した。九〇年代の日本型経営の崩壊とともににわかに加速した「複線型教育」への回帰――。

教育改革国民会議座長の「優生学」

「人間の遺伝情報が解析され、持って生まれた能力がわかる時代になってきました。これからの教育では、そのことを認めるかどうかが大切になってくる。僕はアクセプト(許容)せざるを得ないと思う。自分でどうにもならないものは、そこに神の存在を考えるしかない。その上で、人間のできることをやっていく必要があるんです。

ある種の能力の備わっていない者が、いくらやってもねえ。いずれは就学時に遺伝子検査を行い、それぞれの子供の遺伝情報に見合った教育をしていく形になっていきますよ」

江崎玲於奈《えさきれおな》・教育改革国民会議座長(七十五歳)が力説している。二〇〇〇年六月下旬、彼の城である芝浦工業大学学長室。首相の私的諮問機関のリーダーとして戦後教育の抜本的改革を進めるノーベル物理学賞受賞者は、そして「優生学」を口にした。

「遺伝的な資質と、生まれた後の環境や教育とでは、人間にとってどちらが重要か。優生学者はネイチャー(天性)だと言い、社会学者はノーチャー(育成)を重視したがる。共産主義者も後者で、だから戦後の学校は平等というコンセプトを追い求めてきたわけだけれど、僕は遺伝だと思っています。

これだけ科学技術にお金を投じてきたにもかかわらず、ノーベル賞を獲った日本人は私を含めてたった五人しかいない。過去のやり方がおかしかった証拠ですよ」

遺伝がすべてだとまでは、江崎座長は言わない。彼は初めのうち、「天性に見合った教育が必要だ」とだけ話していた。具体的な方法論を質《ただ》して返ってきたのが、このような主張だった。ちなみに科学技術系で彼以外に日本人でノーベル賞を受賞したのは湯川秀樹(物理学)に朝永振一郎(同)、福井謙一(化学)、利根川進(医学・生理学)と、これに二〇〇〇年十月に受賞した白川英樹(化学)が加わる。

文部省によれば、現在の教育改革は次の四つの視点で構成されているという。

「心の教育の充実」「個性を伸ばし多様な選択ができる学校制度の実現」「現場の自主性を尊重した学校づくりの促進」「大学改革と研究振興の推進」

かくて公立小中学校の通学区域弾力化や中高一貫教育の推進、大学入学の際の飛び級制度などのプランが次々に実行に移されてきている。

特に〝個性〟に関わる部分では、〝行き過ぎた平等主義や画一性を是正すべし〟とする考え方が主流になった。教育改革国民会議でも、二〇〇〇年七月に発表された三つの分科会報告のうち、「人間性」をテーマとする第一分科会が、こう説いていた。

〈戦後教育は、人間が希求するものと、現実の姿とを混同した。私たちは自由を求めるが、しかし人間が完全な自由を得るということは至難の業である。私たちは平等を願うが、人間は生まれた瞬間から、平等ではない。運命においても才能においても生まれた土地においても、私たちは決して平等たり得ない。〉

現実認識としてだけなら妥当かもしれない。ただ、江崎座長が率いる教育改革国民会議の「自由」「平等」論は、一般の理解をかなり超えた意味を帯びていく。

遺伝子診断に基づく教育への期待を私に述べた後で、江崎座長はこう続けた。

「個人一人一人の違いを認める教育とは、つまり、そういうことだ」

江崎座長の発想の根幹には、優生学ないし優生主義と呼ばれる思想がある。とりあえず基礎的な文献の序文を紹介しておきたい。

〈「優生学《ユージェニクス》」という言葉は一八八三年にチャールズ・ダーウィンのいとこであるイギリスの科学者、フランシス・ゴールトンによってつくられた。遺伝を数学的に取り扱う学問分野と初めて取り組んだゴールトンは、「生まれながらに優れている」あるいは「遺伝における優秀性」を意味するギリシャ語から優生学なる新語を造語した。彼がその言葉で意味したのは、「生存により値する人種または血統に対し、劣った人種あるいは血統よりも、より速やかに繁殖する機会を与えることによって」、人類を改善する「科学」を創りだすことだった。しかし、ゴールトンの時代から今日に至るまで「優生学」は彼の目指した意味とは異なって、別の醜悪な意味を持つ言葉となり、事実また醜悪な行為にあふれた学問でしかなかった。二〇世紀の前半には、優生学は新たに勃興した遺伝学の誤った理解と手をたずさえて人間に対して残酷かつ抑圧的な学問となり、ナチスの時代にあっては暴虐極まりない蛮行を引き起こしたのである。しかしながら最近では、人種によって知能が異なると主張する人々の中で、また、社会生物学を信奉する一部の人々の中で、あるいは人間に遺伝子工学を施そうとする一部の人々の中で、ゴールトンの思想は再び重要視されるに至っている。〉（ダニエル・J・ケヴルズ著、西俣総平訳『優生学の名のもとに』朝日新聞社、一九九三年、三ページ）

　これからの教育の処方箋を、このゴールトンに通じる考え方の持ち主が書くという。そして江崎氏の優生学的思想が指導者層にとって受け入れられない性質のものならば、彼はそもそも諮問機関のトップに任命されていなかった。

　教育改革国民会議は二〇〇〇年九月二十二日、中間報告をまとめ、首相に提出した。冒頭で画一的教育からの脱却と独創的・創造的な人間の育成を図るべきだと表明。教育基本法の見直しなど六つのテーマを掲げ、大学入試の年齢制限撤廃や高校での学習到達度試験の実施、小学校からのIT（情報技術）、英語教育の推進などを提言している。二〇〇〇年十二月までに最終答申が報告される予定で、政府はこれらを尊重しながら、さらなる教育改革を進めていくことになる。

　個性云々を強調する改革メニューの数々は、深く考えなければ耳に心地よく響く。だが、底流に流れる優生学的思想を意識しつつ、具体的に進行している施策を検証してみて慄然《りつぜん》とした。

最近ようやく指摘されることが増えてきた、教育機会の不平等どころではない。人間を生まれた時から格付けし階層化しようとする時代が、すでに始まっている。

学力低下問題と〝ゆとり〟教育

子供たちの学力低下を憂える議論が活発である。実態を裏付けようとするデータは少なくないが、たとえば代表的な論者である西村和雄・京都大学教授と戸瀬信之・慶應義塾大学教授が全国の十七大学(国立十三、私立四)の理系学部の一年生四千人を対象に実施した最新の調査によると、トップクラスの国立大学(旧帝大)の学生でさえ、三人に一人は中学程度の小数計算ができないなどの結果が出たという(「日本経済新聞」二〇〇〇年八月十日付)。

それでも、彼らは全体の中では優秀なグループに属している。子供たちの平均的な勉強時間を調べた資料を見ていくと、現状の深刻さがわかる。他ならぬ現役文部官僚が書いた話題の近刊『「ゆとり教育」亡国論』(大森不二雄著、PHP研究所、二〇〇〇年)に、次のような統計が示されていた。

岐阜県高等学校教育相談研究協議会が九八年に県内の高校生三千二百十人を抽出《ちゅうしゅつ》して行ったアンケート調査によると、「あなたは家庭(寮、下宿)で一日平均どれくらい勉強していますか(平日)」との問いに対して、「ほとんどしない」と回答した生徒が四九・六％と約半数に達した。三七・六％だった十年前からの伸び率に注目されたい。

大森氏はまた、総務庁青少年対策本部の『子供と家族に関する国際比較調査報告書』(九四年調査)を挙げる。「ほとんどしない」「三十分くらい」の合計が、日本の子供たち(七歳から十五歳、以下同)の四一・七％に対して、アメリカは二一・〇％、韓国は一一・三％だったという実態は、何を意味するのか。逆に、「二時間くらい」「三時間以上」の合計は、それぞれ二三・二％、四一・四％、六三・六％だったそうだ。

以前は違った。日本の教育は国際的に高く評価され、国際教育到達度評価学会(ＩＥＡ)の調査報告でも、日本の子供たちは常に上位を占めてきた。近年でも九四〜九五年の算数・数学の成績はシンガポール、韓国に次ぐ成績だったが、前記のような状態が続けば、近い将来の転落は必定だ。

いわゆる〝ゆとり教育〟に原因を求める批判が専《もっぱ》らである。七七年告示の学習指導要領(初等中等教育の教育課程の基準。十年に一度程度の周期で改訂される)以来、文部省は学校教育における授業時間数と学習内容の削減を進めてきた。戦後それまでの教育、特にこの当時の「現代化カリキュラム」(六八年告示の学習指導要領を指す)は知識偏重の詰め込み教育で、そのために人間性が阻害されてきたとの反省が強調されていたが、時間、内容ともに終戦直後の水準を下回った今日、〝ゆとり〟はさらに強化されつつある。

実際、九九年に告示され、二〇〇二年から実施される新しい学習指導要領の〝ゆとり〟ぶりはすさまじい。学校五日制(週休二日制)の導入に伴い、主要教科の年間授業時間数は小学校が現行の三千四百五十二時間から二千九百四十一時間へ(ピークだった七〇年前後は三千九百四十一時間)、中学校で千八百五十五〜千九百九十五時間から千五百六十五時間へ(同、二千二百四十時間)と短縮される。

内容についても、小学校の算数で円周率が3・14から〝およそ3〟へと簡素化される。台形や多角形の面積は扱わない。国語では学習漢字の百八十一字分を減らした。中学校の社会科、特に世界史からは「ルネッサンス」「ヨーロッパ世界とイスラム」など、日本史と直接関わらない部分は原則として無視する。英語では必須単語が現在の五百七語から百語に。always や ask, arrive といった基本単語すら、必須ではなくなるのだ。

この他にも中学国語における文学史の完全削除など、数え上げていけばキリがない。こうした〝ゆとり〟の現実を取材した「週刊文春」二〇〇〇年三月九日号の特集記事「日本の生徒がバカになる!?」は、学齢期の子供を持つ読者の反響を呼んだ。

〝ゆとり〟と学力低下の相関を、文部省は否定する。「週刊文春」の記事に載った、同省の寺脇研・大臣官房政策課長のコメントはこうだった。

〈「新要領の最大の目玉は、勉強嫌いの子供をなくすことです。しかし、学校で教える内容が三割減るかのような誤解は、解いておかなければなりません。授業についていけない子供を助けるだけなら、全体の学力低下になりますが、そうではないんです。

全員が共通して学ぶ部分が三割減るだけで、学びたい子供は先へ進めるようになっている。三割減らせば全員がわかるようになりますから、その先もやってみよう、という気持ちがもっと起こる。

だから、日本の子供の学力は落ちないんです」〉

多くのメディアが、寺脇課長を教育改革の主役として取り上げてきた（たとえば八木秀次「日本の教育を牛耳る寺脇研の正体」「諸君！」九九年十月号など）。かつて公立中学校から業者テストを追放する立役者となった経歴や、『動き始めた教育改革』（主婦の友社、一九九七年）をはじめとする九七年頃からの精力的な執筆・講演活動は確かに目立つが、少なくとも今回の流れで一課長がスポークスマン以上の役割を果たすことはあり得ない。より巨大な意思が背景にある。

だから、銭谷《ぜにや》眞美《まさみ》・内閣官房教育改革国民会議担当室長に疑問をぶつけると、より確信に満ちた答えが返ってきた。現職に就任するまで文部省初等中等教育局の審議官で、今回の「要領」を直接担当したという彼は苦笑して、

「大事なのは自分の意欲、自己教育力ですよ。いろいろ言われていますが、日本の子供の学力が落ちていると証明する明白なデータは存在しません。大学進学率が五割を超

えた現状では、先生方はそういう印象を持ちやすいのでしょう。

「要領」はあくまでも、すべての子供に身につけてもらいたいミニマム・スタンダード。要求される知識量が大きすぎたから、みんなアップアップで、七・五・三(高卒時で七割、中卒時で五割、小学校卒業時で三割の生徒が学習内容を理解していないとする俗説)なんて言われた。今後、教科によっては集団の編成を弾力化させ習熟度別の学習を可能にしていく計画なんです。

逆にお尋ねしたいのですが、学力って何です？　知識のことですか？　このインターネットの時代に、そんなものを詰め込むことが大切だなんて、みんな本気で思っているんですかね？」

そもそも〝学力〟の意味するものが変わったのだと、教育改革の推進者たちは口を揃える。すでに現行の学習指導要領(八九年告示)は、偏差値教育や受験戦争への批判を受ける格好で、知識や技能を重視した従来の学力観から、思考力、判断力、創造力の養成を知育の基本に据えた〝新しい学力観〟への転換を明確に打ち出していた。以来、小中学校では評価の上でも関心・意欲、態度といった項目のウェイトが高められ、公立高校の入試も内申書重視の傾向が強まった。

九八年度には栃木県の鹿沼市立東中学校が中間・期末の定期テスト廃止に踏み切っている。多くのマスコミは偏差値支配の受験体制に一石を投じる独自の英断としてこのニュースを取り上げ、県教育委員会が戸惑う様子などと絡めて報じたが、少し突っ込んで取材してみると、実態はまるで違っていた。

廃止を決めた鈴木節也校長が打ち明ける。

「定期テストの廃止は、国が示している〝新しい学力観〟に沿ったものです。ですから私が本校に着任した九七年春から市の教育委員会とは相談をしてきましたし、考え方は完全に一致しています。お陰様で教員の加配(特定の学校に定員を上回って教員を割り当てること)を含め、さまざまな助けをいただけることにもなっているんです」

文部省の調べによると、栃木県の教職員総数約一万九千二百五十人の九五％は自民党支持の保守系組合である全日本教職員連盟(全日教連)に加入している。日社会党系の日本教職員組合(日教組)、あるいはそこから分裂した共産党系の全日本教職員組合(全教)と非加入者とが拮抗している地方が多い中で、栃木県は異色の県なのだ。鈴木校長自身、県教育委員会の出先である上都賀教育事務所の課長や足尾町の教育長を務めた経歴を持っていた。鹿沼東中の試みは、国策のシミュレーションだったと見て間違いない。

前後して、文部省は〝新しい学力観〟という表現を避けるようになっていく。もはや新しくもない既成事実と見做《みな》す判断を下したのだと、教育関係者たちは説明していた。

学習指導要領は、文部大臣の諮問機関である教育課程審議会の答申に基づき策定されることになっている。今回の「要領」を規定した教課審答申「幼稚園、小学校、中学校、高等学校、盲学校、聾学校及び養護学校の教育課程の基準の改善について」(九八年七月二十九日)の冒頭には、こんな記述があった。

〈子どもたちは、幼児期から思春期を経て、自我を形成し、自らの個性を伸長・開花させながら発達を遂げていく。教育は、こうした子どもたちの発達を扶《たす》ける営みである。もちろんその営みは学校のみが担うものではなく、学校、家庭、地域社会が連携を図り、それぞれがその教育機能を十分発揮してはじめて子どもたちのよりよい発達が促されるものである。〉

自己責任原則の適用と、かねて経済界が提唱してきた学校〝スリム化〟(詳しくは後述)の受容と徹底。さりげないが重大な、学校教育の再定義だった。

「〝引っ張り上げる〟発想から、本人を〝扶ける〟教育へ。学校はオールマイティでないと自ら認めたのです。そのことを知れば、教育改革の目指すものが見えてくる」

と解説するのは、芦屋大学の奥田真丈《しんじょう》学長だ。七七年「要領」策定当時の文部省初等中等教育局審議官で、教育界では〝ゆとり教育〟の名付け親として知られる奥田学長は、「個性尊重を打ち出した教課審答申を高く評価している」とも語ったが、ややあって、興味深いエピソードを披露してくれた。

——九九年の夏、アメリカから「経済と教育研究所」の所長という方が——大統領秘書官も経験した方だそうですが——来日してこられ、道徳教育について教えてほしいと言うので、ホテルニューオータニで会い、三時間ほど話し込みました。話題は教育改革にも及んだのですが、日本の現状を説明すると、彼は肩をすくめたのです――。

「合衆国が以前やって失敗したのと同じ〝改革〟を、ジャパンはこれから進めるのですね。今さら、なぜ？」

どういうことなのか？

公立中学イコール落ちこぼれの恐怖

私の手元に中学受験予備校「日能研」(本部・横浜市)がまとめた統計資料がある。それによれば、二〇〇〇年春、首都圏の小学校を卒業した生徒は三十万八千三百六十三人で、このうち約四万百人が中学校の入学試験を受けていた。後者を前者で割った数字は一三・〇％。前年の一二・七％と比べわずか〇・三ポイント、しかし過去最高の一三・四％を記録した九三年以来、七年ぶりの受験率の増加だった。

単に底を打ったというのとは違う。これからも受験率は伸び続けていくだろうと、日能研の船本正雄・取締役企画部長(五十四歳)は語った。

「私どもの塾に入ってきた首都圏の新四年生だけで捉えれば、九九年の約七千人から、二〇〇〇年春は八千人を超えました。対前年比で一五％近い伸びでしたね。この学年をメインのターゲットとする中学受験の塾屋としては、嬉しいことです」

少子化と不況の同時進行にもかかわらず中学受験熱が高まった最大の理由は、〝ゆとり教育〟に対する保護者たちの本能的な危機意識だと、船本部長は見る。いわゆる全共闘世代の子供たちの成長とともに高まってきた公教育への不信感が根底にある。彼らのような受験予備校が、それを余計に煽《あお》ってきた。

〈円の面積を求める公式　ウッソー!?　半径×半径×3!?〉

日能研は九九年の秋から暮れにかけて、首都圏の小学三年生たちの自宅に、こんなアイキャッチのダイレクトメールを送付している。新しい学習指導要領の問題点をいくつか指摘した後、DMはこう結んでいた。

〈二〇〇二年、小学校に限らず中学校でも、子どもたちの基礎学力は確実にレベルダウンしていきます。だからこそ、わが子の将来につながる中学を選び取るための学力をそなえることは、もはや時代の必然といっても決して過言ではありません。〉

〝ゆとり〟が、日本中の子供に適用されるのなら、彼らの戦略は成立しない。公立学校の授業時間や学習内容が削減されていく一方で、多くの私立中学校は、〝ゆとり〟以前の水準を維持し、そのことをセールスポイントにしている。

好例が東京の中高一貫校・世田谷学園だ。同校は二〇〇〇年四月から七十分×五コマ×五日の授業体制をスタート、五十分×(六コマ×五日+四コマ×一日)だった前年を上回る授業時間千七百五十分／週を確保した。二〇〇二年以降の公立校が五十分×六コマ×

五日で千五百分／週になるのと比較されたい、というわけだ。週二百五十分の差が六年間続くのである。

大学受験における公立高校の凋落と、入れ替わりに私立の中高一貫校の台頭が誰の目にも明らかになったのは、七〇年代半ばのことである。その後もこの傾向は覆ったことがなく、東京大学の入学試験に例を取れば、日比谷、西、戸山といった都立の名門高校は、もはや合格者数のベスト二十にも校名を連ねることができない。

こうした現象に中央教育審議会（教育、学術または文化に関する文相の諮問機関）が注目し、特定の高校から特定の大学への入学者数を制限してはどうかと提案したのは、九一年の「審議経過報告」においてであった。「子供を小学生の頃から進学塾に通わせ、私立一貫校に進ませることのできる家庭は主に大都市圏の富裕層に限られるから、放置すればエリート階層の固定化を招き、教育における機会均等の理念に反する」という論旨。最終報告に盛り込まれなかったのは非現実的に過ぎたためだが、現実認識としても甘かったとされる。

苅谷剛彦・東京大学教授（教育社会学）が九五年に発表した研究によれば、東大合格者の保護者たちは、公立高校が優勢だった時代から、上層ノンマニュアル（医師、弁護士、大学教授などの専門職や、大企業、官公庁の管理職、および中小企業の経営者など）が高い割合を占めていた。この間も格別の変化はなく、〈中教審の報告書が前提とした事態とは異なり、東大入学者は、私立高校の出身者の寡占状態を生み出すずっと以前から、すでに特定の社会階層出身者の寡占状態となっていたのである。〉（『大衆教育社会のゆくえ』中公新書、一九九五年、六五ページ）としている。

五年後の現在、この指摘はより説得力をもって迫ってくる。しかも、公立より私立の中高一貫校が有利だという程度ではなく、公立の中学校に進学したら、それだけで〝落ちこぼれ〟にさせられてしまいかねない恐怖。

日能研の船本部長は、胸を張った。

「私立中学校の入試が、国をあげて低下させようとしている子供たちの学力を、一部ではあるけれども阻止しているのが、今の日本の現実なんです。私どもは確かに、文部省統制の危うさをビジネスチャンスにしている。と同時に、中学入試の社会的意義を守りたい。これは、もはや信念なんですよ」

船本部長も東大卒だ。日能研に入社した頃、〝ゆとり〟に合わせた参考書の改訂版が出回り始めた。彼はそこで、内容過剰になって裁断される寸前の古い参考書を版元から二掛けで買い取り、教材に使用したという。

こうしている間にも拡大の一途を辿《たど》っていく、公立校と私立校との格差。「それでも」と、首都圏で二つの中高一貫校を経営する田村哲夫・学校法人渋谷教育学園理事長は語る。

「公立校の〝ゆとり教育〟は進めなければなりません。なぜなら「現代化カリキュラム」までの日本は、貧困から脱却するための教育を行ってきた。でも、この間の高度経済成長で、モチベーションとしての貧乏は過去のものになったんです。

そこで〝ゆとり〟が始まった。バブル経済もあって、いい学校に行けば成長のパイの分配に与《あずか》れるという夢は残されていましたが、そのバブルも崩壊した今日、もっと豊かになれるというふうには、国民を騙せなくなったんです。とすればここで、社会にとって有用な人材に育てられるための教育から、自分のために学ぶ教育に切り替えていかないと」

教育改革国民会議や教育課程審議会の委員を務める田村理事長は、そうした公の席でも自説を展開してきた。では、彼自身の学校法人の〝ゆとり〟ぶりはいかがか。

「中一なら「人間関係」、高一なら「自己の社会化」というふうに、それぞれの学年にふさわしいテーマで校長講話を行い、感想を書かせたり。〝自調自考〟の教育方針で頑張っています。

入試問題は学習指導要領に反しないレベルで作っていますが、大手の塾で十分に勉強してきてもらわないと受からなくなっているのが現実かな。大学進学については、本人が希望すれば応援してやる建前。一流大学にいっぱい合格してほしいのも本音ですが、建前を捨てたら予備校になってしまいます」

最新の中学受験案内(日能研編)によれば、二〇〇〇年入試での渋谷教育学園渋谷中(東京都渋谷区)の偏差値は男女とも六一。同幕張中(千葉市)は男女とも六三。灘やラサール、開成、麻布に迫る第二グループの先頭を走っている。

日経連の日本的経営見直し

九五年七月十四日、午前九時。東京・市ヶ谷の私学会館本館会議室で催されていた私立大学の学生生活指導担当者らの研修会で、櫻井修・住友信託銀行相談役(現・特別顧問、七十三歳)の講演「これからの大学教育に対する期待」が始まった。

「今の経済の状況を最初に申し上げれば、このままでは名目成長率がマイナスになる可能性がだいぶ出てきております」──

櫻井氏は一金融機関経営者としてこの場にいたのではない。経済同友会で教育問題について討議し提言する「教育委員会」の委員長をこの研修会の直前まで務めていた彼は、経済界の新しい人材観と、大学教育との関連について論じた。議事録によれば、

──大企業の終身雇用・年功序列の仕組みは、太平洋戦争を控えた時期に確立された国家総動員体制の賜物である。民間企業の人間といえども等しく国家の働き手だということで、個々の経営マインドなど必要なく、国家から与えられたノルマを着実にこなしていくことが重視されるようになった大企業には軍隊式のヒエラルキーが移植され、そ

の状態が戦後も今日まで続いてきた。

毎年何百人もの新卒学生を一斉に採用し、全員が幹部になる可能性があるかのように錯覚させた平等の建前の下《もと》に同一初任給でスタートするカルチャーもその一環である。だが、この構造を成立させてきた発展途上国型システムはもはや存続不可能であり、とすれば社会構造のすべてが異なるヨーロッパはモデルになり得ないのでアメリカ的な成熟社会を志向するしかないのが現実だ。従来のカルチャーは完全に意義を失ってしまっている――。

概略ここまで述べた後、櫻井氏は次のように語った。

「本来、大企業が生き残るためにに、どういう形であるべきか。トップの能力が重要なのは無論だが、そのトップを支えるきわめてブリリアントな幹部要員、参謀本部が必要です。ほんのひと握りでいいが、人柄がよいなんてことではなくて、徹底的に勉強してきた人間でなければならない。

それからマネジメントのプロと大量のスペシャリスト集団。これも一括採用した正社員たちの中から企業が育てればよいなどという生半可なものではなくなっている。現時点で必要な人材を、その人材が要求する金額で採るとなれば契約社員のような形になって、これだけでも新卒一斉採用は崩れるしかないのです。

あとはロボットと末端の労働力ですが、賃金にこれほどの差があるのでは、申し訳ないけれど東南アジアの労働力を使うことになるでしょう。そういたしますと、学生諸君には参謀本部入りを目指して大企業にチャレンジするなどとんでもない話。マネジメントのプロなりスペシャリストになってもらわなくてはならないのです」

冷静な現状分析ではあった。終身雇用が戦時体制の残滓《ざんし》であったとして、そこからの脱却が個人や個々の企業の判断に委ねられるなら、それは筋論だし、人々のまさに自由な営みである。

だが、現実はどうか。この発言が私大職員の研修会でなされた点に注目されたい。新たな誘導の時代の始まりを、櫻井氏は告げていた。私大の学生は参謀本部に入ろうなどと高望みはするな、というわけだ。

櫻井発言の二ヶ月前、日本経営者団体連盟(日経連)が、研究プロジェクト報告『新時代の「日本的経営」』をまとめている。後に大小を問わず企業のリストラ・マニュアルとして活用されていくことになる同報告書は、バブル崩壊後の日本経済の低迷に鑑み、総人件費の抑制と、手段としての〝雇用ポートフォリオ〟導入を強く呼びかけていた。

それによれば、企業は今後、従業員を①長期蓄積能力活用型グループ、②高度専門能力活用型グループ、③雇用柔軟型グループ、の三通りに分け、経営の内容やコストパフォーマンスに配慮しつつ、これらを組み合わせた人事戦略を構築していく必要があるとした。経済界の中枢では、すでに櫻井氏のような人材分類が、雇用システムとして制度化されようとしていた実態がわかる。

教育改革もまた、櫻井発言の前後から、経済界の期待通りの方向に照準を定めていった。旧来の戦時システムはかくて一挙に解体へと向かい、新しい雇用と教育による新しい国家体制の構築がこの時期から本格化していく。

具体的には、臨時教育審議会（臨教審、八四〜八七年）の四次にわたる答申に基づく教育改革プログラムが、一気に動き出した。臨教審と現行教育改革の両者の関係は最新の教育白書『我が国の文教施策――進む「教育改革」』（文部省編、大蔵省印刷局、一九九九年）に明記されている。臨教審の会長だった岡本道雄・京都大学名誉教授も感慨深げに語った。

「いろいろありましたが、今では文部省があの路線を忠実に実行してくれている。役所というのは不思議なものですな」

臨教審は中曽根康弘首相（当時）の強力なリーダーシップで成立していた。小渕恵三政権が二〇〇〇年三月に発足させた「教育改革国民会議」と同じ〝首相の諮問機関〟だが、前者は縄張りを侵された格好の文部省内に抵抗が根強かった点、そのために成立・施行された法律に基づき、期間を定められて設置されていた点が決定的に後者と異なる。「国民会議」は特段の根拠法を持っていない。

上からの教育改革が語られる場合、教育基本法や日の丸・君が代、共同生活による奉仕活動義務化などのテーマがクローズアップされがちだが、問題はそれらだけではない。

ここで強調しておきたいのは、小学校からの教育をいわゆる新自由主義経済思想と整合化させるべしとする基本認識および経済界の直接的関与という、臨教審と国民会議の共通項である。

両者に挟まれた九七年十月から九八年四月にかけて経済企画庁経済研究所が経済学者たちを集めて設置していた「教育経済研究会」(座長・小椋正立《おぐらせいりつ》法政大学経済学部教授)での議論に、彼らの立場が凝縮されていると考えられるので紹介しておく。高等教育を中心テーマにした研究会でありながら、その報告書『エコノミストによる教育改革への提言』(経済企画庁経済研究所編、大蔵省印刷局、一九九八年)は、初等中等教育についても、次のような分析を試みていた。

〈現在の消費者の多くは義務教育レベルを超えた学歴を持ち、社会的な経験も豊かである。そのような消費者が、子どもの義務教育について最善であると考えるものが、それぞれの価値観、環境、あるいは経験によって、多様となることは避けられない。しかしながら、全国画一の義務教育に、消費者の選択を容れる余地はまったくない。公立学校には、供給者として消費者のニーズを尊重しなければならないという市場倫理も欠如している。しかも、全国画一なので、アメリカのように最も優れた学校を持つ町を「足による投票」で選んで、最適なサービスを選択することもできない。(中略)

現在の公立学校制度を、できるだけ多様な消費者のニーズに対応できるシステムに変

えることが必要である。〉

報告書はそして、競争原理や分権的な選択メカニズムの導入は検討に値するとして、三つの方向性を掲げた。それによれば、第一は学校選択の幅の拡大。住民からの学校選択だけでなく、学校側からも、それぞれの基準や理念で生徒を選択できるようにすべきだという。

次に学校側が自らの教育内容や方法について、住民側に責任の取れる体制を確立すること。大学と違い研究活動の少ない初等中等教育機関では教員による自治の必要性は乏しいので、〝問題教師〟は校長の権限で排除されなければならないとした。また最後に、住民が公立学校の人事、予算、カリキュラムなどを直接コントロールできる制度を作るべきだとの意見を提示した。

以上の提言に先立ち、報告書は初等中等教育の特徴を明らかにしていた。一部の表現を除けば、きわめて妥当かつ重大な認識だった。

〈初等中等教育は高等教育と異なり、いくつかの点で政府の規制その他の政策的対応を正当化しやすい面がある。

第一に、児童・生徒の将来についての不確実性である。例えば、子どもをはじめから特定分野の学習に集中させると、もしそれが子どもの潜在的適性に合致していない場合には、その子どもは一生ハンディキャップを背負うことになりかねない。したがって、自分では選択能力のない時期に受ける初等中等教育については、子どもの将来の選択の可能性をできるだけ広げる観点から、最小限のカリキュラム規制は正当化される。

第二に、政府の補助がなければ、児童・生徒には負担能力がないため、保護者が全面的に初等中等教育の費用を負担することになる。もし保護者が子どものための教育の必要性を認めなかったり、あるいはその所得がきわめて低ければ、児童・生徒は必要な初等中等教育を受けられないおそれがある。（中略）

第三に、通学可能区域の地理的限界である。（後略）〉

興味深いことに、問題の本質をこれだけ承知していながら、彼らは競争原理や選択メカニズムの導入に当たり、それら諸問題に対する解決策を、何ら示そうとしなかった。前記の提言はあくまでも、高学歴世帯の〝ニーズ〟に応えることだけを目的にしたもので、せっかくの認識は、そのままゴミ箱に投げ込まれていた。なお、この「教育経済研究会」には本書の第五章にも登場する慶應義塾大学商学部の中条《ちゅうじょう》潮《うしお》教授や、報告書をまとめた直後に経営破綻が報じられる日本長期信用銀行（現・新生銀行）の木内嶢《たかし》・参与調査部長らが参加していた。

さて、臨教審では中曽根ブレーンの代表格だった瀬島龍三・伊藤忠商事相談役や、中山素平《そへい》・日本興業銀行特別顧問らが中心的な役割を果たした。また国民会議には、日経連の河野俊二・教育特別委員会委員長（東京海上火災保険会長）と経済団体連合会（経団連）

の浜田広・人材育成委員長（リコー会長、日経連副会長）が委員に就任しただけでなく、東京・虎ノ門の第十森ビルに置かれた事務局にも、日経連から副室長（東京海上出身）、松下電器産業グループのＰＨＰ総合研究所と大手広告会社・電通のシンクタンクである電通総研から主査が、それぞれ出向してきている。

中央教育審議会の会長に根本二郎・日経連会長（日本郵船会長）が就任したのは九八年六月のことだった。有馬朗人・前会長（元東大総長）の参院選出馬に伴い、委員の一人だった根本氏が指名されたのだが、教育関係の審議会の長に財界人が就任した史上初のケースとなった。

経済界の価値観は、古くから教育政策に色濃く反映されてきた。池田勇人政権で所得倍増計画が進められていた六二年度の教育白書『日本の成長と教育』には「教育の展開と経済の発達」の副題が付けられ、教育と経済成長との費用対効果論に大きくページが割かれた。いわゆる「教育投資論」で、前々年の経済審議会答申に盛り込まれた「経済政策の一環として、人的能力の向上を図る必要がある」との主張を採り入れたものだった。

経済審議会（重要な経済政策や長期経済計画の立案、審議に当たる首相の諮問機関）はボールを投げ返す。白書の二ヶ月後に出された次の答申には、こんなくだりもあった。

〈教育および社会における能力主義の徹底に対応して、国民自身の教育観と職業意識

も自らの能力や適性に応じた教育を受け、そこで得られた職業能力によって評価、活用されるという方向に徹すべきであろう。〉

無駄な向上心は抱くな、分を弁えた教育を受けろと言う。実は経済界の教育に対する基本的立場は、この頃ともほとんど変わっていない。

ただ、製造業を中心に成長を続けていた当時の経済界は、高度な知識と技能を持った人材の育成を教育界に求めていた。そのことが知識偏重の偏差値教育に結びつきもしたのだが、やがて弊害が論じられるようになっても、経済界の要求が変わらない間は、〝ゆとり教育〟への移行スピードは遅かった。

八〇年代に入ると、しかし日本経済を取り巻く環境は大きく変化した。産業構造も第二次産業から第三次産業中心へと移っていく。やがてバブル経済が膨張し崩壊して、経済界の人材需要も、櫻井修・元経済同友会教育委員会委員長が語ったような姿となった。日経連報告、櫻井講演と続いた九五年は、やはり重大なターニング・ポイントだったようである。前後して経済界が行う学校教育に関する提言類が激増しているのである。

経済同友会が「教育委員会」を設置したのは八八年である。現在の小林陽太郎代表幹事(富士ゼロックス会長)が初代委員長だったが、櫻井氏が委員長に就任した九四年の大学改革に関する提言と、この年九五年に打ち出した「学校から「合校《がっこう》」へ」というコンセプトは教育界の耳目を引いた。殊に後者は、学校の機能を学力と社会生活の基礎・基本を教えるだけに限定し、地域や企業、民間教育機関などによる「自由教室」「体験教室」を周辺に配置して連動させる「学校スリム化」を提唱し、今日の〝ゆとり教育〟を先取りしたものに仕上がっていた。同友会はその後も『「学働遊合」のすすめ』『創造的科学技術開発を担う人材育成への提言』などをまとめており、経済界からの政策提言機関らしい活動ぶりを見せている。

団体の性格上、教育問題には戦後間もない頃から関心を示してきた日経連も、後の根本会長が「教育特別委員会」の委員長ポストにいた九五年に『新時代に挑戦する大学教育と企業の対応』を発表。『グローバル社会に貢献する人材の育成を』(九七年)、『エンプロイヤビリティの確立をめざして――「従業員自律・企業支援型」の人材育成を』(九九年)といった提言を次々に繰り出してきた。

河野俊二・日経連教育特別委員会委員長が語る。

「偏差値教育を招いた責任の一端が企業にあるのは確かです。私自身も人事畑が長かったけれど、どの企業の入社試験もまるで入学試験みたいだなんて批判された記憶がある。でも近年は出身大学が偏るようなことはないし、新卒だけでなく通年採用の形も整ってきました。

〝エンプロイヤビリティ〟とは、そうして雇用の流動性が高まっていく中で、企業が終身雇用を保障しない代りに、従業員に対して、他社でも通用する技能を身につける教育訓練を提供するという、労使間の新しい社会的契約を指します。IT革命の進展が、雇用面でも昔と条件を変えた。今後の雇用は、やはり専門性がベースになっていくでしょう」

『わが国企業に求められる人材と今後の教育のあり方』(九三年)、『新しい高等教育のあり方についての提言～自主開発型人材の育成と複線型高等教育の構築に向けて』(九四年)、『人材流動化時代の企業人教育のあり方』(九七年)と続けてきたのは東京商工会議所(東商)だ。〝財界総本山〟経団連も、九四年に『新しい高等教育のあり方についての提言』を、翌々九六年には『創造的な人材の育成に向けて～求められる教育改革と企業の行動』を発表し、大きな反響を呼んだ。

いずれの提言も教育改革に大きな影響を与えたが、最近は経済界が学校教育に直接参加する意欲をアピールするケースが目立ってきた。東商の『次代を担う子どもたちの健やかな成長を支援するための地域企業の協力について～教育現場の荒廃や多発する少年事件を憂えて』(九九年)や、経団連の『グローバル時代の人材育成について』(二〇〇〇年)などで、企業が教員の社会体験研修を受け入れたり、新しい学習指導要領で小中学校に導入される「総合学習」の時間枠に講師を派遣するといった計画が用意された。

「各分野の方々にヒアリングしていくうちに、子供の職業観の確立に役立つよう、社会の実態を教えてあげてほしいという要望が相次いだのです。今の子は、将来の夢が希

薄ですからね。産業界としても、できることをやるべきだとの結論で、提言に盛り込みました」(経団連社会本部)

実績も少しずつ積み重ねられている。経団連の外郭団体である「経済広報センター」が八〇年代から進めていた体験研修の試みが近年にわかに注目され、九九年度には全国六十七企業での一〜三日間の研修(工場や売場での実習など)に、四十の教育委員会から約五百四十人の教員が参加するまでになった。東京都教育庁は教頭研修に採用している。

都教育庁は東商とも友好関係にあり、推薦を受けた企業の人事担当課長を教員採用試験の面接官に充てる試みを九七年から続けてきた。また二〇〇〇年一月の学校教育法施行規則改正で自治体が教員免許を持たない人物を校長に任用できるようになったのに伴い、同年夏には日産自動車の品質管理担当部長(五十三歳)と日立製作所系技術サービス会社の取締役(五十五歳)を都立高校の校長に起用する人事を決めたが、選考は東商の推薦者の中から行われた。

企業の論理が、猛烈な勢いで小中学生の教育現場に注入されていく。それは学校の閉鎖性を打破したり生徒の社会性を高める効用も期待できる一方で、やり方次第で未熟な子供を企業社会の価値観に染め上げる〝洗脳〟に通じかねない危険が否めない。

経団連が提案したような、企業から学校に講師を派遣するプランには大規模な先例がある。一九一九年にアメリカで発足した非営利団体「ジュニア・アチーブメント」(J

A)。現在ではIBMをはじめGM(ゼネラル・モーターズ)、GE(ゼネラル・エレクトリック)、エクソン、P&G(プロクター・アンド・ギャンブル)といった多国籍企業のトップが理事に名を連ね、世界百六ヶ国で年間四百万人を超える生徒を対象に活動している。

日本にも拠点がある。外資系書籍輸入会社の社長だった中許《なかもと》善弘氏が導入を図り、北《き》城恪太郎《しろかくたろう》・日本IBM社長や前出の櫻井修氏、小林陽太郎氏ら、主に経済同友会系の財界人の協力を得て九五年に発足させた。

中許・JA日本本部専務理事(五十六歳)が語る。

「欧米に比べて、日本の子供たちはいずれ社会に出ていくための準備をしません。ずっと大学を意識した勉強だけで、いざ就職という時になって初めて職業を考える。しかし、経済のダイナミズムを理解していないと、社会の中で自立して生きるとはどういうことかもわからない。たとえビジネスマンにならなくても、画家になったたって、画商との取引は必要なのですから。

日本でもJA本部が開発したプログラムを使います。架空の商品を売るシミュレーションなどを通して、個人と職制の間で揺れ動く心理を疑似体験してもらう。企業は社会の縮図と知れば、子供たちも個人の都合だけで世の中は回らないとわかってくるわけです」

JA日本本部は、すでに早稲田大学高等学院や都立晴海高校など四百校以上に講師を派遣してきた。朝日新聞社などの後援で、プログラムに基づく意思決定コンテスト全国大会を開いた。シティグループのジョン・リード会長が東京の千代田区立麴町中学校で授業を行ったこともある。

ヨーロッパ階級社会への憧憬

「財界の人間というのは、教育問題を語っていても、エリートにしか興味がないんだな。普通の子の話題だとみんな下向いて黙ってるのに、エリート論になるとがぜん元気になって、意見が活発に出てくる。会に出席してくる人は自分自身がエリートだから。ある世代以上に昔の旧制高校への郷愁。その少し下の年齢だと、それこそ閉鎖的な一つの企業社会だけしか知らなくて、経験がすごく限られているから、違う世界がわからない」

原禮《れい》之《の》助《すけ》・セイコーインスツルメンツ顧問(七十五歳、元セイコー電子工業社長)が語る。経済同友会の教育委員会で長年副委員長を務めた原氏は、ルイジアナ州立大学講師や国際原子力機関(IAEA)幹部専門職員などを経てセイコーグループ入りした、異色の財界人だった。

「メーカーですから工場に行って工程管理の様子を見る。僕はそれで初めて、ああ、エリートでない人たちが企業を、社会を支えているんだと思ったものでした。優秀な子を伸ばす教育は必要だと思うけど、ノン・エリートのモラルを崩壊させでもしたら、エリートによるコントロールなど効かなくなる懸念があります」

原氏自身、博士号まで東大で通したエリートだ。この話も深刻な批判として語られたわけではなく、軽い体験談のようなニュアンスだった。それだけに、外部からの印象論ではない、重要な証言になっている。財界の関心は、常に指導者の育成と、その他の人間をいかに効率的に働かせるかということにあった。

八二年四月、財界四団体の協賛で運営される調査機関・日本経済調査協議会が教育問題を取り上げることになり、専門委員会が置かれた。委員長は岩佐凱実《よしざね》・富士銀行相談役。前出の岡本道雄氏をはじめ、石井威望《たけもち》・東大教授、石川忠雄・慶應義塾長ら(肩書はいずれも当時)、二年後の臨教審メンバーがすでに一堂に会していた同委員会の報告書『二一世紀に向けて教育を考える』(八四年)は、公的な審議会答申と違い率直な主張が綴られていて、今日に至る教育改革を貫く思想を考える上で貴重である。

〈何か新しいものを創り出すという意味の創造性には、大きく分けて「偉大な創造性」、あるいは天才的な創造性と、「普通の創造性」あるいは「能才」的創造性とがある。最近では、創造性は偉大な人間だけではなく、すべての人間がもっている自我の機能であることを殊更強調する傾向が見られるが、こうした議論は画一的平等主義の立場を前提にしてなされることが多い。〉

第三章「創造性の開発と勤勉性の維持・拡大」の項は、こんな書き出しで始まっていた。創造的人間には天才、能才、異才の三タイプがあるとして、次のように論を進めている。

〈この三つ以外の普通の人間は、凡才・非才であって、アリエティ（引用者注・精神医学者）も指摘しているように、大多数の普通の人間は能才的創造性の域にさえ到達できない。〉

〈欧米型の個人指導と異なり集団的で画一的な授業を特徴とする日本の場合は、凡才の平均的な水準を高めることを目的としており、それはそれで十分成功を収めているが、その反面、いわゆる「落ちこぼれ」に対しては無策であり、同時に「できる子」をも犠牲にしている。公立学校の義務教育は能才の潜在能力を開発することにかけては現状では無力であると言ってよいであろう。〉

凡才、非才の表現に注目したい。冒頭に紹介した江崎玲於奈・教育改革国民会議座長のと同様の優生学的思想は、もうひとつの臨教審とも言うべき財界調査機関の専門委員会に、すでにその萌芽を見せていた。

報告書は続ける。戦前は〝落ちこぼれ〟と〝できる子〟二種類の〝規格外〟の生徒を個人的に指導するインセンティブがあったが、平等主義と教師の労働者意識が強まったため善意も使命感も期待できなくなった、そこで考えられるのが能力別学級編成だが、これも平等主義のせいで実行しにくい、だから学校外の塾が繁盛する、と。さらにまた、画一的な日本の学校教育は能才・異才を尊重せず、創造性の発見・開発には不十分な対応しかできないと繰り返す。

やがて論点は、初めのうち〝落ちこぼれ〟と並ぶ〝二種類の規格外〟として扱っていた〝できる子〟をどう伸ばすかばかりになっていく。報告書はまた、ヨーロッパの階級社会におけるエリート教育への憧憬を隠そうともしなかった。

〈卓越した指導能力、責任感、自負心、優秀な知的能力、国際性、人脈、恒産などを兼ね備えたエリート集団が強力、少数、排他的ないしは世襲的な、一つの「階級」を形成するのがヨーロッパ型の社会だとすれば、日本の社会はそれとは異なり、エリート集団の範囲、輪郭が比較的曖昧で、競争を通じて参入する道がいわば万人に開かれている。〉

〈「グランゼコール」型のエリート養成学校（引用者注・フランスの教育システム）が戦後の日本にはなぜないのか。これは、教育も含めて、あらゆる社会システムに大衆民主主義・平等主義が徹底したことによるものであろう。そしてこうした平等主義に競争の原理が組み合わされると、「競争を通じてその実力を実証した人間」だけが真にエリートと認められることになった。〉

〈しかし日本型のエリートには依然として次のような問題点があることは指摘してお

かなければならない。それは、日本型のエリートがあくまでも日本型の社会システムにおける競争の勝者にすぎず、国際的に通用する個人としての「強さ」をかならずしも備えていないこと、およびエリートに不可欠な育ちのよさと古典的教養という点で見劣りがすることである。〉

日経調の専門委員会に参加していた教育学者が回想する。

「メンバーの中心に、義務教育は日本史だけ教えていればよいのだと公言するような人がいましてね。多忙な方ばかりで皆さん会合に出てこないものだから、会議はほとんど、その人と座長のペースで進んでいきました。当時の日本はアメリカと違い、野党勢力が強くて無茶をすれば政治的なブレーキがかかる、昨今に比べれば健全な仕組みが働いていました。それを非効率的だと考えるのが経済界の主流だったから、他の方々が出席してもしなくても同じ結論になっていたでしょうが。

私ですか。実はこの十年前、日経調は土光敏夫さんを座長に、やはり教育の研究報告をしているんです。その時のメンバーだった私は繋ぎ役として呼ばれていただけなので、あまり積極的に働きたくもなかったんですよ」

当時としてはかなりショッキングだったはずの報告書には、しかし、なぜかさほどの反響も寄せられなかったという。だが、この時に提示された「階層社会こそ理想」とする思想は、九〇年代の教育改革のバックボーンとして花開くことになるのである。

「非才、無才は、実直な精神だけ養っておけ」

三浦朱門・前教育課程審議会会長(七十四歳)の証言を紹介しよう。東大言語学科卒、八〇年代半ばに文化庁長官も務めた作家で、教育改革国民会議の有力メンバーであるやはり作家の曽野綾子氏を夫人に持つ三浦氏は、〝ゆとり教育〟を深化させる今回の学習指導要領の下敷きになる答申をまとめた最高責任者だった。

「学力低下は予測し得る不安と言うか、覚悟しながら教課審をやっとりました。いや、逆に平均学力が下がらないようでは、これからの日本はどうにもならんということです。つまり、できん者はできんままで結構。戦後五十年、落ちこぼれの底辺を上げることにばかり注いできた労力を、できる者を限りなく伸ばすことに振り向ける。百人に一人でいい、やがて彼らが国を引っ張っていきます。限りなくできない非才、無才には、せめて実直な精神だけを養っておいてもらえばいいんです。

トップになる人間が幸福とは限りませんよ。私が子供の頃、隣の隣に中央官庁の局長が住んでいた。その母親は魚の行商をしていた人で、よくグチをこぼしていたのを覚えています。息子を大学になんかやるもんじゃない、お陰で生活が離れてしまった。行商も辞めさせられて、全然楽しくない、魚屋をやらせておけばよかったと。裏を返せば自慢話なのかもしれないが、つまりそういう、家業に誇りを与える教育が必要だということだ。大工の熊さんも八っつぁんも、貧しいけれど腕には自信を持って生きていたわけでしょう。

今まで、中以上の生徒を放置しすぎた。中以下なら〝どうせ俺なんか〟で済むところが、なまじ中以上は考える分だけキレてしまう。昨今の十七歳問題は、そういうことも原因なんです。

平均学力が高いのは、遅れてる国が近代国家に追いつけ追い越せと国民の尻を叩いた結果ですよ。国際比較をすれば、アメリカやヨーロッパの点数は低いけれど、すごいリーダーも出てくる。日本もそういう先進国型になっていかなければいけません。それが〝ゆとり教育〟の本当の目的。エリート教育とは言いにくい時代だから、回りくどく言っただけの話だ」

――それは三浦先生個人のお考えですか。それとも教課審としてのコンセンサスだったのですか？

「いくら会長でも、私だけの考えで審議会は回りませんよ。メンバーの意見はみんな同じでした。経済同友会の小林陽太郎代表幹事も、東北大学の西澤潤一名誉教授も……。教課審では江崎玲於奈さんの言うような遺伝子診断の話は出なかったが、当然、そういうことになっていくでしょうね」

それまで取材したさまざまな事実、いくつもの言葉が思い出された。経済同友会の櫻井修・元教育委員会委員長が私立大学の職員たちに語った「ロボットと末端の労働力」。日経連の河野俊二・教育特別委員会委員長の「IT革命が雇用も変えた」……。いずれも、やや抽象的なイメージが強いが、こうしてまとめてみると、ある結論に辿り着かざるを得ない。

二〇世紀初頭のアメリカで流行したIQの遺伝決定論が、一世紀を経た日本で息を吹き返しつつあるのだ。中でも大衆知能テストの実施を提唱した心理学者ルイス・M・ターマンに、彼らの発想は酷似している。

〈プラトンは哲人王が統治する理想国家を夢みた。ターマンはこの危険な幻想を復活させ、彼の知能検査官に王位を簒奪させたのである。すべての人々をテストして、その知能に応じてふさわしい役割を振り分けることができるとすれば、歴史上初めて正当で、何よりも効率的な社会が構築されることになるであろう。〉（鈴木善次・森脇靖子訳、河出書房新社、一九八九年、二五九ページ）

〈ターマンは事実上IQ一〇〇以下の人々を、名声があり金銭的報酬もよい職業から締め出した。（中略）彼は知能尺度の下の方のランクづけにいっそう興味を示していた。そこには彼が「ただ劣っているだけ」と見なした人々が含まれている。現代の工業社会は、聖書に書かれた牧歌時代の比喩——薪を切り水を汲む者——に相当する技術に携わる人々を必要としている。〉（二六一ページ）

ハーバード大学のスティーヴン・J・グールド教授(科学史)が科学の差別への悪用の歴史を描いた『人間の測りまちがい』によれば、ターマンとはこのような人物だった。同書に引用されたターマン自身の表現を孫引きしておく。

〈「システムの機械化に伴う近代工業体制の進展は、知能の劣った人々をますます利用することを可能にしつつある。思考し、立案できる一人の人間は、指示されたことを行ない、機知もイニシアティブもほとんど必要としない一〇人から二〇人の労働者を指導するのである。」〉(二六一ページ)

だから、教えない。〝劣っている〟と判断された子供は、積極的に無知に〝育てる〟。このような考え方が、すでに〝コンセンサス〟になっていると、三浦氏は言った。

システム云々の状況は、第三次産業が中心となった今日、ターマンの時代よりはるかに〝進んで〟もいる。世界最大のファーストフード店の超効率的システムが世界中を覆い尽くしているという意味で、〝社会のマクドナルド化〟(McDonaldization)という言葉さえあるほどだ(ジョージ・リッツア著、正岡寛司監訳『マクドナルド化する社会』早稲田大学出版部、一九九九年など)。〝ゆとり〟教育の意味は提唱され始めた当初とは大きく変化して、政財官労の挙国一致で、無知で〝実直な〟人間を多く産み出すための教育改革を推進する体制を構築するに至った。

経済同友会の中堅幹部は、こう語っていた。

「私どもは、文部省とすり合わせて提言をしているわけではありません。ただ、事実誤認などがあってはいけないので、有名な政策課長の寺脇研さんには、個人的なレベルでなにかとご相談してきました。学校教育に関するひと通りの提言を終えたここ一、二年は、原点に戻って現場を見て歩こうということで、教育委員会の委員による小中学校の視察が増えているのですが、文部省の研究指定校を寺脇さんにご紹介していただくケースが多いんです」

また別の財界団体の関係者は、次のような内幕を聞かせてくれた。

「九五年の十一月、日教組の呼びかけで、経済四団体が一堂に会した講演会が開かれたんです。これを契機に、日教組を事務局とする勉強会が組織されました。もちろん文部省との連絡もある。官財労が一体になって取り組んできたということではあります。日教組もずいぶん変わったものですね」

なお教育改革に関わる代表的な財界人として、日経連の根本二郎・前会長と、同友会の小林陽太郎・代表幹事には取材を拒否された。殊に根本前会長には、延べ四ヶ月間にわたって申し込みを繰り返し、自宅も訪ねたが、彼の秘書はすべて「時間がない」を理由に断ってきた。

社会ダーウィニズム、である。

ダーウィンの進化論の「自然淘汰・適者生存」という概念を、人間社会の説明にそのまま流用した思想。適者生存なのだから、現実に高い社会的地位を占めている者は優れた人間なのであるとし、よりよく進化するためには、社会はその優れた者を支援し、劣った者は抑制しなければならないとする。人種差別や貧困をめぐる不平等や不公正は正当化され、〝真理〟の前には無価値であるとされる。

一九世紀後半の社会学者ハーバート・スペンサーが提唱し、特に産業勃興期のアメリカ上層階級で熱狂的に迎えられた。二〇世紀初頭に全米鉄鋼生産の七割を独占したUSスティールの創業者の一人、アンドリュー・カーネギーは、これを受けて市場競争の生物学的基礎を強調した論文を書いたことがある。

〈その法則はときには個人にたいしてきびしいかもしれぬ。しかしそれは民族にとって最善なのである。なぜならそれはあらゆる部門における適者生存を保証するからである、と彼はいう。「個人主義、私有財産、富の蓄積の法則、それに自由競争の法則（これらを彼は大文字で書いた）……は人類の経験の最高の成果であり、社会が今日まで最上の実をみのらせた土壌である。これらの法則は理想主義者には不完全にみえるかもしれないが、それにもかかわらず、最高の型の人間のように、人類が生みだした最上の、そして、もっとも価値あるものである。」〉（榊原胖夫《やすお》「産業主義とソーシャル・ダーウィニズム」

『講座アメリカの文化③・機会と成功の夢』南雲堂、一九六九年、一七八〜一七九ページ)

初めにダーウィン進化論があり、一九世紀後期の欧米世界での自然主義(自然を唯一実在しすべてを包括する存在と捉える思想。人間の行動や社会のありようまでの一切を自然科学的に統一的に理解しようとする哲学的傾向)の高まりの中で、社会ダーウィニズム運動が始まった。さらにそこから、具体的な方法論のひとつとして派生したのが優生学である(たとえば米本昌平「イギリスからアメリカへ――優生学の起源」『優生学と人間社会』講談社現代新書、二〇〇〇年)。

ユダヤ人虐殺や障害者の「安楽死」計画を実行し、あるいは「レーベンスボルン作戦」と称して〝スーパー北方種族〟創出のため優秀な男女を収容所に狩り集め掛け合わせたナチスドイツだけの、優生学は専売特許ではなかった。自由の国であったはずのアメリカのいくつかの州で、二〇世紀初頭までには精神障害者への去勢・不妊手術を認める「断種法」が成立していた。

日本でも、戦時中は遺伝性疾患と決めつけられた患者に断種を強制する「国民優生法」が施行されていた。それでも第二次世界大戦後、ナチズムの記憶とともに国際的に封印されてきた優生学的思想、ないし社会ダーウィニズムは、〝市場原理主義〟と揶揄される新自由主義がグローバリゼーションと称されるに及んで、再び息を吹き返した。

“The Bell Curve”(R. J. Herrnstein & C. A. Murray)という書物がニューヨークの出版社か

ら刊行されたのは、九四年のことである。その主張によれば、アメリカ社会における富裕な知的エリートと下層階級との二極分化はますます進んでいるが、これは優生学的に正しく、前者が後者を支配する管理社会の到来も必然であるという。黒人差別さえ正当化した本書は、痛烈な反論を含む議論を全米で巻き起こしたが、社会的に葬られることもなく、五十万部以上を売り上げる大ベストセラーとなった。

優生学や社会ダーウィニズムへの批判は左翼思想と誤解されやすいが、違う。ロシア革命後のソ連でも優生学の研究は続き、三〇年代に禁止されたものの、すぐに復活している。人為的に変革して作った形質も遺伝形質として固定できるとする「ルイセンコ学説」が生まれ、スターリン独裁を正当化していく機能を担っていった（マーク・B・アダムズ編著、佐藤雅彦訳『比較「優生学」史——独・仏・伯・露における「良き血筋を作る術」の展開』現代書館、一九九八年など）。

これもまた、社会ダーウィニズムの悲劇だった。右か左かの方法論の問題ではないのである。

欧米の優生学では、黄色人種は白色人種よりも劣等だとされている。そこで日本人が社会ダーウィニズムを受け入れる過程で複雑な葛藤が避けられず、集団主義的道徳を強調することで彼我の優劣を逆転させる解釈を導くなど、独自の歴史を重ねてきた（鵜浦《うのうら》裕《ひろし》「近代日本における社会ダーウィニズムの受容と展開」『講座・進化②進化思想と社会』東京大学出版会、一九九一年など)。

同様のメンタリティを、社会ダーウィニズムがアメリカの新自由主義とともに再上陸してきた今回も、随所に感じることができる。詳しくは過去の受容史とともに終章に譲るが、この間の遺伝子診断技術の進展で、優生学と社会ダーウィニズムとを切り離して考えているらしい層も登場してきたのが、従来にはなかった近年の特徴であるようだ。

たとえば江崎玲於奈・教育改革国民会議座長の説く遺伝子検査による優生学的選抜教育論だ。IQテストのような曖昧さが排除され、純粋に知能(メリット)だけを客観的かつ完璧に判定されてエリート教育を施された子供たちが将来指導的な地位に立つと仮定できれば、それは「アリストクラシー」(貴族による世襲支配)や、親が教育に熱心でなく、私立の中高一貫校に進ませてもらえなかった子供がそれだけで落ちこぼれ扱いされる世の中よりは公正な社会が生まれる可能性がある。結果としての階級を後から正当化する社会ダーウィニズムとも、やや違う。

下層から〝成り上がる〟余地が広がるかもしれない。メリットの差による不平等を容認した社会とも言える。社会学で謂う「メリトクラシー」(メリットによる支配)だ。

だが、それで人間は幸福になれるのかというと、疑問符がつく。四十年以上も昔の五八年、英国の社会学者マイクル・ヤングが、近未来SFの体裁に託して、そのような世界を描出している(窪田鎮夫・山元卯一郎訳『メリトクラシー』至誠堂、一九八二年)。

――〝人工頭脳学〟の飛躍的進歩により人間の知能を完璧に測定できるようになった新世紀。能力もない者が世襲や親のコネで高い地位に就いたり、能力があっても低い地位から抜け出せないなどという不公正はまずあり得ない社会が実現していた。

階層と能力は一致するに至る。上層は絶対に有能で、下層は確実に無能。下層に生まれても知能測定を受ける機会は与えられるが、すでにこの段階では、階層の現実を追認させられるだけの結果に終わる場合が一般的になっていた。

するとこんな社会ができあがるという。下層に生まれた人間は、

〈過去におけるように機会が与えられなかったからでなく、自分が本当に劣等であるという理由で、自分の地位が低いのだということを認めなくてはならないのだ。人間の歴史において初めて劣等者が、手の届くところに自尊心のとりでをもてなくなったのだ。〉（一三〇ページ）

知能測定の対象年齢は次第に低くなっていく。

〈三歳で能力の検査をして見分けができるとすると、知能の高い子供が、ほとんど間違いなくその発達をおくらせるであろう他の子供たちといっしょに知能指数混合の同じ学校へ行くことは、本当に無意味であろう。最上層において、オックスフォードやケンブリッジに行くすぐれた青年が、地方大学へ入る以上の成績はとれない他の者から区別されると同じように、すぐれた子供たちは、一般の者と区別して別の幼稚園や小学校に

入れるのがはるかに賢明であった。〉（二一六〜二一七ページ）

〈しかし、科学はゆっくり進んでくれないのだ。三歳が限度ではなかった。知能検査年齢は、事実、母親のおなかの中まで入りこんだ。ノーベル賞受賞者チャールズ博士は、知的能力の遺伝様式について多くのことを教えてくれたが、最近、子供の知能はその祖先の知能から予言して間違いないことを証明した。（中略）そして、結婚の習慣、海外からの移民、海外への移住についてのいろいろな想定にもとづいて、今後一千年にわたっての知能の傾向と分布について、実際に計算された結果の数字がでているのである。〉（二一七〜二一八ページ）

私は優生学を支持するために、ヤングを引用したのではない。一時的に断ち切られたように見えても、優生学と社会ダーウィニズムはどこまでも同根であり続けるしかない本質を問いたかった。

機会とは与えられ測定されるものではなく、その結果を問わず、ただ万人に開かれていなければならないものだ、と私は考える。

しかも遺伝子検査に完璧を求めることなどできるはずもない現状でそのような発想を持ち出せば、公正さの担保さえも期待できない。遺伝と教育の関係を追究している安藤寿康《じゅこう》・慶應義塾大学助教授（教育心理学、行動遺伝学）も首を傾げた。

「（遺伝子検査による優生学的選抜教育の考え方は）理論的には可能だと思う。しかし、優生学の暗い歴史を背負っているのが遺伝学です。人間の能力に遺伝的なものがあることは間違いないのですが、遺伝子相互の複雑な作用があるので個人の資質の予測はとても難しいうえに、外部の環境次第でさまざまに変化し得る部分があるのも事実なんです。そんなことをすれば、やはり形を変えた社会ダーウィニズムに陥る危険性があると思いますね。少なくとも私は、生徒本人以外の第三者が選抜の権限を持つことを認めたくない」

人生の第一歩を踏み出したばかりの年齢で、同級生より格下の人間として扱われる子供の心理が、あらゆる視点から顧みられなければならない。人道的にはもちろん、彼らが抱く屈辱や怨念は、なまじの経済合理性などたやすく破壊しよう。人間の尊厳をそこまで否定してしまえば、日本は人間が棲むことのできる国ではなくなる。

『メリトクラシー』のラストを紹介しておきたい。

——高い知能は一〇〇％遺伝するとは限らず、世代を経るうちに、むしろ平均値への回帰現象が始まった。上層にいる人々は、この現実を知りながら、いや、熟知していたからなおさら、階層と能力はどのみち一致するのだから知能測定は無駄であり、初めから世襲制にしてしまおうと提案する。

もちろん、そんな理屈が通るはずもない。下層階級の積もり積もった怒りは暴動へと発展し、語り部であった作者が殺されてしまったところで、物語は終わるのだ。無能で上層への服従に疑いも持っていなかったはずの下層階級の一部にも、回帰現象は起こっていたのである。

メリトクラシー体制の命脈は、その完成から、わずか半世紀たらずで尽きたのだった。

非〝ゆとり教育〟の成功

兵庫県の山間部に、生徒のほぼ全員が全国平均を上回る成績を続けている小学校がある。朝来《あさご》郡朝来《あさご》町立山口小学校。読み書き計算の基礎を徹底的にたたき込んできた成果だった。

同校の陰山《かげやま》英男教諭(四十二歳)は語る。

「ご多分に洩れず、十年と少し前までは、朝来町の中学校も荒れていました。小学校の段階できちんとした学力を身につけさせ、進路に繋げてやるしか解決の方法はないということで、全校挙げて取り組んだのです。詰め込みなんかじゃなく、そのための教材も自分たちで工夫しました。〝ゆとり教育〟や〝新しい学力観〟を、言葉として否定はしません。問題は文部行政というより、まるで勉強が悪いことのように捉える、一般の誤解ではないでしょうか」

陰山教諭によれば、学力づくりのコツは課題の限定、方法の単純化、学習の反復継続に尽きるという。タテヨコ十列ずつの百マスを作り前後左右に連続して足し算や掛け算を繰り返す「百マス計算」をはじめ、百人一首による記憶力訓練、朝十分間のドリル時間設定、地域の特産物である「岩津《いわつ》ネギ」を多角的に研究する社会科学習などの方法論を生みだした。

学力づくりに取り組んだ初年度の生徒たち約五十人が、九九年春、地元の公立高校を卒業した。うち何割かは大学を受験し、国公立だけで大阪大、神戸大、東北大、北海道大、京都府立医大への合格者が出たという。

大学進学だけが人生ではないが、途中で職業人への道を歩むだけが人生でもない。地理的条件の不利をそのままに、国の思惑通りの教育しか行われていなかったとしたら、彼らは自由に将来を考える期間を短縮され、人生を自ら切り開く選択肢を、それだけ奪われていたのではあるまいか。

山口小の実践は、今や教育界注視の的になっている。教育改革が表向きの主張通りに運ばれるなら、本来、この試みに学ばなければおかしい。万が一にも潰されるようなことがあったら、それは日本の指導者層が骨の髄まで社会ダーウィニズムに汚染されている証左である。

東京・品川区の小学校選択自由化

九九年九月二十八日、東京・大井町の品川区庁舎。区教育委員室は刺々しい雰囲気に包まれていた。

この日の議案は〝区立小学校の通学区域のブロック化について〟である。区内四十校を大きく四ブロックに分け、その範囲内で自由に通学先を選べるようにする構想。区は「自分の子供に適した教育を受けさせることができる」「選ばれる立場になった学校側が教育の質の向上に切磋琢磨するようになる」と強調し、文部省が示す教育改革プログラムの目玉への一番乗りを賭けていたのだが、それだけに拙速が目立ち、厳しい質問が次から次へと委員たちから出された。三日前の「朝日新聞」に〈都市部では初〉と、まるで決定事項のように報じられていたことも、委員たちの不信を買った。

委員たちと事務方とのやり取りを、議事録から抜粋してみる。

――統廃合を意図したものではないか？

「統廃合は目的としていない」

――もう少し話し合う場は作れなかったのか？

「国、都、審議会で議論はされてきた。決定前の説明は少なかったかもしれないが、進めてから議論が起こることもある」

――地域の実情把握や保護者の意向調査が不十分だ。

「不安はわかるが、やってみなければわからない部分もある」

――進学率のよい学校に子供が集まり、受験の低年齢化に拍車をかける心配はないか？

「学習指導要領の範囲内での特色ある学校づくりだから、結果として受験学力がつくことはあっても受験校化するとは考えていない」

――学校間格差が生じ、教育底辺校の出現や学級崩壊が懸念される。

「学校教育の制度疲労があると思う。大規模校も小規模校も特色ある学校づくりをすれば、むしろ問題解決の一助となる」

――登下校の安全性も心配だ。

「通学距離が長くなれば危険度も高くなる。交通安全教育の徹底や通学路の安全点検を重視する必要がある」

――一般の人の反応をもう少し真摯に受け止めてほしい。あまりに早すぎる。体制ができていないという校長先生もいる。

「進めていく時はよい面も悪い面もある。意見や配慮する点などを十分参考にし、よりよい方向を(中略)……努力していく(中略)……」

出席した四人の委員のうち、若月秀夫教育長を除く三人は反対に近い。ほとんど報じられていないが、答弁の内容といい、常識的には差し戻しが自然な展開だった。ところが採決は行われず、最後は委員長取りまとめの形でお開きとなった。

「いろいろ問題点が指摘された。手順に問題があったのではないかとの厳しい意見があった。委員会決定前に公になるようなことが繰り返されると、委員会が形骸化してしまう。これは品川の教育にプラスにはならない。

決まったからといって突っ走るのではなく、納得を得るための方法を十分尽くし、努力を重ねることが大切だと思う。万一にも底辺校や学級崩壊が生じないようきめ細かい配慮をして運営し、ブロック化が健全に成長するよう要望し議案については承認する」

実は委員長自身が抵抗を続けた一人で、取りまとめの際にもこんな補足意見を述べている。品川区の決定には東京都日野市などが追随し、同じ潮流は都市部を中心に広がりつつあるのだが、その第一号は、このようにして決定されたのだった。

九九年春まで影も形もなかった品川区の小学校選択自由化の構想は、同年六月末に東京都教育庁出身の若月教育長が着任した途端に浮上し、翌七月中旬には教育長決定。九月上旬には校長・園長連絡会で区割りや作業日程の説明が行われて、前記の教育委員会に至っている。お役所仕事とは思えないスピードだった。

学校選択自由化のアイデア自体は臨教審以前から存在したが、品川区での実行を導いたのは、九七年末に政府の行政改革委員会が規制緩和の立場から文部省に公立小中学校の通学区域制度を自由化するよう求め、これを受けた同省が翌九八年一月、現行制度の枠内で弾力化を図る方針を決定したことが契機になっている。都市部で学校統廃合が進み、あるいは越境通学の希望を市区町村教委が拒否できないケースが増えたりで制度が適切に運用しにくくなっていたのを追認する形だった。

さらに遡ると、行革委員会に強く影響を与えたのは、経済同友会の九五年提言『学校から「合格」へ』だったと言われる。提言書には〈子供たちが多様な集団のなかで成長できるようにしよう〉とする項の中で、一言だけ、〈(学校の中でも)さらに、複数の学区の子供たちが集まれるようにしてもよいのではないかと思う。〉とだけ書かれていたのだが、発表直後に開催された文部省の教育課程審議会に関わる会合を機に、にわかに関心が強まったのだという。

同友会のワーキンググループで主査を務めた高橋長逸《ちょういつ》・住信パーソネルサービス会長(当時は住友信託銀行取締役調査部長)が述懐する。

「教課審の会合で、私が提言のサマリーを説明したのです。大都市だけの方法ではないかとか、通学の安全の問題とか、その場では二、三の質問が出た程度だったのですが。狙いは、とにかく公立学校の競争力を守ろうということでした。あの頃、公立の学力低下やいじめなどの病理から保護者の私立志向が高まっていて、同友会にも、もう公立校など解体してしまえという意見を言い出す方もいたのです。でも経済的な余裕がない人も多いのだから、それは酷い、と。私自身も公立出身なので、そういう思いは強かったです」

品川区教委は、自らのプログラムを「プラン21」と総称している。国の教育改革に一

○○％沿った内容で、具体的には一斉授業を減らし生徒一人一人に合った個別学習の充実をはじめとする「教育課程の管理の充実」、担任が全科目を教えるのでなく、中学校と同様、科目ごとに教師を分ける「教科担任制の実施」、また「小中学校一貫教育の推進」「小学校の外国語教育の推進」などを挙げた。学校選択自由化を導く「通学区域のブロック化の推進」もその一環という位置づけだが、各小学校は他のメニューを導入する推進校制度を活用しながら独自の特色を打ち出し、親たちに選択してもらえるような魅力的な学校づくりを進めていくという構造になっている。これらについても、多くは経済同友会の提言に範が取られていた。

髙橋久二《きゅうじ》・品川区長(七十二歳)に話を聞いた。

「学校選択の自由化は私が思いつきました。お客を集めようとする商人のように、先生たちにも努力してもらいたい、素朴な商人的発想。財界の提言や政府の方針は知りません。若月教育長は品川で教委の指導課長をしていたことがあり、よくできる方なので、私が呼び戻したんです。

批判もありますが、住民は喜んでいますよ。生徒の増減も予想通り。受験の低年齢化と言うけど、すでに小学生はみんな進学塾に行っている。逆に前向きな学校が補習授業をやるくらいになれば、塾をなくす一つのポイントになります。また統廃合は、黙っていても父母の意志でそうなっていくので、狙っているわけではないんです。定員に満たない学校が出てきたら、その校舎を使って、小中一貫校を作っていきたい。教育長にも指示してあります」

意気軒昂な区長を、しかし現場は冷やかに見つめている。区内の小学校教師たちの話である。

「区教委は現場を知らないにも程がある。個別学習推進校は学期末の一～二週間をそれまでの復習に充て、一斉授業は止めて生徒を習熟度別に指導するのですが、多少の予算措置でパートの先生を雇っただけでは手が足りず、いろんなプリントを用意して、適当にやらせておいたのが実情。まるで「公文式《くもん》」です。第一、その期間を確保するために、通常の授業を短縮して詰め込むのですから、今より確実に落ちこぼれが増えていくでしょうね」

「小学生の発達段階では、教科ごとではなく学校生活の丸ごとを見てあげる必要があると私は考えます。教科担任制は、それでも一学年に三つも四つも学級があるなら意味がなくもない。でも実際は、少子化した都会で一学年一学級ですから、教師は何学年にもわたって教えることになります。やりにくくて仕方がないし、子供たちへの目配りが不十分になっていくのが自分でわかりますね」

「学校の特色などと言っても、区教委に与えられたメニューから選ばされているだけ。どだい、私立と違い広域・短期間で異動させられる人事制度の下、特徴を人為的に作り出すなんてこと自体に無理があるんですよ。でも、教員はそれで評価されてしまう。結局、校長や教頭は区教委やその上の都教委の、教師はその校長の顔色を窺って毎日を過ごすサラリーマン根性が教員室に充満しています。要するに上からの管理を強化するのが狙いで、子供のことなんかどうでもいいんです」

複線型教育の復活

さまざまな問題を派生させつつ、すでに品川区内に住む二〇〇〇年春の就学児たちは、保護者が〝自由に〟選択した小学校に通学している。区教委学務課のまとめ(四月一日現在)によれば、従来の学区校以外への入学を希望した保護者は全体の一二・六%だった。全四十校中、自由化がなかった場合の入学見込み数と比較して実際の新入生が増加した小学校は十一校。これに対して二十七校が減少し、増減なしが二校。

見込み数六十人の二倍近い百五人を集めたA校は、以前から私立中学校への進学者が多いと言われる〝名門〟で、見込み数の三割しか入学してこなかったB校の評判は、案の定……。増減は必ずしも格別の事情がある場合ばかりではないが、受験や〝荒れ〟に関する噂はあることないこと増幅されながら、保護者たちの間を燎原の火のように拡がっていったと、ある教師は振り返った。

教育委員たちの懸念はことごとく、初年度から的中した。来年度以降も同じやり方が続けば、受験戦争の低年齢化は一層進み、生徒の集まらない学校は市場の不支持をもって統廃合の根拠とされよう。家庭と学校の距離が遠く離れていくのでは、地域との連携どころか、問題児が集中する学校の周辺地域は日常的な治安さえ脅かされかねない。

市場だけに委ねれば、必ずそのような結果が招かれる。都内のある中学教師が、公刊された統計資料（公立学校統計調査報告書各年版）をもとに都内公立小学校の卒業生の進路状況をまとめてみたことがある。やや古いデータだが、それによると、九五年度の卒業生で国立か私立の中学校に進学した生徒は二十三区全体で一八・五％。この当時、学校選択が自由化されている区はなかったが、通学区域制度にもかかわらず区外の公立中に越境した者が二・三％。区内の学区域外にある中学校に進んだ者が四・〇％いた。

「仔細に検討してみると、区ごとの差があまりにも大きいのに驚きます。たとえば同じ第五学区の台東、荒川、足立の三区を比較しただけでも、興味深いことがわかる。台東は国私立への、荒川は都心など区外の公立への、足立は区内の学区域外の公立への進学率が、それぞれ非常に高いんです。地元の中学を避ける理由に大差はない。荒れているとか、高校受験に不利だといったことですよね。でも、その後は経済力次第で露骨に行き場が異なってくる」

この中学教師は、そして、こんな事実を挙げた。足立区立A中学校の学区域には三つの区立小学校が含まれていて、このうちB小学校からは四十人程度が入学してくる見込みだった。ところが新学期直前になって次々に指定校変更が行われ、最終的にB小からの進学者は四人だけになってしまった――。

九七年春のことだった。他の三十六人の生徒たちは、その四人から逃げるために、住民票を移したり、適当な理由を区教委に届け出たりの〝自衛手段〟をもって別の中学校に散っていったのだった。小学校の選択自由化が制度化されていない状況での出来事であることに留意されたい。

霞が関の机上で組み立てられた理屈など、人間の生々しい営みの前には無意味である。もっとも、品川区の教育委員たちが格別洞察力に優れていたわけでもない。このような結末は、初めからわかりきっていた。

〈スコットランド(Adler, Petch and Tweedie. 1986)、あるいはアメリカのシカゴ(Moore, 1990)のような地域における学校就学のパターンの変化をみれば、オープンエンロールメント(通学区の自由化)や「学校選択」政策が不利な立場にある子どもを特定の学校へ集中化させ、人気のある学校を富裕な、あるいは啓発された家庭の子どもに独占させることに帰結するということは、非常にはっきりとしたことであるように思われる。〉(三七ページ)

ロンドン大学教育学研究所のアンディ・グリーン教授による九七年の指摘である。新しい世界関係の枠組みでこれからの国民教育制度のあり方を展望した『教育・グローバリゼーション・国民国家』（大田直子訳、東京都立大学出版会、二〇〇〇年）の一節。教授によれば、〈これには二つの理由がある〉。

第一に、富裕な親は子供に高い望みを持ち、自らの利点を活用して、より高い成績の学校に子供を入学させるために行動する。第二に、志望者が集中する学校は無限に増殖できるわけではないし、人気の保持のためにも生徒を選別せざるを得ないから、多くの親が学校選択を実行すればするほど、利用できる選択は減少する。したがって、〈もし、こうしたことが学校間の、それゆえ社会階層間の学業達成の平均的レベルの差異を拡大することにはつながらないと主張するのであれば、それは過去四十年間の教育社会学のすべての結果に反することになろう。（中略）自由市場主義者が提供する論理は、極端なまでに粗雑なものである。〉（三七ページ）

学校選択の自由化だけではない。殊に七〇年代の〝ゆとり〟教育はアメリカ人の学力を著しく低下させ、経済に非効率を、社会に荒廃をもたらした。そのことを自省し、基礎に帰って初等中等教育の水準を高めることが急務だと訴えた政府報告書〝A Nation at Risk〟（『危機に立つ国家』、The National Commission on Excellence in Education の編、八四年）の存在は、日本でも教育関係者なら知らぬ者がない。

先に紹介した、〝ゆとり教育〟の名付け親こと奥田真丈・元文部省初等中等教育局審議官の体験談は、この文脈で明瞭に理解できる。日本政府の進める教育改革のプログラムをアメリカの教員関係者に説明したら呆れられたという話だった。

社会ダーウィニズムが渦巻くアメリカの経験と、何よりも目の前の禍々《まがまが》しい光景。にもかかわらず、品川区は二〇〇〇年六月、小学校での試みの初年度の評価さえ定まっていない段階で、一気呵成に公立中学校の選択自由化も決定した。

中学校では前述のような諸問題がさらに先鋭化していく危険が明らかだが、区は初めから、「やってみなければわからない」「良い面も悪い面もある」で片づける態度を表明済みだ。国の教育改革プログラムの先頭走者としての自負が、彼らを強気にしている。

瞬く間に中学校に及んだ学校選択自由化。それはやがて、これも国が推進している公立学校の中高一貫教育との組み合わせで、子供たちへの影響を一層強めていくことになる。

中高一貫校の実践は、すでに宮崎県立五ヶ瀬《ごかせ》中学・高校や岡山市立岡山後楽館中学・高校などで進んでおり、九八年には「学校教育法等の一部を改正する法律」も成立した。環境整備をほぼ終えた文部省では、今後、少なくとも通学範囲に一校、全国合計で五百校程度の中高一貫教育校を立ち上げる計画を明らかにしている。

目的は表向き、次のようなものである。

〈中高一貫教育校では、高等学校入学者選抜なし又は学力試験のない簡便な入学者選抜で中学校教育と高等学校教育を接続し、ゆとりの中で、生徒一人一人の個性をより重

視した教育が行われます。〉（文部省のパンフレットより）

他の教育改革プログラムとの連続性がよくわかる。受験エリート校化して学校間格差を助長するとの批判を、代表的な提唱者である木村孟《つとむ》・大学評価・学位授与機構長（教育課程審議会会長、教育改革国民会議委員、前東京工業大学学長）は一蹴した。

「もう二十年以上前のことですが、私はつごう三年間ほど、家族で英国に暮らしたことがあります。彼らの生活と比べ痛感したのは、日本の子供たちに共通する凄まじいストレスでした。受験戦争を緩和して、英国のような子供本来の姿に戻してやらなければ。そのためには中高一貫教育の推進しかないと考えて、私は中央教育審議会の場などで発言してきたのです。

受験エリート校化へのご心配ですが、それだけは絶対にしないという不退転の決意が、われわれにはあります。宮崎や岡山の実態を聞いても、この点は徹底できていると思う。今春卒業した五ヶ瀬中高の一期生の中には、万葉集の研究でお茶の水女子大学への推薦をパスした子や、休みのたびに全国を旅行して方言を研究した成果で筑波大学の先生方を仰天させた子が出たそうです。彼らが伸び伸びした学園生活を送ってきた効用でしょう。

エリート校にしないためには、数も必要ですね。そこで教育改革国民会議で〝創造性〟を担当する第三分科会でも、五百校と言わず、全体の半分ほどに増やすよう提言しました。すべてそうしてしまうと合わない子は行き場をなくしてしまうので、このくらいが妥当だと思います」

木村機構長の話からは、先行した公立中高一貫校が着々と実績を重ねている様子がよくわかる。しかし、そこでの教育が素晴らしければ素晴らしいほど、そうでない従来型の中学・高校との格差は拡大していく。当事者の思惑はどうあれ、グリーン・ロンドン大学教授が指摘するところの〝富裕〟で〝啓発された〟親たちが、子弟を中高一貫校に進ませたくなるのは自然の成り行きだ。優秀な生徒が集まる学校の卒業生には、大学はもちろん、企業や官庁も注目するだろう。

当然、入学時の選別は激化する。高校受験のプレッシャーは相対的に減じても、今度は中学校受験がすべてを決める構図が現れる。ここに選択自由化された〝特色ある〟小学校が加わる。

公立イコール落ちこぼれ、よりはマシなのかもしれない。しかし、より強いエリート志向を持つ私立の中高一貫校とも併せて、これでは事実上の複線型教育制度に他ならない。

複線型とは複数の学校系列が初等教育の段階から併存するシステムのことだ。四年間の基礎学校を修了した後にエリートを目指すギムナジウムか実学志向のレアールシューレ、ブルーカラーや職人向けの基幹学校・ハウプトシューレへと振り分けられるドイツの例が有名だが、日本でも戦前は、尋常小学校六年間の義務教育を修了すると、旧制中学校、高等女学校、実業学校、高等小学校に分かれる複線型の仕組みを採っていた。複線型システムは早い段階から目標に応じた教育ができる半面、最初の選択次第でその後の教育機会は著しく制約される。

　戦後の学制改革によって、しかし複線型システムは、6・3・3・4制の単線型システムに改められた。こちらは上級学校への進学機会が全員に開かれた仕組みで、中高一貫教育の推進を扱った九九年十二月の中央教育審議会答申「初等中等教育と高等教育との接続の改善について」も、次のような評価を与えている。

〈これにより、すべての児童・生徒が前期中等教育を受けることとなった。また、後期中等教育段階の諸学校が高等学校に一本化され、制度上も、高等教育への進学の機会が広く開かれた。(中略)この新しい教育制度の下に、我が国の教育は、人格の完成を目指すことを基本として、機会均等の理念を実現しつつ著しい普及発展を遂げ、科学技術の進歩や経済の高度成長の原動力となって、我が国社会の発展に大きく寄与してきた。〉

　そうしなければならない貧しい時代は終わったのだと、教育改革を進める識者たちは言いたがる。かくて再び複線型システムへ。

　彼らはまず例外なく、戦前であれば無条件で旧制高校に進むことができた社会階層の出身者ばかりである。京都経済同友会(代表幹事＝道端《みちはた》進・京都中央信用金庫理事長、吉田忠《ただ》嗣・吉忠社長）が二〇〇〇年九月に発表した、地方の経営者団体では初めてという教育改革に対する提言は、中学校の義務教育廃止さえ訴えていた。

〈日本人として必要な最低限の学力等は小学校で身につくようにする。特殊な技能を身につけたい者は、義務教育終了後直ちに家業を見習い、親方棟梁等のもとに弟子入りし、あるいは各種の職業学校に進学する道を開く。社会は多様な人材を必要としている。学力に自信がなければ手足を使う技能者・技術者として世に出ればよい。できるだけ早く体で覚え込まなければ大成しない技能が、この世には存在する。勉強嫌いをいつまでも学校に引っ張り、やる気と自信を失わせ、いたずらに不登校を増やし、教師に苦労をかける無駄は、十二歳で打ち止めとしたい。

義務教育＝強制教育の短縮（小学六年のみ）に踏み込むべきときである。〉

どうせ使用人にしかなれない、させない子供に教育などもっての外。余計な知恵をつけるだけ邪魔だと、彼らは言いたいのだろうか。なるほど、三浦朱門・前教育課程審議会会長式の発想は、かなり広範囲に支持されているようだ。

教師の顔色を窺う

〝ゆとり教育〟の下で、〝新しい学力観〟の浸透に伴い、公立の小中学生に対する教師の評価基準が変えられてきた。定期テストを廃止した中学校もある事実を先に述べたが、それほど大胆でなくても、各地の学校現場では微妙だが重大な変化が生じている。九三年頃から、公立高校の入試制度は推薦入学方式や内申書重視の傾向を強めてきた。いわゆる高校入試改革の一環だ。

たとえば東京都では、中学校が「特別活動等」(部活動や生徒会活動、学校外でのボランティアなど)で優れた成果を上げた生徒の一定割合に㊕《マルトク》の評価を与え、内申書に添付している。方法論の違いはあるが、教科以外の活動をより多く評価しようとする姿勢は他の道府県でも同様である。知識や理解よりも「関心・意欲・態度」を重視する〝新しい学力観〟は、こうして高校入試制度にも直結した。

〝新しい学力観〟に基づく評価とは、では具体的にどのようなものなのか。

神奈川県H市の倉田恵子さん(三十九歳、仮名)は、地元の公立中学に通う長男の二学期の通知表を見て驚いた。英語の評価が「3」になっている。彼は中間、期末の定期テスト(百点満点)でそれぞれ九十八点、九十六点を取っていたのに。

「すぐに先生を訪ね、理由を聞きました。すると、テストの点だけなら間違いなく上位の二%に入っている。ただ、この先生はそれ以外に二百五十点の〝授業点〟というポイントを設定しているのです。

たとえば授業時間内にやる単語テストは、一回につき二十点満点なのですが、全問正解できなくても、満点が取れるまで何度でもやり直すことができるようにしてあるという。ところがやり直しに行かなければ間違いが一つしかなくても零点《れい》になるのだそうです。ウチの子は部活か何かの都合でこれを怠ったことがある。また、授業中にあまりノートをとる方ではないので、ノート提出でも評価を下げたといいます」

どうやら彼は、教師に〝やる気〟をアピールするのが苦手なタイプであるようだ。努力を宣伝したがらないマイペース型。英語だけでなく、数学や社会科でもテストの点数の割に通知表の評価は高くなかった。倉田さんはそれぞれの教師から「授業中つまらなそうな顔をしている」「白地図の色の塗り方が雑」などといった判断を聞いている。

神奈川県の公立高校は、他県以上に内申書を重視する。九七年に導入された「新神奈川方式」では、普通科高校の七〇％が内申六割、試験四割の比率で合否を決定し、残り三〇％がこれに加えて別の選考基準を加味すると伝えられている（大手進学塾の調査による）。それだけに、倉田さんは怒った。

「意欲や態度を点数化しようとすれば、どうしてもそういう方法になってしまうのかもしれません。でも納得できません。新学力観は個性や多様性を重んじると言いながら、その実、先生が作った枠組みからはみ出る子を排除する結果になっているのではないでしょうか」

多くの教師たちが、成績の評価が主観に流れないようにするための工夫を図ってはいる。しかし、と東京都練馬区立石神井中学校の鈴木憲治校長は語った。

「授業時間内で評価していくという方法は、どうしたって公平さを保ちにくい。同じ学年の一つの教科を複数の教師が担当する場合など、同じ生徒の評価がA先生とB先生とでまるで違ってくる可能性も大きいのです。

そうしてつけられた5・4・3・2・1の点が、中学の中だけで完結するのなら構いません。しかし現実には、高校進学に大きく影響してくる。となれば生徒は教師に威圧感を抱き、従順でオリコウサンでいる方がよい点に繋がると考えてしまいがちなんです」

笑えない現象が各地で起きている。〝意欲〟を客観的に測ろうとしたあげく、授業中に手を挙げた回数を点数化した教師。部活動のキャプテンをたらい回しにして〝平等〟に得点を与えた中学校。体育の教師が学期中の百メートル走の進歩ぶりを数値化して努力ぶりを計測しようとしたのを知り、初めはわざと軽く流し、学期末になると真剣に走ってみせた生徒……。

現場の教師や保護者を取材すると、この種の話がいくらでも聞こえてくる。「生徒会には自分で立候補」などと書かれた、教師に気に入られるためのマニュアル本が飛ぶように売れ、進学塾の中には、入試のための勉強だけでなく、通学している中学校の教師のクセや性格を分析して、ノートの書き方から振る舞い方まで指導するところも出てきたという。

かねて指摘されてきた内申書の重圧は、〝新しい学力観〟によって改善されるのではなく、かえって制度化された。学校の成績というよりも、企業の人事考課、処世術と呼ばれる領域に限りなく近い世界が、ここにある。

新しい学習指導要領における学習評価について検討している教育課程審議会は、そして二〇〇〇年十月、現行の相対評価中心から、個々の子供に応じて設定した学習目標への到達度を見る絶対評価に改める方針を柱とする中間報告書を発表した。それによれば、日頃は点数の低い子が、努力して点数を高めれば、それが平均点に足りなくても、「4」や「5」を与えることができるという。また、「公徳心」「主体的取り組み」といった評価項目を追加するとともに、教師による記述部分が拡充される。

二〇〇〇年内には最終答申もまとめられる。教課審の描く通りの学習評価が実現すれば、上司ならぬ教師の顔色を窺う〝サラリーマン〟的中学生が確実に増えていこう。自発的に服従できる子供が、最もよい成績を取る時代がやってくる。

すばらしい新世界

英国の優生学者ジュリアン・ハックスリーの弟で作家のオルダス・ハックスリーが一九三二年に発表した名作『すばらしい新世界』(松村達雄訳、講談社文庫、一九七四年)が想起される。効率的な生産技術で自動車の大量生産を可能にした〝神〟を讃えた「フォード暦」第七世紀。独裁者ムスタファ・モンドの支配する世界では、人々はアルファ、ベータ、ガンマ、デルタ、エプシロンの五階級に分類されていた。

ここでは人間の生殖は自然に委ねられない。「ボカノフスキー法」なる人工的な孵化技術が活用され、人々は胎児の段階から、それぞれの階級に〝ふさわしい〟肉体に産み分けられて、条件反射訓育を施されるのである。

――中央ロンドン人工孵化・条件反射育成所。翌日から職場に就く見習生たちを引率しているのは、他ならぬ所長である。説明役は、若い職員の「フォスター君」だった――。

〈「われわれは階級を予定し、条件反射を植えつけます。われわれは赤ん坊を社会化された人間として、アルファ階級あるいはエプシロン階級として、未来の雑役夫あるいは未来の……」彼は未来の「世界総統」と言いかけたのだが、思い直して、その代りに未来の「人工孵化所長」といった。

所長はにっこりと笑ってそのお世辞をうけいれた。〉（一九ページ）

――第十一号壜架、三百二十メートル。エプシロン階級の孵化室で、若いベータ・マイナスの職員が、血液代用液の循環を緩慢《かんまん》にするための作業をしていた。見習生が理由を尋ねた――。

〈「階級が低ければ低いほど、酸素を少くするのです」とフォスター君は答えた。

まず初めにその影響の現われる器官は頭脳だった。そのつぎは骨骼。通常の酸素供給量の七十パーセントにするとこびとが生まれる。七十パーセント以下となれば眼のない化け物ができる。

「そんなものは無用ですが」とフォスター君はことばを結んだ。

しかしながら(と彼の声は自信と熱を帯びてきた)、もし成熟の期間を縮小する技術が発見できたら、これこそ何という成功、何という社会への貢献だろうか!〉(二〇ページ)

〈見習生たちは馬を考えた。

六歳で成熟する。象なら十歳だ。ところが、人間となると、十三歳でまだ性的に成熟しない。二十歳になってやっと完全に成熟する。もちろん、このために、おくらされた生長の成果が生ずる、すなわち人智である。

「しかし、エプシロン階級においては、われわれは人間的知能を必要とはしないのです」とフォスター君はいかにももっともなことをいった。

必要でないからそれを獲得しない。しかし、エプシロン階級の知能は十歳で成熟するが、その肉体は十八歳まで活動に適しない。よけいな浪費的な長年の未成熟期間。もし肉体的生長が早められ、たとえば牡牛のように早くなったら、社会にとって何たる大きな節約であろうか!〉(二〇~二一ページ)

──別の世界から迷い込んできた〝野蛮人〟が、支配者モンドと会見した。どんな人間も造り出せるのに、なぜあなたは全員をアルファ・ダブル・プラスにしないのかと、彼は問うた。

〈ムスタファ・モンドは笑った。「それは、われわれは咽喉もとをかき切られたりしたくはないからだよ」と彼は答えた。「われわれは幸福と安定とを信仰している。アルファたちから成る社会は必ずや不安定で不幸なものとならざるを得ないだろう。アルファの労働者で占められた工場を想像してみたまえ──ということはつまり、良い遺伝をもち、自由な選択をし、責任をとることが(一定限度内において)可能なように条件づけられた、個々ばらばらな人間たちで占められているということだ。まあ、それを考えてみたまえ!」と彼はくり返した。〉(二五七〜二五八ページ)

吐き気がする。フォスター君やモンドの発想と複線型教育システムのそれとは、基本的に同じではないか。

ゆとり教育〝見直し〟の嘘

何もかも、政府の描いたシナリオ通りに運ばれている。

中央教育審議会(鳥居泰彦会長)は二〇〇三年十月、件《くだん》の「新しい学習指導要領」の一部記述の改訂を求める答申を、河村建夫・文部科学相に提出した。生徒の理解度によっては指導要領の枠組みを超えた教科書内容を教えてもよいと強調する書き換えが中心で、文科省はこれを受け、二〇〇四年度からの授業に間に合うよう改訂作業を進めている。

具体的には、いわゆる「歯止め規定」の見直しだ。〈食物連鎖などは取り扱わないものとする〉(小六理科)、〈(三角柱、四角柱などの角柱及び円柱について)展開図、立面図及び平面図は取り扱わないものとする〉(小六算数)、〈世界地図の投影法などの高度な内容は取り上げないこと〉(中学社会科・地理的分野)、〈世界の歴史については、我が国の歴史を理解する際の背景として我が国の歴史と直接かかわる事柄を取り扱うにとどめること〉(中学社会科・歴史的分野)等々、「新しい学習指導要領」の、要するに〝ゆとり教育〟の部分の制約をできるだけ取り払うという。

大手マスメディアはそこで、「ゆとり教育が早くも破綻した」式の報道を重ねた。こんな具合だった。

〈学校の完全週五日制の実施に伴って教育内容を大幅に削減し、「ゆとり教育」を打ち出したのがいまの指導要領だ。

しかし、それが学力低下を招くとの批判が相次ぐと、文部科学省は学力重視の方針に転換した。指導要領も「最低基準」とその位置づけを変えた。現場が「学力重視」に傾くのは当然の成り行きだった。

そうなると、指導要領が「ゆとり教育」のままでは整合性がとれなくなる。そこで歯止め規定を外して、取りつくろうというわけだ。

中教審を使えばもっともらしくなるとでも思ったのだろうか。あやつり人形を演じた審議会も審議会だ。〉（『朝日新聞』二〇〇三年十月九日付社説）

〈迷走を続けた文科省の責任は重い。教える内容を大幅に減らした指導要領によって学力低下論議が起きると、「指導要領は教える内容の最低基準」と主張して批判をかわそうとした。その後も、弥縫《びほう》策を重ねてきた。

改訂は、「指導要領を改訂しない限り方針転換ではない」としてきた文科省が現実と指導要領との矛盾を認めた、事実上の敗北宣言とも言える。痛切な反省が求められる。〉（『読売新聞』二〇〇三年十月八日付社説）

皮相すぎる見方と嘆じるほかはない。具体的な方法論をめぐっては、なるほど迷走も混乱もあった。だが、すでに述べてきた通り、〝ゆとり教育〟の本質は、〝エリート教育のための原資を浮かせること〟だったのだから、「新しい学習指導要領」の一部見直しは当初からの既定路線と言うべきだろう。栃木県の鹿沼市立東中学校が定期テストの廃止に踏み切った際と同じようなミスリードを、意図的なのかどうか、この国のマスメディアはまたしても繰り返している。

「和製イートン校」計画

一方では「日本経済調査協議会」に集った臨教審メンバーたちが夢見ていたような超エリート学校の構想が現実のものとなりつつある。トヨタ自動車とJR東海、中部電力の三社が二〇〇三年の正月明け早々に、三年後の二〇〇六年度に全寮制の中高一貫校を開校すると発表した。当面は男子のみ、開校時点で中学校の新一年生を百二十人だけ募集する。立地は愛知県蒲郡市。初代校長も東大進学率ナンバーワンの私立開成中学・高校で校長を務めていた伊豆山健夫・東大名誉教授に決定した。

従来の学校教育法に基づく、学校法人を設立する手順を踏まえた計画だ。だがこの時期、構造改革特区構想を突破口に、教育分野への株式会社の参入が既定路線となりつつある潮流が念頭に置かれていることは間違いない。記者会見での三社首脳の発言を紹介しておきたい(『読売新聞』中部本社版二〇〇三年一月九日付などから抜粋)。

豊田章一郎・トヨタ自動車名誉会長

「かねがね日本の重要な課題は教育と考えており、旧経団連会長のときは委員会をつくって検討し、教育の提言をしてきた。これまでの教育では、受験のための教育が主体になっていると思う。ものまねや記憶でなく、自分で考えて自分でつくるという独創性のある人物を育てていきたい。学校設立で、そういう日本にするための一助にしたい」

葛西敬之・JR東海社長

「新しくつくる学校では、社会の様々なニーズに対応でき、豊かな教養などすべての基礎を備えた人物を育成したい。(人格形成への)教育の影響が大きいのは中学、高校時代だけに、特色ある学校をつくり、地元の教育機関とも補い合い、地域の教育レベルをあげるには、中高一貫の全寮制が最も効果がある」

太田宏次・中部電力会長

「二十一世紀の日本の課題は教育だ。日本の若者は、中国や韓国の若者と比べると目の輝き方が劣っているのではないか。国家や社会に対して希望をもっているかという疑問に思う。次世代の日本を築くためには、多様な能力や豊かな教養、日本人としての誇り、世界に活躍できる素質を持った人が必要で、そうした人材を育てたい」

三人は単なる大企業経営者ではない。元経団連会長の豊田名誉会長だけでなく、葛西社長は元中部経済同友会代表幹事、太田会長は現職の中部経済連合会会長で、いずれも公人中の公人としての顔を持っている。かねて教育問題について積極的に発言していた彼らは、佐藤禎一・元文部事務次官(日本学術振興会理事長)らを交えて会合を重ねた末に、この中高一貫校設立計画を打ち出した。

〝和製イートン校〟を目指すと、記者会見では語られた。イートン校とは一四四〇年にヘンリ六世によって設立された、英国の代表的パブリック・スクールである。現地を視察した準備委員会では、もう一方の雄であるハロウ校のイメージにも魅力を感じているらしい。

マスメディアは軒並み歓迎の姿勢であるようだ。バブル崩壊以降の閉塞状況に鑑み、将来のリーダー育成への期待が大きい。経済誌『週刊ダイヤモンド』(二〇〇三年六月二十一日号)の特集「息子・娘を入れたい学校」にも、〝理想の学校〟として取り上げられていた。

〝和製イートン校〟ないし〝和製ハロウ校〟を、自分の子弟が入学する前提で受け止めることのできる立場の人々にとっては、なるほど理想的かもしれない。なぜなら――。

〈イングランドの人々が非常に誇りに思うもろもろの資質――すなわち人々を統率し自らを律する能力、自由と秩序とを結びつける才能、公共的精神、強靭な男らしい性格、確固とはしているが卑屈ではない世論を尊重する態度、健全なスポーツと運動を愛好する態度――に関して、イングランドの人々がパブリック・スクールの教育にどれほど多くを負っているかは計りしれない。(中略)パブリック・スクールはおそらく、イングリッシュ・ジェントルマンの性格を形成するのにもっとも大きな貢献をなしたであろう〉(R・オルドリッチ著、松塚俊三ほか監訳『イギリスの教育』玉川大学出版部、二〇〇一年、二五～二六ページ)

ごく一部の例外を除けば、パブリック・スクールに普通の家庭の子弟が入学することはできない。貴族かよほどの富裕層か、いずれにせよ現代に至るもなお維持され続けている英国階級社会の、それは根幹を支える存在であるからだ。公教育の複線システム化が進む現代のこの国で、さらにまた民間資本を活用した超エリート私立校の計画が、元文部次官まで関与して推進されていく。教育機会均等の理念はかくて破壊され、家柄や財力次第で、勉強への意欲や成績が左右されやすい発育段階での子どもの早期選別が本格的に始められてしまった。

統治行為としての教育

シナリオは、実は明文化されてもいた。一九九九年三月、小渕恵三政権の下に発足した「二一世紀日本の構想」懇談会(座長＝河合隼雄・国際日本文化研究センター所長)が、翌二〇〇〇年一月にまとめた最終報告書の第五章「日本人の未来」に、こうあった。

〈ところで、広義の教育、すなわち人材育成に関わる国家の機能には、質的に異なるいくつかの側面があることに注意しなければならない。第一に忘れてはならないのは、国家にとって教育とは一つの統治行為だということである。国民を統合し、その利害を調停し、社会の安寧を維持する義務のある国家は、まさにそのことのゆえに国民に対して一定限度の共通の知識、あるいは認識能力を持つことを要求する権利を持つ。共通の言葉や文字を持たない国民に対して、国家は民主的な統治に参加する道を用意することはできない。また、最低限度の計算能力のない国民の利益の公正を保障し、詐欺やその他の犯罪から守ることは困難である。合理的思考力の欠如した国民に対して、暴力や抑圧によらない治安を供与することは不可能である。そうした点から考えると、教育は一面において警察や司法機関などに許された権能に近いものを備え、それを補完する機能を持つと考えられる。義務教育という言葉が成立して久しいが、この言葉が言外に指しているのは、納税や遵法の義務と並んで、国民が一定の認識能力を身につけることが国家への義務であるということにほかならない。〉（河合隼雄監修『日本のフロンティアは日本の中にある』講談社、二〇〇〇年、一六五ページ）

国家権力を含むすべてのものからの〈不当な支配〉に服することがないことを謳う教育基本法第十条と、この見解は真っ向から対立していた。教育を警察に近い権能と見なす発想も強烈だ。報告書はこの後、これは教育基本法が強調している個人の尊重、自己実現のための方途としての意義について触れはするのだが、それとても次のような論理展開へと結びつけられていくのである。

〈このサービスの充実の結果、さまざまな有能な個人が自己実現に成功すれば、それが逆に国家あるいは国民の利益につながることは自明の理である。したがって、先駆的な才能を持つ人々を国家が支援し、そのために財政的な支出を行うことは、それ自体が国益にかなうものとして国家の機能のうちに数えられるべきであろう。
　もちろん、具体的な教育の内容に則してどこまでが共通の認識能力を要求する統治であるか、どこからが多様な自己実現に資するサービスであるかを機械的に指し示すことはできない。しかも、その二つの領域は文明の進展とともに移り変わり、必要な政策がいつか不必要になることも避けられない。例えば、文明の一定の段階においては子どもに手を洗うことを教えることが必要とされ、社会防衛の上で、言い換えれば統治行為の上で重要とされたことがあった。他方、ジャーナリズムを始めとして、多様な社会的教育機能が充実した文明段階においては、これまで義務教育として与えられた多くの知識が余分なものになるということも考えられる。このように教育の内容は流動的であるが、まさにそれゆえにこそ国家は常に注意深く、統治行為としての教育とサービスとしての教育の境界を明らかにしていかなければならない。そして、必要最小限度の共通認識を目指す義務教育については、国家はこれを本来の統治行為として自覚し、厳正かつ強力に行わなければならない。同時に、サービスとしての教育の分野においては、その主要な力を市場の役割にゆだね、あくまでも間接的に支援の態度を貫くべきである。〉（一六六ページ）
　中央教育審議会は、義務教育のあり方についても検討を重ねている。二〇〇三年五月に遠山敦子・文科相（当時）の諮問を受けた。教育基本法の〝改正〟案も、二〇〇四年度には国会で審議入りする見通しとされる。〝統治行為としての教育〟は、こうして着々と進められていく。

機会不平等

私の父は鉄屑《てつくず》屋だった。農家の八人兄弟の末っ子で、尋常高等小学校しか出ていない。大型トラックの運転ができるという理由で関東軍の特務機関に徴用されたため、戦後は日ソが国交を回復する五六年までシベリアに抑留されていた。

子供の学校教育になど、ほとんど関心がなかった。私も中学を出たら大阪に丁稚《でっち》に行けと言われていたが、土壇場になって抵抗して都立高校に進んだ。鉄屑屋が嫌だったのでも、父を尊敬していなかったからでもない。ただ、もっと考える時間が欲しかった。結局、自分なりに将来の志望を固めることができたのは、二十歳を越えてからだった。

――単線型システムのお陰でした。小中学校段階の親の判断次第で将来が決められてしまう複線型システムの下では、私はやりたい仕事さえ見つけられないまま、一生を送る運命だったかもしれません。あなたのお家とは縁のない世界でしょうか。そんな人間もいるんです。どう思われますか？

取材の過程で、私は何人かの教育改革関係者に尋ねてみた。そんな心配は無用だ、改めるのは結果の平等主義であって、機会の平等だけは絶対に守る、との返事を期待して。

だが多くの関係者は、そんな質問をされること自体が心外であるようだった。中でも教育改革国民会議の有力委員である田村哲夫・渋谷教育学園理事長の回答が忘れられない。

「ある程度の格差が出てくるのは仕方がないんですね。あまり酷《ひど》くなるようなら、その時は福祉だとか、別の視点から対応すればいいんです。平等にこだわりすぎれば、能力のある人間の可能性が閉ざされてしまう。

大体、今の日本人は自分に誇りを持てない民族になってしまっている。黒船でやってきたペリーは、その手記の中で、「日本人はあらゆる職業の人間が誇りを持って働いている」と書いていました。あなたも、スクラップ屋さんより記者の方が上だと思っているからそう仰るのでしょうが、間違っています。

私のところの先々代は、小学校二年の時に父親が亡くなったために学校を辞めなければならなかったそうです。国電の清掃をして金を稼ぎ、勉強して、東京商大、今の一橋大学に入学した。努力が見込まれて鉄道省が学費を出してくれたんです。そうやって設立されたのが、この学園です。

あなたも大変でしたでしょうが、今の時代の苦労など、祖父の生きた明治の世の中とは比較にならない。みんなが平等でなければなんていうのは、余計な親切なんですよ。基本はセルフヘルプ。援助してくれる仕組みがあれば、結構なことではありますが」

どの仕事が上だの下だの、考えたこともない。私はただ、鉄屑屋よりジャーナリストになりたいと思っただけである。だが、田村理事長は、そんな考え方は間違っていると言った。

第二章　派遣ＯＬはなぜセクハラを我慢するか

住友不動産の「夜のセクハラ大運動会」で餌食になったのは、派遣ＯＬたちだった。九五年に出された日経連の政策提言で「雇用柔軟型グループ」に仕分けされた彼女たちは、はたして「自由」を得たのか。容姿までもがランク付けされて切り売りされるその「市場」の実際――。

住友不動産「夜のセクハラ大運動会」

にやけた薄笑いを浮かべたスーツ姿の中年男性たちが、ざっと百三十人ほども集まってきた。彼らに囲まれるようにして、揃いのトレーナーに身を包んだ若い女性が十八人。股下数センチのキュロット姿も見える。「4部対抗　夜の大運動会」と書かれた見事な墨文字が、ステージに躍っていた。

一九九九年十二月十七日、午後六時。東京・千代田区にあるオフィスビルの大ホールで、大手不動産会社・住友不動産が、〝運動会〟スタイルの大忘年会を開催した。

「皆さん、今年一年お疲れさまでした。今夜は思う存分楽しんでください」

高島準司社長の挨拶で火蓋が切られた〝運動会〟は、初めのうちこそカラオケや男女混成チームによる綱引きなどでお茶を濁していたものの、次第に乱痴気パーティーの様相を呈していく。関係者の話を総合すると、七時十分をまわった頃、司会者の絶叫を引き金に、会場内は一気に盛り上がったという。

「それではお待ちかね、ラブラブ・パン食いきょーそー！」

「待ってましたあ！」

ラブラブ・パン食い競争とは、男女が二人三脚よろしく片足ずつを結びつけ、肩を組み体を密着させておいて、一つのパンを両側から食べていくというゲームである。最後には口と口とが超接近することになるわけだ。

紙吹雪が舞い、歓声が上がる。卑猥な雰囲気が会場内を包んだ。ペアの相方にキスしてしまった男性もいたそうである。

続いて、男性三人と女性二人のチームによる「恐怖のムカデ競争」。女性を男性が前後からサンドイッチにしながらの駆けっこ。

「愛の一本足リレー」。男性四人と女性三人が交互に椅子に座り、手を使わず裸足でスリッパをリレーする。さらにまた、〝競技〟中の女性を捉えたポラロイド写真を競《せ》りにかけた「オークション」。

夜九時近くまで続いた住友不動産「夜の大運動会」の主催は人事部、男性の参加者は手伝いの若手を除くと全員が部長代理以上の幹部社員。会社ぐるみのセクシャル・ハラスメント大会だった。例年の忘年会や社員旅行でもそれらしい出来事が珍しくなかったということだが、ここまで大規模かつ組織的な催しは今回が初めてだったらしい。

同社関係者が語る。

「人事部は当初、女性を三十人は集める予定で、プログラムにもそう刷り込んでいました。宴会好きな子やあまりそういうことを気にしなさそうな子、おとなしくて文句なんか言いそうもない子たちをリストアップして。それでも結局、十八人のOLしか集められなかったということです。当たり前ですけどね。

彼女たちだって、好きで参加したわけじゃない。ほとんどは派遣社員なんです。人事部の要請を断れば、いつ馘首《かくしゅ》されるかもわからない、不安定な立場。会社はそんな弱みにつけ込んだんですよ」

住友不動産はここ数年、原則として女性の正社員を採用していない。女性の一般職はスポーツクラブ事業を展開している子会社「住友不動産フィットネス」が採用し、そこからの派遣を受ける形をとってきた。

もともと女性を軽視したがる社風ではあったらしい。それでも縁故採用が多くを占める正社員のＯＬはそれなりに遇されるが、派遣ＯＬは男女差別の対象になるだけでなく、身分の低い人間として扱われているという。

同社の派遣ＯＬが打ち明ける。

「この会社の上の方には、女は黙って服従していればいいと考えている人が揃っているんです。それで、何かと言えば「クビだ」と怒鳴られる。始業前に出社していないＯＬ、仕事の都合で十二時前にお弁当を買いに出たＯＬ、会釈が浅かったＯＬ、媚びなかったりお酒の誘いを断るＯＬ、みんな一度や二度は言われた経験を持っています。

上の方のお怒りは、すぐに人事部に伝わります。そんなことでいちいちクビにしていたら仕事にならないので、人事では上の方々の顔写真のコピーと一緒に、「挨拶慣行」

とか「十分前に着席」なんて指示を貼り出したりして一件落着、という場合が多いんですが、実際、正社員のように保護された立場でないのは確かですからね。毎日が不安でたまりません。そんな状態で、セクハラ運動会に出てほしいと言われたら……」

住友不動産のセクハラ大運動会事件は、「週刊現代」(二〇〇〇年四月二十二日号)が最初に報じた。記事をキッカケに、関係者に取材し直してまとめたのが、ここまでの記述である。

広報部に確認を求めたが、約束の期日になっても回答がない。こちらから連絡を取ってみると、秀野《しゅうの》康信・課長代理が次のように語った。

「あの週刊誌の記事はきわめて不本意で、書かれた内容の一つ一つについて、正しいとか間違っているとか確認すべきものではないと考えております。記事中に掲載されている広報部長のコメントに、社としての立場は尽きているという判断です。また、近年は女性の正社員を採用していないのではないかとのお問い合わせですが、その件につきましては、公にお答えしておりません」

やむを得ないので、宮下智・広報部長の談話を「週刊現代」から再録しておく。この当時から半年を経過した時点での私の取材申し入れであり、もう少し程度の高い発言を期待していたのだったが。

〈「当社では社員の親睦を図るため、川柳大会や花見大会、部署ごとの一泊旅行といったイベントをよく催しており、「夜の大運動会」もその一つとして行ったものです。「ラブラブ～」といった言葉は、テレビのバラエティのようにして、会を楽しく盛り上げようと思って使いました。

人事部主催も、幹部と女性社員の接触があったのも事実ですが、まったくセクハラには当たらないと考えています。当社はいわゆる「ノリがいい」社員が多いので、女性たちも楽しんでいると思います。「オークション」で売ったのは雑貨類で、写真ではありません」〉

住友不動産は資本金八百六十七億七千三百万円。二〇〇〇年三月期には連結ベースで約四千二百十六億円を売り上げ、不動産業界では三井不動産、三菱地所に次ぐ地位にある。バブル時代に各地で地上げに絡む数多くの反社会的事件に関わったことで知られる同社は、それから十年を経た現在も、まだこんなことをやっている。

施行された改正労働者派遣事業法

一九九九年六月、改正労働者派遣事業法(労働者派遣事業の適正な運営の確保及び派遣労働者の就業条件の整備等に関する法律)が参議院本会議で可決、成立し、同年十二月一日付で施行された。八六年から続いていた同法は、当初の十年間はソフトウェア開発や秘書、通訳・翻訳・速記、旅行の添乗など、専門性が高いとされる十六職種だけに労働者派遣を認めていた。九六年の法改正でテレマーケティングやセールスエンジニアの営業など十職種が追加されたが、それでも制限されていた対象職種を、原則として自由化したのが今回の改正法である。

この際、労働者保護を目的に、新たに自由化された業務については、同一業務への派遣期間を一年間までとし、これを超える場合、本人が希望すれば、派遣先企業には直接雇用する努力義務が課されることになった。労働大臣の指導・勧告に従わなければ会社名の公表もある〝一年ルール〟。この他にも衆参両院で修正や付帯決議が行われ、常用雇用者の代替や派遣契約の中途解約の防止など、労働者側が一方的に不利を被《こうむ》らないように、一定の対策が講じられもした。いずれにせよ原則禁止・例外自由から原則自由・例外禁止への変更は、法体系の根本的な転換を意味している。

労働市場の規制緩和という流れで進められてきた分野である。理論的支柱の一人で、首相の諮問機関である経済審議会の行動計画委員や社会経済生産性本部の労使関係常任委員などを務める大阪大学法学部の小嶌《こじま》典明教授(労働法)に意見を求めると、彼は当然のように法改正を讃えた。

「企業にとっては、利益の上がらない中核以外の業務をアウトソーシングできる期待があります。今般の経済環境は、そうしなければ企業がやっていけないほど厳しいですからね。

問題は派遣期間を一年間に限定したことです。これでは派遣先が使いにくい。十一ヶ月働いてもらったら一ヶ月の間を置き、改めてその人の派遣を受けるような形が増えてくるのではないですか。派遣スタッフにとっても、そんなやり方より、一年、二年と続けて働ける方がいいに決まっているでしょう」

——法の趣旨は、長く働かせたければ直接雇いなさいということなのでは。

「正社員になりたい人にとってはそれでいいでしょう。でも、現実には正社員になって縛られるよりも、自由度の高い派遣を続けたいスタッフが多いのが実情です。自分に合った職場なら、できるだけ長く働きたいと考えている彼らにとっては、一年間の期間限定などマイナスでしかありません。

マスコミもいけない。労働組合もそうですが、正社員がよくて派遣はダメだなんて時代は、もう終わったんです。競争社会ですから、派遣の仕組みがリストラに利用される事例も多少は出てくるでしょうが、問題点ばかりネガティブに取り上げないで、アメリカ社会のように全体の底上げをポジティブに捉える必要があります」

今回の改正法案は、九七年末に労相の諮問機関である中央職業安定審議会（西川俊作会長＝慶應義塾大学教授・計量経済学）が発表した報告書を尊重する形で策定された。ではなぜ、この報告書がまとめられたのかと言えば、ここにも日経連による九五年提言『新時代の「日本的経営」』が顔を出してくる。

〈マクロの賃金決定においては、日経連がかねてから提唱している生産性基準原理の考え方に沿って対応すべきであるが、個別企業においては厳しい経営環境を反映して、総額人件費管理のあり方が問われてきている。

わが国経済が今日まで比較的順調に発展してきたこともあって、人件費管理への対応が甘かったといってよい。現在、多くの企業はその改善に真剣に取り組まざるをえなくなっている。

これからは、経営環境が厳しくなる上、高齢化時代を迎えるため、高コスト経営がいちだんと強まることになり、企業は従来以上に企業経営の状況を的確に把握し、雇用、賃金にもちろん、賞与、退職金、法定内外の福利費等を常にパッケージにした上で、経営計画を踏まえて人件費管理の徹底をしていくことが必要である。〉（第一部第三章「賃金決定システムの見直しと職能・業績にもとづく人事・賃金管理の方向」）

現代の日本社会で急激に進む〝機会不平等〟は、多くの場合、この日経連提言が強烈な引き金になっている。他の章でもしばしば登場してくるので、ここでは労働者派遣に関わる部分にだけ触れておく。すなわち、企業が人材の育成と業務の効率化を図りつつ、仕事と人、コストを最も効果的に組み合わせた経営を進めるには、〝雇用ポートフォリオ〟の導入が不可避であると、同提言は強調した。

提言の柱は第一章で紹介済みだが、念のため繰り返しておく。これまで抜本的な見直しが行われてこなかったホワイトカラーの生産性を向上させるためには、雇用形態から①長期蓄積能力活用型、②高度専門能力活用型、③雇用柔軟型の三グループに分類し、そのバランスと調整が肝要だと強く訴えていた。

三つのグループのうち、派遣労働者の多くは、③の「雇用柔軟型」に属することになる。専門性が強調されていた旧法の下でさえ、実際にはお茶汲みやコピー取りもさせられる、単なる事務員のように扱われる派遣スタッフが、むしろ多数派だった。

そして、福利厚生まで含めた人件費は、③のグループが最も低い。市場での調達が容易な上に長期雇用を保証する必要もないわけで、そこで提言は、こう続けていた。

〈採用については、まだ多くの大企業は新規学卒者の一括採用が中心であるが、（中略）雇用ポートフォリオの考え方に立てば、過剰な人員を抱えず、人材を有効に活用するためにも一括採用も含めて「必要の都度、必要な人材を必要な人数だけ採用する」との考え方に立って人の採用・活用を考えていくことになろう。〉

部品や材料が入荷し次第製造ラインに乗せていくことで在庫コストをゼロに抑えるジャスト・イン・タイム方式を連想させる〝雇用ポートフォリオ〟。トヨタ自動車の〝かんばん方式〟に代表される管理手法が、部品ならぬ生身の人間にも広がってきたのである。

「生産性向上にセクハラを」

はたして法案が可決される以前から、経済界では派遣労働者の活用が急激に進んできた。富士銀行系のシンクタンク・富士総合研究所が法施行から二ヶ月後の二〇〇〇年二月、千二百社を対象に行ったアンケート調査(回答率六九%)によれば、調査時点で派遣労働者を活用している企業は五三%にのぼった。特にサービス業(六五%)や不動産業(六〇%)、卸売業(五九%)が熱心であるようだ。「今後、派遣社員・臨時雇用者の比率を高めたい」と考えている企業も四五%に達し、「正社員の比率を高めたい」企業がわずか六%でしかなかったのと、鮮やかな対比をなしている。

また、労働省が同じ時期にまとめた労働者派遣事業報告の集計によると、九八年度内に派遣会社に登録したり実際に働いた派遣労働者の総数は対前年度比四・七%増の八十九万五千二百七十四人。このうち常用型(特定の派遣先での仕事を前提として派遣会社に入社する形)を除いた登録型の、いわゆる派遣スタッフ(派遣会社に登録して不定期で仕事をする形)に絞ると同七・九%増の七十四万九千六百三十五人で、いずれも過去最高となった。

法律に基づいて労相に事業報告書を提出した一万十一の派遣事業者の九八年度売上高総額は一兆五千七百七億円(同一七・八%増)である。また派遣先事業所の合計は二十八万五千四十六事業所(同二一・一%増)だった。さらに労働省は、改正法施行から半年後の二〇〇〇年六月までの間に、全国で八百九十八の事業者が労働者派遣業に新規参入したとのデータを明らかにしている。

不況の影響は免れず、九八年以降は伸び悩みが伝えられてはいたものの、経営側に総人件費圧縮の強い意志がある以上、派遣市場が今後とも膨張していくことは確実だ。そうした流れをより加速させることに法改正の最大の狙いがあった。

「派遣対象の原則自由化は業界が要請してきたことです。ユーザーの選択肢が広がって、活用してもらえれば嬉しい。今のところ、人材の派遣先は圧倒的に大企業ですが、今後は中小企業にも拡大していくでしょう」

労働省の出身で、現在は代表的な業界団体である日本人材派遣協会の杉本力《つとむ》・専務理事が語る。また、ある大手総合商社の人事担当専務は、次のように話した。

「正社員の男女差別はすべてなくします。男でも女でも、会社を儲けさせた者にはそれだけの見返りを与える。そうすると女子の一般職はどうなのかという話になるが、労働者派遣事業法の改正に伴い、すべて派遣スタッフに切り替えていく。受け皿会社も用意しました」

法律のお墨付きとともに、労働者派遣事業は新しい産業として市民権を得た。が、〝雇用ポートフォリオ〟の進展、およびその中核を担うことになる彼らの成長が日本社会にもたらす負の側面は、一般に考えられているほどには軽くない。

低賃金で単純労働の職種ほど派遣労働者に置き換えられ、より劣悪な待遇を強いられつつある。ここでも日本がモデルとした本場アメリカでは、九八年第二・四半期現在で全派遣労働者の四二・一％をオフィス事務員、三四・二％をブルーカラーが占めるに至った。コンピュータ関連等の技術職や法務・財務等の専門職などは、それぞれ一〇・一％、六・三％に過ぎない(業界団体NATSS＝National Association of Temporary and Staffing Services調べ)。日本でも、前記・富士総研の調査によれば、企業が「今後、派遣社員を中心にしていきたい業務」として挙げたのは、「サービス・保守」(三六％)、「一般事務職」(三五％)、「単純工」(二四％)の順だった。

企業が派遣労働者を活用すればするほど、弱い立場の人間はさらに弱い立場に追い詰められていく。この構造の本質は、派遣スタッフの大半が女性(「日本経済新聞」九八年八月二十四日付夕刊)とされる日本の現状では、とりわけセクハラ絡みのトラブルによく顕《あらわ》れる。

セクハラを拒否できない

弱い立場の側だけの変化ではない。強い立場の人間が傲慢かつ卑しくなって、陰惨な職場が明らかに増えた。

労働者派遣事業法の法改正論議たけなわだった九八年二月上旬。日本労働組合総連合会(連合)が、東京、愛知、大阪の三地区で、「派遣相談ダイヤル」を実施した。

三日間の期間中に派遣労働者から寄せられた相談百十一件の過半は東京に集中したが、うち五件は深刻なセクハラに属する内容だった。最も悲惨な相談電話をかけてきた女性は、受話器の向こうですすり泣いていた。

「上司に「付き合え」と言われ、一緒にお酒を飲みに連れて行かれました。断ればよかったのにと思われるかもしれません。でも、派遣の立場では、逆らったら明日から職を失うのではないかと考えてしまい、拒否できないんです。お酒の後で誰もいないオフィスに戻って、そこで、無理やり……」

この電話を受けたのは、連合東京都連合会(連合東京)組織局の古山治部長だった。彼は腹の底から憤っている。

「どれも職場の上下関係を楯に取った、陰湿かつ卑劣きわまりない手口です。所詮は氷山の一角ですが、セクハラ絡み五件中三件が銀行の派遣スタッフからの訴えだったのは、決して偶然とは思えない。銀行員たちの体質と無関係ではないのではないか。一度だけの関係に終わらず、そのままズルズルと続けさせられるケースも少なくないようですね。

しつこく酒を誘われている段階で派遣元に相談しても、「その程度なら付き合えば？」と言われてしまうことが多いそうです。そんなわけで、ウチに連絡をしてくる方は、何も期待などしていない。団交に持ち込めば解決できますよと説得するんですが、誰も事務所まで足を運んではくれませんでした。問題の性格上、名前も教えてくれない方がほとんどだし、最初から泣き寝入りするしかないと諦めている。

でも皆さん、精神的には切羽詰まった状態に陥ってしまっているんです。どうにもしてあげられないのが、本当にもどかしい」

派遣とセクハラ。二つの単語を掛けてインターネットで検索すると、千以上ものホームページが現れる。Q&A集。判例。派遣スタッフたち自身による書き込み。セクハラOKの派遣スタッフを揃えましたと謳《うた》うサイトさえ登場した。

〈彼女たちにはセクハラをしていただいても結構です。表向きにはしませんが、〝セクハラの対象〟として本人たちも同意していただいています。通常の給与は貴社で払っていただきますが、別途弊社を経由して十分報酬を払います。

若いOLのおっぱいやお尻を触ることで、貴社の生産性向上が期待できるなら、ぜひご検討ください。決して尻軽ではないのですが男性社員の下半身のお供もお務めします。普通のOL同様、ちゃんと嫌がる振りもしますので、男性社員にとってつまらないことはないはずです。くれぐれも誰がセクハラOK社員かを十分把握の上、根回しをしてください。〉

住友不動産のケースを知ってしまった今となっては、悪い冗談と笑って済ますこともできない。八五年に制定された男女雇用機会均等法が改正され、九九年四月から施行されている。セクハラ防止は企業の配慮義務となったが、各都道府県の雇用均等室に寄せられる相談は一向に減らないどころか、激増の一途をたどっている。

労働省のまとめによれば、九七年度には二千五百件程度だった相談件数は、九八年度に七千件に跳ね上がり、九九年度は約九千五百件となった。改正法の下で、我慢しない女性が増えたというのが同省の分析(「日本経済新聞」二〇〇〇年五月三日付)だが、それだけが理由だとは考えにくい。

商品としての派遣スタッフ

大手人材派遣会社「テンプスタッフ」(本社東京、篠原欣子《よしこ》社長)に登録された女性派遣スタッフ九万人分のリストが流出し、インターネット上で販売された。九七年暮れから翌九八年一月にかけてのことである。リストにはスタッフたちの氏名や住所、スキル(技能)に関わる個人情報だけでなく、容姿についてのABC三段階評価までが含まれていた。

流出は予定外だったが、容姿の評価自体は冗談でもいたずらでもなく、テンプスタッフのれっきとした〝ビジネス〟の一環だった。同社作成の「コーディネーターマニュアル&職種の基礎知識」は、容姿評価の基準を次のように指定していたのである。

A「華があり、すれ違った時、「あ、美人だな」と思うような人(受付向き)」。B「普通」。Ｃ「ちょっと」。

事態を知った被害女性六人は九八年六月、テンプスタッフに合計約六百万円の損害賠償を求める訴訟を東京地裁で起こした。同社が登録スタッフの派遣および就労の確保を義務づけた労働者派遣法や、性による差別的取り扱いを禁じた男女雇用機会均等法などに違反しているとの訴えだった。

原告の一人が振り返る。

「情報の流出よりも、そもそも派遣会社にこんなランク付けをされていたということに腹が立ちました。訴訟に至るまでには何度か団交の機会もあったのですが、会社側は低姿勢ではあったけれど、身だしなみや態度といった〝ヒューマンスキル〟は評価したが、容姿については承知していなかったとかなんとか、嘘と言い訳ばかり。

私はそれまでも、三年間ほど、派遣スタッフとして働いていました。この種の噂は以前から聞いていたし、杜撰《ずさん》な個人情報の取り扱いは目の当たりにしていましたから、こういうことがいつかはあるに違いないと思っていたんです」

事件は結局、二〇〇〇年一月、原告側が訴訟を取り下げ、和解して決着した。テンプスタッフ側も今後は個人情報の取り扱いに留意することなどを約束。事件を機に充実させたという社内の情報管理システムを積極的ＰＲに利用するしたたかさを見せている。

問題なのは、この事件が決して特殊なレアケースではなかったことだ。派遣スタッフたちの間では、女性社長の率いるテンプスタッフの評判は、むしろ良いほうだった。ある派遣先企業でセクハラ事件が起こった時、激怒した社長がその企業に派遣していたスタッフ全員を引き揚げさせたという伝説さえ囁かれている。そのテンプスタッフでさえ——。

別の派遣会社の中堅幹部が自嘲気味に語った。

「残念なことですが、テンプさんの事件は交通違反と一緒です。つまり運悪くバレてしまったというだけで、容姿のランク付けは業界の常識なんですよ。普通はあれほどあからさまではないし、わざわざ記録に残さないようにしているだけのことです。

接待の席などでその種の注文をしてくるクライアントが多いので、契約を取るためには仕方ありません。美人を寄越せとか可愛い子ちゃんタイプがいいとか、俺は藤原紀香が好みだ、とかね。三十五歳以上は〝高齢者〟扱いされているのも現実です。

風俗産業みたいですか？　うーん。大量のクライアントとスタッフを上手に捌《さば》いていくという点で、私自身は銀行のディーリングルームのようなビジネスだと考えていたのですが」

労働者派遣ビジネスの新規参入が相次ぎ、競争が激化する中、こんな光景もまた、〝市場原理〟の賜物なのである。

派遣歴三年、三十代の平井真弓さん(仮名)は、スタッフは人間でなく商品として扱われていると語った。

「私のスキルはOA機器のオペレーティングなのですが、ある会社から仕事が入ったということで、登録している派遣元の営業の方と待ち合わせ、一緒に派遣先に出向いたのです。その会社の入居している建物に入り、エレベーターホールの前に立ったところで、彼が突然、こう言い出しました。

「アンケート調査の電話確認の仕事です。他にも頼まれたら何でもするように。とりあえず今日一日、トライアルしてみてください。時給は千七百円ちょうどです」

なに、それって思いました。だって、私がコーディネーターさん（派遣会社が受注した仕事をスタッフに割り振る担当者）から聞かされていた話と、まるっきり違うんですよ。専門のOAを使ったデータ管理の仕事で時給は千七百円プラスアルファ、派遣はもう決まっていてその日が初日、ということだったから、私は受けたんです。

といって、そこまで来て帰ってしまうわけにもいかず、言われる通りにしました。幸い派遣先は感じの悪くない会社で、時給を五十円だけ上乗せしてもらって働くことになりましたけど」

改正前も改正後も、労働者派遣事業法は派遣先による事前面接を禁じている。派遣後の指示命令権は派遣先にあっても、スタッフの雇用主はあくまで派遣元であること、またスタッフは専門的な技能や経験だけを評価されて派遣先とのマッチングが行われるとの趣旨からだ。

テンプスタッフの事件も、法的にはこの点が争点になっていた。服装や言葉づかい、態度、性格といった他の主観的要素(業界では〝ヒューマンスキル〟と称される)も含め、技能とは無関係の個人情報が派遣先に伝えられる必要はない。それではどんな人が派遣されてくるかわからないという反論が聞こえてきそうだが、リスクを負わずに人件費を削減できると考える方が安易なのである。

平井さんの体験談にある〝とりあえずトライアル〟は、明らかに事前面接だった。〝頼まれたら何でも引き受けろ〟というのも職種を制限した現行法に違反しているのだが、これらは何も彼女だけの体験ではない。法を遵守しているケースを見つける方がずっと困難だ、と関係者たちは口を揃えた。

伊藤香織さん(仮名)は二十代で派遣スタッフ歴は内緒。彼女の話はこうである。

「同じ派遣会社から三人連れ立って派遣先に事前面接を受けに行ったことがあります。先方からそういう要請があったのは私が登録していた会社をはじめ全部で十社ほどもあったから、総勢三十人ほどが入れかわり立ちかわり、まるでオーディションというか、フーゾクの顔見せというのか。

スキルは「ファイリング」ということでしたが、本当は単なる一般事務。お茶汲み、コピー取りです。「ファイリング」や「市場調査」って、専門性が高いからって現行法の派遣対象に定められているのに、実はその名目でなんでもかんでもやらせてるんですよ。知ってました？」

スタッフたちが語る派遣の実態を再現していけばきりがない。政府関係の機関や地方自治体などが派遣スタッフを雇用する時には公共事業さながらの入札方式が採られるのが常で、まさに〝モノ〟扱い。

「役所は契約価格を重視するから、民間企業ほどには容姿を云々されないだけマシなんですよ」

ある派遣スタッフは、それでも無理やり、笑顔を作ってみせたものである。

年収三百万円未満が八割を占める現実

連合東京が実施した相談ダイヤルの報告書から、派遣労働につきまとうトラブルの例を抜粋しておく。

- 途中契約解除　①派遣先での部署縮小　②派遣先と派遣元の意思疎通の欠如　③派遣先の一方的通告
- 解雇　理由のない首のすげ替え。解雇後、すぐに募集がかけられた
- 賃金関係　①遅配の通告　②契約より安い　③派遣先が合併し給与の一部カット
- 保険関係　①未加入が圧倒的に多い　②全額本人負担のケース

・有給休暇関連　①付与されているケースは少ない　②付与されていても使えない
・セクハラ　①派遣元に相談しても取り合わず　②かなり深刻
・契約不一致　①契約書が交わされず口頭での確認が原因　②内容は給与、交通費、業務の相違等。交通費二万五千円が五千円――。

労働省の職業安定局民間需給調整事業室をはじめ、さまざまな機関やグループの苦情相談やアンケート調査がほぼ同様の結果を示していた。しかも改正法の施行後、トラブルはさらに拡大しつつある。

派遣労働者を守る目的で設けられた〝一年ルール〟は、裏目に出てしまっているケースが多い。新たに自由化された業務については同一業務への派遣期間を一年間までとし、これを超える場合は、本人の希望次第で派遣先企業に直接雇用の努力義務が課せられたのだったが、法改正から一年間を経ていない段階で、対象外であるはずの従来からの専門二十六職種の派遣社員たちが、次々に契約を打ち切られる憂き目にあっている。

なぜなら労働省は、その二十六職種については、法改正以前から、行政指導による〝三年ルール〟を運用していた。〝一年ルール〟の明文化で、この〝三年ルール〟の適用がより厳格になると予想した企業が、先手を打っている構図だった。

所得税制の不備は、派遣労働者たちに必要以上の税負担を強いている。給料とは別に支給される交通費は非課税扱いなのに、交通費込みの時間給で給料が支払われると、その部分にも所得税が課せられてしまうのだ。

交通費の別支給が主流の正社員を唯一のモノサシに税制が作られているために他ならない。地域労組や大手人材派遣会社が各地の税務署に掛け合ったものの、法律の壁は崩せなかったという。

傍《はた》から見れば些細なようでも、当事者にとっては理不尽きわまりない問題だ。官民挙げて雇用形態の多様化を謳いながら、無理がもたらす歪みは末端に押しつけて済ませる現代日本の習俗が、こんなところにも凝縮されていた。

要するにこういうことなのだと、派遣労働者の実態に詳しい中野麻美弁護士は語った。

「派遣労働は構造的にリスキーな就業形態であるからこそ、専門性が確立されて市場原理の下でも雇用の安定と適正な労働条件が確保できる特別な場合しかこれを容認しない枠組みが用意されてきたのです。改正法はこれを崩して派遣先企業を一方的に有利にし、立場の弱い派遣労働者の人権や生活を踏みにじっている。

テンプスタッフの事件は象徴的でしたが、公然の差別は容姿のランク付けだけではありません。派遣先の横暴を派遣元に報告しても、対処してくれるどころか、「クライアント様にクレームをつけるような人には仕事を紹介できない」と、かえって不利な扱いを受ける羽目になりかねない。仕事をいただくためならと、派遣元の営業マンに付け届けを欠かさない派遣スタッフも、当たり前のようになってきました。

しかも昨今の不況で、スタッフを雇用の調整弁として利用する派遣先企業のやり方が正当化される現実があります。事前面接の問題でも、彼らは自ら雇用主であるかのように振る舞いながら、不都合が起こると派遣関係であることを楯に責任を逃れようとする」

労働市場の規制緩和を訴える人々が派遣労働者に付与するイメージは、どこまでも自由気ままで、強く、たくましい。前出の小嶌典明・大阪大学教授は、『阪大法学』(通巻百九十八号)に寄せた論文「労働者派遣事業と規制緩和」で、複数の体験記の書名を挙げ、これこそが実態だと述べていた。

気ままでたくましい派遣労働者がいないとは言わない。小嶌論文の参考文献の中でも、たとえばOAオペレーターとして百社以上に派遣されたという中村シャケ子さんの『派遣社員は見た』(ネスコ、一九九八年)のあとがきには、確かに、こんなことも書かれている。〈「会社」ってところは、「正しいことが正しい」ではなくて、「上が正しい」がルールだから、そんな中で生きていくのは、はたから見ててもやっぱり大変だと思う。ストレスがたまると思う。その点、「お気楽派遣社員」は、「どうせ(契約期間が終われば)サヨナラする会社なんだし、(上司とあわないなら)いやならやめちゃえばいい」から、思いっきり「それって違うと思います」と上司にいうことができる(もっとも、派遣社員の中にも、性格的に「いえない」人もいるけれど。「いえてしまう」私のほうが少数派なのか

も)。「ノー」といったあとの派遣社員の進退は、ケースバイケースだ。〉

だが、シャケ子さん自身もツッコミを入れているように、彼女のような派遣スタッフは、やはり例外的な存在だ。東京都労働経済局が九八年十月に登録型派遣労働者(スタッフ)二千人を対象に行った実態調査で、アンケートに答えた八百三十九人のうち三七・一%が、派遣労働を始めた理由に「正社員として働ける企業がない」を挙げた事実は見逃せない。十年前の二三・三%に比べ大幅に増加した数字が物語る意味は大きい。

また年間二百日以上働いた派遣労働者が五八・一%に達した一方で、年収が三百万円にも満たない者が回答者の七七・八%を占めていた。満足している者はわざわざ回答しない、という社会調査のセオリーを考慮しても、この圧倒的な数字の前には、例外を普遍化して全体を語ることの卑劣は明らかだ。

派遣労働の普及がもたらす弊害は、すでに経済界にとどまってはいないのである。

「少なくとも現状の派遣労働者というのは、将来への希望を紡《つむ》げない働き方なのではないか。不安定な上にこれほど安く使われているのでは、住宅ローンはおろか、賃貸アパートさえ借りられなくなってしまう」

中野麻美弁護士は言った。彼女への取材の直前に会った派遣スタッフがさりげなく発した、けれど恐ろしい響きを持った一言が、私の頭に甦ってきた。

「正社員が一番偉くて、次に契約社員、パートタイマー、アルバイト、派遣……って身分制度が、いつの間にかできていて、会社の外にまで広がってきているみたい。私の経験では、特に外資系企業でそういう傾向が強いような気がします」

ある名門企業の派遣労働者活用法

大阪府和泉市に、森田電工(森田一顕《いっけん》社長)という冷暖房機器メーカーがある。紡績で財を成した地元の森田一族が三洋電機との共同出資で創業したのが六六年。現在は三洋の手を離れ、自社ブランドの生産販売とダイエーなど流通系へのＯＥＭ(相手先ブランド供給)などを展開し、ホットカーペットで二五％前後、扇風機では三〇％以上もの国内シェアを誇っている。

この知られざる実力企業が大がかりなリストラを実施したのは、九八年三月のことである。全従業員約二百三十人(パートタイマー十九人を含む)に対して七十人の希望退職を募集したのだが、応募は二十八人(正社員十八人、パート十人)にとどまり、四月下旬には残る九人のパート全員が指名解雇された。

久留米《くるめ》勝美《かつみ》・管理統括部長が、リストラの狙いを説明する。

「業績が悪化し、そのままでは不渡りを出しかねない状態だったのです。当社は九六年五月期に年商二百億円の大台に乗せたのですが、その過程で無理な増産をし過ぎたのが祟《たた》りました。在庫が膨らみ、安売りの店に流さざるを得なくなってしまった。同じ時期に扇風機の拡充やアルカリイオン整水器、空気清浄機といった新分野への進出を図っていたのも裏目に出ました。

まず経営責任が問われるのは当然です。ですから、この人員削減も、実質的な経営を担っていた専務を退任させた上での話でした。指名解雇は会社への貢献度や必要性を基準に行ったところ、結果的にパートさんがいなくなったわけです。この時には他に正社員二人と契約社員二人、その後も十一人を指名解雇しています」

久留米部長は九六年秋、メインバンクである住友銀行から転籍してきていた。当時は事業が好調で、待遇も悪くなかったのに、その後の半年間でガタガタになってしまったと話す。さらにもう一段のリストラをと銀行団から促されているのが現状だという。

ともあれ十九人のパートタイマーは会社を去っていく。が、数ヶ月ほどすると、彼女たちは奇妙なことに気づいた。元パートの一人が語る。

「M電機という子会社が新たに求人広告を出して採用した人たちが、私たちの働いていた工場ラインの仕事に就いていたのです。仕事があるなら、なぜ私たちがクビにされなければならないのか。事実関係を確認して資料を大阪府地方労働委員会に提出しましたが、すると森田電工は、今度は下請けのT電機や堺市のSワーク産業という業者を使って同じことを始めたんです」

森田電工のやり口を証明するため、彼女たちは朝の張り込み作戦まで展開した。T電機が採用した中国人労働者たちを詰め込んだワゴン車を、同社社長の息子や、妻の弟なる人物が森田電工の工場に滑り込ませていくシーンの撮影も敢行した。

問題はSワーク産業だ。久留米部長によれば、ピーク時の九八年十一月には同社からだけで六十一人の要員を受け入れた日もあったというが、当時の労働者派遣事業法は、工場のライン要員を派遣の対象として認めていなかった。

久留米部長は語る。

「私どもの製品は季節商品です。年間で平均して製造できれば一番よいけれど、OEMの注文をいただけるのは納期ギリギリになってからなので、仕事がある季節とない季節がはっきりしてしまう。それなら常雇いではなく、必要に応じて外部の労働力に依存していく方が経費的に節約できる、と。九八年の冬はカーペットがよく売れたので、こうして人を補充したのです。

Sワークさんはダイキン工業や新日鐵の関連会社にもよく人を出しているということで、向こうから売り込んでこられたのです。名前の通ったところでは値段が折り合いませんでね。今もパソコンの入力事務で二人ほど派遣してもらっています。ただ、ラインの方は派遣じゃありません。あくまでも業務請負の契約です」

大阪府の労働部職業業務課によると、派遣と請負の区別はきわめて困難であるという。指揮命令権が前者は派遣先、後者は請負元に属する点が大きく異なるのだが、工場ラインの仕事を請け負った場合、ひとつの工程を完成させて引き渡す体裁をとれば派遣に当たらないのだそうだ。

法改正で派遣対象が自由化された現在は、このような曖昧さはなくなっている。森田電工も、同社の後に続こうとする企業も、今ならややこしい理論武装をする必要がない。

さて、指名解雇されたパートタイマーたち九人は九八年七月、森田電工を相手取り、地位確認を求める訴訟を大阪地裁岸和田支部に起こした。会社側のやり方が許せなかったのである。

「だって、リストラにかこつけたパートの追放だったのです。私たちは二十年前に全国的にも珍しいパートの労働組合を組織してきた。本工の組合は御用化して役に立たないので、正社員でも何かあるとこちらに相談に来るような存在でした。

経営側との関係は決して悪くなかったと思います。社員旅行にも行き、今回退任した前専務と一緒にカラオケを歌うような間柄だったのです。

ただ、長年要求していた退職金の制度化にはなかなか応じてもらえず、九七年の夏には府の地労委に申し立てて審問を進めていました。指名解雇にはそういう背景があったんです」

私はSワーク産業にも連絡をしてみた。転送された電話に出た社長と称する男性の怒号は、まともなビジネスマンのものではなかった。

「お前に何の関係があるのや。労働基準局も職安も了解した、済んだことやろ。派遣でなく請負の契約で何が悪い、どこが違反や。じゃかましいわい」

弱者がより弱い立場の者をいたぶる構図

派遣業界最大手の「パソナ」(本社東京、南部靖之代表)は、九八年に「PEO」(Pasona Employee Organization)と呼ばれる新しい事業をスタートさせた。まず企業の特定部門の運営・組織管理を丸ごと請け負う。従業員もパソナに転籍させ、その上で元の組織に一年契約で派遣する形を採るのである。

通常のアウトソーシングなら、外部に委託された業務の従業員は他部門に移るなりして社内に残る。派遣会社が従業員ごと引き受けるというのがミソで、これだと企業側は業務内容をそのままに、正社員の権利を持たないスタッフを使って〝柔軟な〟雇用政策を推進できる。実際、ある有名外資系企業がこれに飛びつき、従業員側に提案する一幕があったと伝えられる(「『究極のリストラ』登場?／社員ぜんぶ派遣社員にする」「週刊朝日」九九年三月五日号)。

アメリカでは珍しくない雇用形態なのだという。日本太平洋資料ネットワークの柏木宏理事長は、近著『アメリカ労働運動の挑戦』(労働大学、一九九九年)でそう指摘した後、次のように述べている。

〈ダウンサイジングでレイオフ(引用者注・将来の再雇用を約束した一時解雇)された労働者が人材供給会社を通じて「再雇用」される、というケースがこれだ。アメリカ経営者協会(AMA)が七二〇社を対象に実施した調査によると、最近レイオフされた元従業員の三〇%は、テンプス(引用者注・短期派遣労働者)として「再雇用」された。〉(一四六ページ)

柏木氏は、そこで電話会社のパシフィック・ベル社の例を挙げる。九一年に五万四千六百人を雇用していた同社は一万人以上のレイオフを行う一方で四千二百人のテンプスを採用した。ある派遣会社は千人を派遣したが、そのうち八百人が〝再雇用〟組だったという。

〈「再雇用」されるといっても、もちろん正社員としてではない。雇用期間は限定され、賃金は下がり、健康保険や企業年金などのフリンジ・ベネフィット(付加給付)がないことも珍しくない。企業にとっては、安価で使い捨てのできる労働力である。しかし、労働者にとって、これほど生存を脅かされるようなやり方はない。〉(一四六〜一四七ページ)

派遣会社の中堅幹部が言っていた。

「派遣会社の営業自身、正社員の身分でない者が大半なんですよ。実績を上げられれば契約を延長するし、上げられなければ辞めていただく。スタッフに対して酷いことをしているとのご指摘ですが、実は彼らもあまり変わらない立場です。そのうち派遣会社向けに営業マンを派遣する派遣会社ができるかもしれませんね。

派遣スタッフは今のところ、大部分が女性です。でも、パソナのPEOもそうですが、法改正で対象が自由化されると、男性の職場に派遣の波が及ぶことになる。私どもが営業に歩く先の総務・人事の方々も、そこでビクビクしているのがわかるんです。美人を寄越せなんて言いながら、自分もいつリストラされて、私どものスタッフに職を奪われるのではないかと」

中堅幹部は続けた。

「スタッフたちの全部が虐げられているばかりなのかというと、そんなこともありません。彼女たちはよく情報交換をしているし、一人でいくつもの派遣会社に登録している。処世術に長《た》けた子が相対的に多いとは言えますね。つい先日、派遣先の企業に正社員として採用された子なんか、「オヤジの心の摑み方」とかいうマニュアル本を徹底的に研究していましたよ」

誰もが脅え、戦《おのの》き、自分よりも弱い者にコストを押しつけて保身を図り、あるいは苛《いじ》めることで精神的なバランスを保とうとする。その対象を発見できない者は逆に開き直り、その構造を逆に利用していかなければ、自らの身を守ることも難しい現実。雇用関係を悪用しなければ女性を口説くこともできない、情けない男ども。

こんな状況は悲しすぎる。雇用という社会生活の根幹を支える領域で固定化する差別の構造は、やがて再び社会全体を覆い尽くしてしまうのではないか。何もかもアメリカと同じにしなければ気がすまない規制緩和論者たちは、自分のように頼るべき地位も身分も持たない普通の人々の人生を、また必死に封建社会からの脱出を図ってきたこの国の近現代史を、一度でも顧みたことがあるのだろうか。

香水や飲料に使う香料メーカーの最大手の高砂香料工業(本社東京、新村嘉也《にいむらよしなり》社長)で十九年間にわたって受付の仕事をしていた小川美弥子さんは、四十八歳だった九五年十一月頃、総務課長に何度も食事に誘われた。やむなく付き合った席で、彼は小川さんに受付業務の合理化計画を告げ、こう言った。

「受付って、受付嬢って言うよね。〝嬢〟っていう字、わかる?」

右手の指で左手の手の平いっぱいに、一画一画ゆっくりと念を押すようにして〝嬢〟の字を書いてみせる課長。彼はそして、こう続けた。

「受付嬢は今まで二人いたから、一人が若ければ二分の一でバランスが取れていた。でも、そうはいかなくなったからな。……あんた、淡々と聞いてるけど、俺の話、わかった?」

明らかに年齢を理由にした肩たたきだった。小川さんは体中の血液が逆流するような気分を感じたが、平静を装っていると、自分は人事担当常務の指示を受けて話をしているのだと、総務課長は打ち明けたという。

「これで私は、あなたに引導を渡したことになるからね。俺って腹黒くないよね。それにしても、あいつ汚いよな。何でも俺に言わせて」

食事はこれで終わったが、総務課長はその後も小川さんに対する嫌がらせを何度も繰り返した。年が明けると、彼は用もないのに一時間置きに受付に顔を出し、禁煙の表示があるのにタバコを吸いながら彼女を監視するような態度を取り始める。嫌がらせのためだけに作成されたとしか思えない文書を、わざわざ見せに来たこともあった。

〈人事部　真壁副部長殿

受付嬢交替依頼の件

現状　小川嬢(当社のイメージアップに大きく貢献)とA嬢(引用者注・原文は実名)のペアーで良く務めてもらっており申し分なし

問題点　近年小川嬢の高齢が目高《ママ》っており、交替の時期が来ている

◎当社の受付嬢の中心者はやはり小川嬢の人柄である。①明るく②親切で③丁寧である事が必要条件↓この3点から来訪者は、優しさ、爽《ママ》さを感じとってもらえている。

対応策　A嬢は残念ながらイメージが若干ではあるが暗さと冷たさが感じられる。故にA嬢は小川嬢の後継者になり得ないと思います。従って次回契約時点より是非中心者となり得る素地のある方をご推挙方、お願いいたします〉

小川さんは結局、九八年十一月には解雇されてしまう。納得がいかない彼女は、翌九九年一月、会社側と関係者たちを相手取り、地位確認と精神的苦痛に対する損害賠償を求める訴えを東京地裁に起こした。

彼女もまた、実は派遣スタッフだった。七九年に「マンパワーセンター」(現在の「パソナ」)に登録し、以来、三〜六ヶ月ごとの契約更新を繰り返してきたのである。

高砂香料では従業員番号七九六〇一を与えられ、受付以外にも庶務的な仕事はなんでもこなした。待遇も立場も違うまま、午前九時から午後五時三十分まで、正社員と同じか、それ以上に働いた。馘首された時点の年収は税込約三百五十万円。正社員の三分の二ほどだった。

「私は総務課長だけでなく、その上の常務も訴えています。実際、以前は「ずっとウチで働いてくれよ」と言ってくださっていたこの方の指示で、すべては行われていましたから。でも常務は、法廷はもちろん、会社側の答弁書にも、どこにも出てきません。何もかも、総務課長の個人的な行動だったと主張してくるのです。

私たち派遣社員は、正社員から〝リースさん〟と呼ばれていました。あげくの果て「どうせ派遣だから」と安易に切り捨てられてはたまりません」

小川さんは正面を見据えて言い切った。一方のパソナは係争中を理由に一切ノーコメント。高砂香料では人事部の須田芳明部長が対応してくれた。

「総務課長の差別的発言はまずい対応であり、お詫びするほかありません。ただ、早めに伝えた方が次の仕事への準備もしやすいだろうとの、彼なりの善意でもあったのです。会社ぐるみだなどということはまったくなかったと確信しています。〝リースさん〟という言い方は、私自身は使った覚えはないのですが……。

ただ、派遣と正社員の間には、厳然たる区分けがあります。ユニフォームもお渡しするし、普段は業務上の区別もせずにきたことが、かえって誤解に繋がったのかもしれません。当社程度の企業でも、正社員は何千人もの応募の中から二、三十人ほどを採用している。派遣で長い間働いたからといって錯覚されて、正社員と同じように定年まで雇ってくれと言われても困るのです」

裁判のゆくえはまだわからない。それにしても企業における身分階層の固定化は、運用する側の知性や人間性をも問うことになる。〝リースさん〟という呼び習わし、あの奇妙奇天烈な文書……。須田部長は真摯な態度を崩さなかったが、労働者派遣事業法改正に抱いた私の危惧は、ますます強まっていくばかりだった。

第三章　労組はあなたを守ってくれない

市場化する雇用環境を積極的に受け入れよう――。年俸制、リストラが進む電機・情報関連産業の労組「電機連合」の急進派委員長は「被害者的運動から創造的運動」への脱皮を唱えた。だが、その彼が、東芝の労使による非公式組織「扇会」の出身であったのが私には気になった。

労働組合はなんのためにあるのか

労働組合の存在意義が問われている。日本中の職場という職場で〝リストラ〟が荒れ狂っているからだ。

二〇〇〇年春の時点で、全社員の七〇％近い人員を削減しつつあった総合商社の兼松。同じく六二％のジャパンエナジー。四二％の東急建設。工場をまるごと閉鎖するコマツ、いすゞ自動車、神戸製鋼所。ゴーン旋風が吹き荒れ続ける日産自動車。首切りのニュースがあまりに日常茶飯の出来事になったためか、九九年三月にブリヂストンの社長を人質に取った元課長が割腹自殺を遂げた事件も、二〇〇〇年四月にサントリーの元部長がかつての部下に銃殺された事件も、なまじリストラ絡みであった分だけ、人々の記憶からたちまち消え失せてしまった。

待遇の大幅悪化を伴う出向・転籍は、もはや珍しくもない。年俸制、成果主義という名の収入ダウンや、イジメ同然の転勤程度で済むなら御の字という雰囲気が蔓延している。

産業活力再生特別措置法や改正労働者派遣事業法の成立など、企業がリストラを進めるための環境整備も、一気に整えられてきた。企業が事業部門を切り離す際、本人の同意がなくても転籍させることができる商法上の特例を設けた会社分割法制も成立し、二〇〇一年からの施行が決まっている。不採算部門を従業員もろとも切り捨てる強引なリストラ手法が合法化されたわけだ。

裁量労働制も当たり前になった。実際に働いた時間ではなく仕事の実績評価で一定時間を働いたと見なして賃金を決める仕組みで、従来は研究開発、情報処理システムの分析または設計、取材・編集、デザイナー、プロデューサー・ディレクター、コピーライター、公認会計士、弁護士、一級建築士、不動産鑑定士、弁理士の専門性の高い十一職種に限られていたのが、改正労働基準法の施行によって、二〇〇〇年四月からは「企画、立案、調査および分析の業務」にも適用範囲が拡大された。あいまいな表現はホワイトカラーの仕事全般への拡大解釈が可能で、サービス残業や長時間労働が日常化していく危険が大きい。

改正労基法が施行される一週間前の三月二十四日、大手広告会社・電通の若い社員が追い詰められて自らを死に至らしめた事件で、会社側の損害賠償責任を認める判決が最高裁で下された。休暇を取らなかった本人と家族の責任を強調し会社の賠償責任を三割減額していた東京高裁判決を退けた判断は新聞各紙に大きく取り上げられたが、裁量労働制の拡大を控えて企業側に釘を刺した意義があったとでも言うべきだろうか。

とりわけエレクトロニクス産業の動きがすさまじい。ＩＴ革命が華々しく喧伝《けんでん》されるが、そこで働く人々の仕事と生活はどう変わっていくのだろう。東芝や日立製作所は事業分野ごとに従業員もろとも分社化し、富士通やＮＥＣが推進する成果主義を前面に掲げた新しい人事システムが賛美されるようになって久しいが、労働組合との間で激しい議論が交わされたケースは寡聞にして知らない。

富士通の岡田恭彦・人事勤労部長は語った。

「会社というのは、儲かった時にはどんどん人件費を支払いたいものです。労働組合の存在意義は、会社の業績が悪い時に賃金への影響を最小限に食い止め、下支えできるよう集団で動くことでした。

けれど九八年の冬から、当社は会社の利益に連動して年間のボーナス総額が決まるような仕組みを作り、組合とも合意した。しかも人事考課は上司と本人の一対一で決定する。こうなると労働組合の存在意義は薄れていき、いずれ必要ないということになるのかもしれません」

同社の成果主義的な人事・賃金制度について少し触れておきたい。人件費改革のトップランナーである富士通の制度は、多くの日本企業の目標になっているからだ。その人事勤労部長が労働組合不要論を語ることができる意味は考えておく必要がある。

「顧客志向とデファクト・スタンダード（事実上の世界標準）を目指す当社では、年功序列を柱にした伝統的な人事制度は、もはやプラスにならないと判断しました。そこで九三年頃から新しい人事制度作りに取り組んで参りまして、仕組みとしてはほぼ出来上がりました」

岡田部長によれば、同社の人事制度は大きく七つの手法から成っている。このうち特に給与・賃金の領域に関係が深い四項目を抜き出すと、

①目標管理評価制度……社員個々が上司と面接し期首に申告した目標の達成度を審査して期末に本人に開示、上司との話し合いの上で最終決定された五段階の絶対評価によって賃金を算定する制度。大卒入社五年目程度以降のホワイトカラーと製造現場の職長（合計二万七千四百人）が対象。

②年俸制……一年単位で賃金を決めていく方法。基本年俸と業績年俸で構成され、等級別の評価によって前者は増加額、後者は支給額が決定される。対象は全幹部社員（管理職）七千三百人。

③等級制度……従来の社内資格に替えて職制上の位置と職責の重さに対応した等級を社員各人に与え、各等級の定義書を基準に評価を行う。ラインマネジャーなら課長が七級、部長が八級といった具合で、各級はⅠ、Ⅱ、シニアの三クラスに細別される。①と②の前提となる〝格付け〟である。

④ＳＰＩＲＩＴ……専門職層について出退勤時刻管理を行わず裁量労働制を軸とする勤務体系。Specialty（専門性）、Performance（成果）、Intelligence（知性）、Responsibility（責任）、International（国際性）、Tomorrow（未来志向）の頭文字を取り、同社の精神を表現した名称にしたという。

人事勤労部企画グループ・佐藤彰彦氏の解説。

「要するに、その社員が年間で会社にどれだけ貢献したかの成果を賃金の支払いに反映させようという考え方です。では、どこを評価され何がされなかったのかを明確にするのが目標管理評価制度。ＳＰＩＲＩＴには効率の悪い人が有利になりがちな労働時間重視の欠点を排し、社員の創造性や専門性を高めたいとの狙いがあります。また九八年秋からは、それまで幹部社員だけを対象にしていた等級制度を入社二年目以上の若手社員にも拡大しました」

富士通の独壇場ではない。入社年次や学歴はそれだけでは意味を失った。過去の実績の結果としての等級と、現在の貢献度だけによって翌年の収入を決定する成果主義に基づく人事制度は、すでに大企業のホワイトカラー層では常識になってきた。東京都労働経済局が二〇〇〇年五月に発表した調査結果によると、都内の従業員数三十人以上の企業の一〇％以上が年俸制賃金制度を導入しているというから、近い将来は中小企業や、ホワイトカラー以外の層でも主流になっていく可能性もある。

終身雇用・年功序列を支えてきた従来の日本的給与体系の基盤は、「職能給」（能力給）と呼ばれる考え方だった。『人事・労務用語辞典』（日経連政策調査局編）によれば〈職務遂行能力に対して支払われる賃金〉のことで、〈能力に対して賃金が支払われるのであるから、配転で職務が変わっても同一賃金でよく、柔軟性に富んでおり、職務より人間を中心とする日本人の人事管理の考え方に適している〉。富士通をはじめ、その他成果主義を謳《うた》う多くの日本企業の方法論は、当面、基本的にこの発想を大きく逸脱するものではないとされる。

一方、人間でなく職務に格付けをしておき、〈職務そのものの難易度、責任の度合いなどを評価し、職務によって賃金を決める方式〉を「職務給」(Job Wage)という。契約社会であるアメリカで発達した考え方で、成果主義とは実に相性がよい。

プロ野球選手の契約更改を想起されたい。給与所得者と個人事業主の違いは大きいが、成果主義の下では、企業とサラリーマンとの関係も彼らのような形に近づくことになる。先発投手と内野の守備固め、代打要員には三者三様の査定基準が必要だといった発想が導かれるのは自然の成り行きだ。

さて、では富士通はどのようにして、成果主義の導入に至ったのか。

私の手元に「米国ハイテク企業の労働時間の実態」と題された報告書がある。九四年九月に富士通人材開発部が行った現地実態調査の結論をまとめたものだ。九〇年代も折り返し点にさしかかった頃、同社の管理職たちがどのような気分でいたのかを端的に表しているとして、人事・労務の関係者たちの間では広く知られたレポートである。

それによれば、当時、米国における労働の実態は非常に厳しくなっていた。キーワードは三つ。会社と従業員の新しい雇用関係「ニューディール」と情報化装備、そして成果主義の徹底である。

〈雇用確保の保証がなくなり、「従業員は自分の生き残りについて自分で責任を持つ」というのが、雇用関係における"New (Employment) Deal"［一九二九年の大恐慌の New Deal になぞらえての言葉］である。具体的には、

○自分の成果は自分の責任である(上司や部下の責任ではない)
○スキルを磨き良い仕事(assignment)をもらうのは、本人の責任である
○レイオフされるかどうかは、本人の責任である
○レイオフ後の仕事を見つけるのも、本人の責任である

という従業員にとって、誠に厳しいものである。〉

アメリカのハイテク産業が急速に甦りつつある時期だった。八〇年代の日本の台頭に危機感を抱いた彼らは、特にホワイトカラーの労働市場に徹底した市場原理を持ち込むことで、生産性を飛躍的に高めることに成功したというのである。

日本はといえば、その反対だった。日本的経営の下で育った〝会社人間〟たちがバブルを無批判に膨張させたり、過労死が相次いだことなどへの反省から、経済界でも「サラリーマンを家庭に帰そう」式の〝ゆとり〟論議が主流になっていた。

この点について報告書は、〝油断〟であり、〝過信〟だと断じた。対するアメリカのやり方はダイナミックで逞《たくま》しく、参考にすべき点が多々あるとした。

年俸制とか成果主義といった考え方はそれまでの日本にも存在したし、実験的に導入していた企業も珍しくはなかった。が、所詮は意識改革を促したいための精神論的意味合いにとどまり、額面通りに運営されていたとは言いがたい。同期入社の社員に露骨な収入差をつけるなど、多くの日本企業にとっては、別世界の出来事のように感じられていたのではなかったか。

しかし、環境はあまりにも急激に変化していた。

「アメリカ人に働かない、などと言っていたのは誰だ！」

報告書を読んだ関澤義《ただし》社長(当時)の顔色がみるみる変わり、ついには声を荒らげたというエピソードが、今日では各企業の人事関係者の間で伝説化している。もっと以前にシリコンバレーのシステムエンジニアたちの猛烈ぶりを目の当たりにした際の発言だという説もあるが、いずれにせよ当時の富士通首脳陣が焦燥感に駆られていたことだけは間違いない。同社がその後、他社が参考にしたがる人事制度を構築するに至った、これは大きな転機となった。

何らかの形で関澤社長と同じようなショックを味わった経営者は少なくなかった。そうした意志の総体が、やがて成果主義を〝国策〟にし、労働組合などもはや必要ない、との発言に繋がっていく。

そうした過程で、当の労働組合自身は何を考え、どのように対応してきたのか。国際競争力を強化しなければならない要請は理解できるにしろ、だからといって経営側の価値観をそのまま受け入れてしまうなら、組合には本当に存在意義がないことになる。

二〇〇〇年の春闘では多くの労働組合が雇用の確保ばかりを前面に掲げていたが、それだけでよいのか？　新自由主義に基づく〝改革〟が上から一方的に進められていく中で、労働組合は最後に残された〝セーフティネット〟ではないのだろうか？

労組が推進する〝解雇のためのルール作り〟

全日本電機・電子・情報関連産業労働組合連合会（電機連合）の中央執行委員長である鈴木勝利氏に会った。彼は日本労働組合総連合会（連合）内部では急進的改革派として知られるが、母体が現代のリーディング産業であるエレクトロニクス業界でもあり、近い将来の労働界の方向性を先取りしているとの評が専《もっぱ》らである。

二〇〇一年四月から厚生年金の定額部分の受給年齢が引き上げられるのに対応した雇用延長の流れを作ったのは鈴木委員長だ。二〇〇〇年一月末の中央委員会では、〝解雇のためのルール作り〟を提唱して注目を集めた。

――ルールを決めれば解雇も認めるというお考えですか。改めて真意を伺いたい。

「すべて容認するという意味ではありません。ただ、企業が慈善団体でないことは間違いないので、こういう場合はやむを得ないということはあっていいと思うのです。企業は法律上、一ヶ月前の解雇予告、あるいは三十日ぶんの予告手当を払えと明文化されているだけなんです。で、紛争に発展すると、裁判は何年も、最高裁までもつれれば十数年もかかってしまう。仮に勝訴したとしても実際に職場に戻れるものだろうかという疑問が、私にはあります」

「条文はそれだけなので、裁判官も判例に頼っている。それほど経営状態が悪いのか、（解雇を決めるまでに）最大限の努力をしたか、整理の基準や人選が客観的・合理的だったか、労働組合に十分説明し納得が得られるよう努力したかといった、いわゆる四原則が守られたかどうかが基準とはなります。ですが、判例というのは時代とともに変わっていく。結局は泣き寝入りです。

高失業率はどうしたって常態化していきますよね。政府のお抱え機関である経済戦略会議は中長期的に一〇〜一二％程度の失業率を想定しています。われわれの産業はＩＴ革命とか言って持て囃されていますが、企業の人員合理化を促進するＩＴには雇用削減効果もあるわけです。判例もいつひっくり返るかわかりません」

「右肩上がりの経済が続き、失業率が低い時代なら、解雇は規制していい。でも、経営側がここまで追い詰められて、それでも拘束が強いままだと、会社は身動きができなくなってしまいます。

成熟社会とは、ルールのないところにルールを作る、作ったら守られる社会のことでしょう。解雇についても、認められる場合とそうでない場合の線引きを明確にするルール化を図るべきです」

リストラ反対を叫んでいれば済む時代は終わったのだと、鈴木委員長は強調した。希望退職の募集を一度は阻止しても、業績がさらに悪化して受け入れるしかなくなった頃には、割増退職金ゼロの事態になりかねない。ならば会社に体力のあるうちにリストラしてもらった方が労働者の利益とする考え方だ。

鈴木委員長が続ける。

「問題は、解雇された人が労働市場に失業者として出ていった時に、きちんとした失業補償と充実した職業訓練の態勢が用意されているか、どうか。たとえばアメリカには、その仕組みが整っているんです。

これからの労働組合は、そうしたシステムを、日本社会に合わせて築くことが大切だと思う。電機連合自身が職業訓練校を設立することも考えています」

「とはいえ夢みたいな話なので、実現までの間は大手が持っている施設を提供してもらえないかと考えています。今月は東芝、来月は日立の施設といった具合にですね。そこで労使がカリキュラムを作り、ＯＢに先生をしてもらえばいい。ボランティアでも働きたい人はいっぱいいますから、講師料も月に五万程度でやれます。

電機連合が人材派遣業に乗り出すことにもなるでしょう。彼らの部分は職能別組合になる。失業率には含まれなくても派遣労働者やパートタイマー、アルバイトに切り替わった人々も増えているので、将来の電機連合は、従来式の縦型の企業別組合と、職能別か雇用形態別かの組合の性格が混在した産業別組織になりたい。派遣会社で唯一、労働組合のある名古屋のメイテックさんとの間で、そのための基準作りをする委員会も設けているんですよ」

「私はワークシェアリングの導入にも賛成なんです。百人の職場で一人だけ辞めさせて、残った者は賃上げするなんて時代じゃない。雇用を守るためなら、少しずつ我慢して仕事を分かち合うのも仕方ありません。

ここで問題とされるのがサービス残業ですが、僕らはそんなものはないと考えているんです。時間で働くだけなら、チャップリンの『モダン・タイムス』じゃないけど、ロボットにやらせればいい。人間の仕事である以上、こうしたい、ここまでやらせてくれといった裁量は当然でしょう。改正労働基準法で適用範囲が拡大された裁量労働制を、個人的には工場のベルトコンベアにも採り入れたいぐらいなんですよ。

そう言うと悪のりする経営者が珍しくないのも事実ですが、物事すべて、光と影があります。僕に言わせれば影の部分はレアケースなので、それをもって光の部分まで否定しないでくれという気持ちです」

鈴木委員長の発想は、市場化する雇用環境を積極的に肯定し受け入れるところから出発している。労働者の自立と責任、団結と多様性の調和、そして被害者的運動から創造的運動への転換を目指すというわけだ。

「今までの団結は、結局、依存心だけを生んできたのではないか。労働組合という温室でぬくぬく育ってきたのに、ある日突然、壁も屋根も外されたら萎《しぼ》んでしまう。普段から雑草のように強くなっておかないと」

彼はそうも強調した。経済戦略会議の中心人物だった竹中平蔵・慶應義塾大学教授や、ソニーの社外取締役に就任して話題になった中谷巌・多摩大学教授（前一橋大学教授）ら、市場主義の生産性の高さを説く近代経済学者たちと同じ主張が、雇用される側の立場から言い換えられていた。

経営責任を追及できなかったヤマハ労組

リストラは早めに、との発想を実践したヤマハ労働組合のケースを検証してみよう。

ヤマハは九九年四月にグループ社員の約七％に当たる六百人の人員削減計画を決め、七月から八月にかけて希望退職者を募っている。赤字をたれ流していた半導体事業を専業のロームに売却し、事実上の撤退を進めるためだった。

電機連合の傘下にあるヤマハ労組は、このリストラ計画に合意した。宮本達雄・中央執行委員長が語る。

「人員の過剰感のようなものを、確かにわれわれも感じていました。そのままいけば、ヤマハ全体の雇用自体が厳しくなると考えざるを得ない状況だったのです。希望退職の募集については、とにかく本人の意思を最大限尊重するという条件を付けました。また、物事には筋道があるということで、経営陣や管理職の方の責任はどうなのかといった議論もいたしました」

ヤマハは前年の九八年六月に、約二百億円を投じて最新鋭の半導体工場を建設したばかりだった。稼動後わずか十ヶ月の売却とは経営判断ミスも甚だしいが、被害が広がらないうちに勇気ある撤退が図られたとも言える。

そこで希望退職の条件はかなりのものになった。対象は四十歳以上。常設されていた四十五歳以上の早期退職優遇制度を時限的にアレンジして、満四十八歳から五十五歳の最優遇年齢層で月収(基本給と資格手当)の五十一ヶ月分の割増退職金が支払われた。

「労使間では、他社との比較に関する議論はしていません。ただ、相当な迫力の水準だったとは思います」(宮本委員長)

結局、予定の二倍近い千二十六人が希望退職に応じた。思わぬボーナスを懐にして第二の人生に船出できた人々が多いということだから、希望退職募集への合意は、退職していった労働者の大方の利益になったとは言える。

ヤマハ労組には、創業一族である川上浩社長(当時)に退陣要求を突きつけて追放し、副社長だった上島清介《うえしませいすけ》氏の社長擁立を成功させた実績がある。九二年のことで、ヤマハを世襲企業から脱皮させる原動力になったのだが、今回のリストラに当たっては、当時のようなチェック機能は発揮されなかった。

九二年から九七年まで社長を務め、その後は会長に就任していた上島氏が、半導体事業の撤退決定と前後して退任を発表しながら、名誉会長ポストを新設して自ら就任してしまったのである。社長時代に連結ベースで二期連続の過去最高益を更新した功績を差し引いても、経営責任の点からは疑問が残った。

組合は管理職たちの責任を問い、役員数の削減を促したという。だが、肝心の最高責任者は見逃したことになる。

宮本委員長の物言いが鈍った。

「名誉会長の件に関しては違和感を覚えた人が多い。世の中では、いやヤマハのコップの中でも通用しないと、私も受け止めています。ただ、上島さんが業績を伸ばしたのも確かな事実なんです。

かつての川上家に対するような、黒か白かといった批判にはなりにくい。解説が必要ですが、私たちが組合員に一つ一つ説明する性質のものでもありませんしね。それに、労働組合がそう何度も（社長退陣の）トリガーになるようでは、経営者の当事者能力が疑われてしまいます。

この話は今回の取材の趣旨ではありませんね。いえ、過去は乗り越えたいという思いが、組合にも会社にもあるものですから」

トップの経営責任が曖昧にされたままでのリストラは、展望のない、安易な人減らしでしかない。人件費の削減効果が現れるまでには時間がかかる。短期的に割増退職金の支払いコストがかさむだけでなく、中長期的に社員のモラルが低下していくようなら、最悪の結果になりかねない。

日経連報告と労働組合

初めに、労働問題に関する経営側の団体である日経連（日本経営者団体連盟）の基本方針があった。九五年五月に発表された報告書『新時代の「日本的経営」』。そこには、グローバル経済の荒波に乗り出していく日本企業にとって、二つの思想を両立させることの必要が、高らかに謳い上げられていた。第一章、第二章に続いて繰り返しになるが、現在の労働組合を考えるのに、この報告書は避けて通れない。

報告書はまず、経済成長の鈍化や競争原理の徹底、生産拠点の海外シフトといった要因から余剰労働力の発生は不可避とし、多様な雇用形態や業績、貢献度を直接反映する賃金体系を活用した〝雇用ポートフォリオ〟など、より効率的な労務政策の採用で総額人件費の徹底管理を図るべきとする。この際、終身雇用や年功序列の制度・慣行は変更する方向性を示した。

一方、戦後の日本経済を支えてきた日本的経営の基本理念「長期的視野に立った経営」「人間中心(尊重)の経営」は普遍性を持つとした。

日経連報告はその後、日本国内のあらゆる産業の労務政策に影響を及ぼした。現在に至るリストラの流れは、基本的にここから始まったと言っていい。

労働側も対応を迫られた。もともと日経連側にもそう仕向ける意図があった。

日経連政策調査局の小柳勝二郎・労政部長が語る。

「労働組合というものは、平等・団結の理念で会社と労働者の関係を捉えようとします。労働者個別の問題という点では勉強が遅れていたんですね。企業側の方がはるかに進んでいた。そのことを踏まえた上で、われわれは今後のあるべき方向性を示したのです。

当初、労働組合は反発していたというか、かなり驚いたみたいですね。経営側がここまで言うか、と。でも、実はサラリーマンの多くが、この方向性を望んでいるんです。組合は拒否のしようがない。電機連合や商業労連(日本商業労働組合連合会)、化学総連(全国化学労働組合総連合)などが次々に、日経連報告を受けたレポートを発表しました。彼らの基本的な考え方はわれわれと変わりません。競争の激しい業種の組合ほど、早く理解してくれたようです」

電機連合の場合は九八年七月の定期大会で、検討資料「電機産業の成長と長期安定雇用をめざす新しい日本型雇用・処遇システムの構築」を発表し、傘下各労組の指針とした。

〈日経連の『新時代の「日本的経営」』に代表される、総人件費抑制論を前面に出した国際競争力の強化は、労働者の雇用不安、生活不安を引き起こし、ひいては社会不安によるコスト増を招き、結果として経済全体の活力を失わせてしまうことが懸念される。即ち、日本の高コスト構造の改善は、その中の一つに過ぎない賃金をことさらに取り上げ、低賃金競争を繰り返し日本経済を縮小均衡に陥らせることではなく、例えば、競争分野と非競争分野のギャップがもたらす内外価格差や行政改革、財政改革といった日本経済の抱える構造問題に政・労・使がどこまで踏み込んでいけるかに掛かっていると言える。そういった意味では、労働組合自身も産業益・組織益のみを主張するのではなく、国民全体の利益という視点を持ちつつ、その中で日本という国が国際社会でどのような役割を果たしていくべきかを考えた対応が求められている。〉

指針には、こんな文言も盛り込まれていた。労働者が一方的な不利を被らないシステム構築を強調してはいるものの、経営側が作る枠組みを基本的に肯定し、かつ、労働者個々の生活よりも日本経済全体への配慮を前面に打ち出した点に特徴があった。

鈴木委員長の一連の発言も、この延長線上にある。もっとも、現実の労働現場では、どうしても弱い立場の者にしわ寄せが行く。

日立製作所のある課員が、労働組合の現状を嘆いていた。彼の危機意識は絶望に近い。

「今の組合は、経営の補助機能に成り下がってしまいました。若い人たちの大部分は、組合専従の仕事も会社人事の一つと捉えているのではないですか。かつての社会党と同様、組合は敗走を続けたあげく、経営側に完全に取り込まれ、自己崩壊への過程をまっしぐらに辿っているとしか思えないのです」

日立は九九年三月期の決算で約三千三百八十八億円の連結赤字を計上した。その見通しを明らかにした前年秋の中間決算発表の席上、同時にグループ全体で四千人の人員削減を進める大リストラ計画を打ち出した。低迷が続いていた家電事業の製造部門を完全に別会社化して、固定費の圧縮と損益管理を徹底させたいとした。

新年度が始まった九九年四月には庄山悦彦《えつひこ》副社長が新社長に就任した。金井務社長は会長に退き、新体制が動き出すとともに、労使が共同で「二一世紀の日立を考える労使委員会」を発足させている。経営側から専務以下四人、組合側から委員長ら三役が参加し合計百六十項目にもわたる課題について検討作業を進めているのだが、前記の課員には、組合の姿勢がなんとも弱腰に映っている。

「リストラ発表の直後から〝業績改善緊急対策〟として、時間外・休日勤務手当の五％カットや単身赴任に伴う別居手当の半減、帰宅旅費支給回数の削減等が実施されているんですが、組合は会社側の提案をそのまま呑んでしまっています。特に酷いのは所定内労働時間の十五分延長で、これなど電機連合が統一闘争で勝ち取っていた七時間四十五分の線を勝手に破ってしまった。

有志が電機連合に中止させてくれるよう申し入れましたが、日立さんは特殊なケースですねと言いつつ、一応の通達を出してはくれましたものの、結局は認めてしまった。他社はそこまでやる気はないということで、不幸中の幸い、労働時間延長がなし崩しに広がる事態だけは避けられましたけれども」

必要以上のリストラで人手が不足した分の仕事を、残された者のただ働きで補っているのが現実だという。日立のように時間延長で賄《まかな》う企業もあれば、残業代のつかないサービス残業でやり繰りする企業も少なくない。電機連合の鈴木委員長は「サービス残業など存在しない」と語っていたが、すべて裁量労働とする前提でない限り、この論法には無理がありすぎる。

実際、労働省は二〇〇〇年六月末までに、大手エレクトロニクスメーカー十三社に対して、労働基準法に基づく是正勧告を出すに至った。フレックスタイムの勤務体制に不備があり、実質的なサービス残業を招く結果になっているとの判断で、各社に残業代の支払いを求めるとともに、業界団体の日本電機工業会に適正な時間管理を徹底するよう指導した。

問題の十三社は、規制の緩いフレックス勤務を事実上の裁量労働制として利用していた。改正労働基準法で適用範囲が拡大された裁量労働制だが、法に基づいて導入すると労使委員会の常設や健康対策など煩雑な手続きが求められるためだった。報道によれば、すべては労使合意の下で行われていたという(「朝日新聞」二〇〇〇年六月三十日付)。

公安警察と労働組合

労使が協調関係を通り越し、ほとんど同じ価値観を共有するようになったのは、最近に始まったことではない。大企業労組の役員選挙の大半が経営側のコントロール下にある実態は、今やサラリーマンの常識になっている。

労働組合が現代のリストラの嵐にどう対応しているのかを語る時、今日に至る前史を振り返らないわけにはいかない。日立の課員がため息をついた。

「日立の場合、各工場や事業所に設けられている労使の親睦会「日立会」と、火事の発生に備えた「消防隊」のコンビネーションで、会社が労働者の内面にまで介入する構造ができあがっています。消防隊は十年ほど前まで、労組の活動家に放水を浴びせる暴力装置の役割も果たしていましたが、近頃はそんな必要もなくなったようです」

日立が「消防隊」なら、東芝は「扇会」だ。七四年四月、全国の工場や事業所を網羅する非公式な労使横断結社として誕生している。

関係者たちの証言や内部資料を総合すると、「扇会」は東芝本社の勤労部が、社内の職場管理者教育を修了した〝良識派〟〝健全派〟を事業所単位で組織。〝育ての親〟として外部の労務コンサルティング機関「近代労使研究会議」の協力を仰ぎつつ、組合活動を誘導してきた。

東京大学の山本潔教授(後に名誉教授、労使関係論)が、内部資料をもとに「扇会」に関する詳細な論文をまとめたことがある。それによれば、件《くだん》の労務コンサルティング機関が民社党(当時)右派系の民主社会主義研究会議と深く関わっていたのは明らかだとされた。

〈そこでは、単に「健全派グループ」のイデオロギー的覚醒がめざされているばかりではなく、左翼分子との対決のための戦略・戦術がねられてもいるのである。そしてまた、このK《ママ》労使研究会議は、他方において、IMF・JCの中心的幹部とも友好的関係を維持し、労働界の再編と底流においてつながっている。さらにまた、それは、「偏向思想」に対して「闘うイデオロギーを持つ集団」としての「扇会」の成長を望んでいる甲《ママ》電気会社勤労部首脳とも、親和性を持つ組織であることに疑いはない。〉(「『インフォーマル組織』に関する一考察」「社會科學研究」九〇年七月号、九月号)

国政選挙や地方選挙でも集票マシーンとして活用される扇会は、事実上、労働組合員の思想信条の自由を認めていない。万が一、〝問題者〟が現れたら速やかに〝外科的直接治療〟を施す必要がある、とにかく発生させない〝予防〟が重要だと説く内部文書も存在する。『実践』と題されたその文書(八〇年)には〝予防〟のためのチェック・ポイントが列挙されていたようだ。

山本論文からその内部文書の一部を抜粋する。

〈①職場での徴候判断のポイント

○自主的な傾向が強くなり、職制に対する協調性が弱くなる。
○昼休み、その他の時間を直接関係のない人との交際や、人間関係づくりなどに活用するようになる。
○態度が反抗的になり、社用品の取り扱いが粗雑になる。
○朝のお茶くみ、掃除、その他のサービス労働に抵抗するようになり、奉仕的な美徳をなくす方向に力を入れる。

②組合活動での徴候判断のポイント

○組合の集会、行事には熱心に参加し、皆の嫌がる世話役活動を買ってでる。
○他の職場のことや、地域労働組合の状況をよく知っている。
○肩腕病、腰痛病といった職業病問題に関心をはらう。

③寮の中での徴候判断のポイント
○特定日の帰寮時間がおくれる。
○食事の内容などをはじめとして、待遇改善の要求が細かく、うるさく出される。
○外部からの手紙、電話等での連絡が多くなる。〉

職場を左翼勢力の牙城にしたくない企業側の事情はわかる。だが、こうした〝徴候〟をもって、従業員を〝問題者〟と捉えるのでは、そこはすでに人間の働く場所ではなくなっているのではないか。自分では何も考えず、何も言わず、自らを会社と同じ価値観に染め上げて滅私奉公する〝人間〟だけが、好ましい労働者ということになってしまう。

八〇年代前半、〝問題者〟として扱われて上司や同僚、組合幹部らの執拗ないじめを受け、ついには暴行されて入院するまでに追い詰められた東芝の一労働者が、会社とその上司を法廷の場に訴えた事件があった。原告は府中工場(東京都)の上野仁氏で、東京地裁八王子支部は九〇年二月に原告勝訴の判決を言い渡した。東芝側はただちに控訴したが、翌々九二年秋には取り下げ、一審判決が確定している。この間の事情を、事件に取材した「東芝府中㊎《マルカン》第四ライン」で九〇年の第九回潮賞ノンフィクション部門を受賞したフリー・ジャーナリストの小笠原信之氏が、次のように書いている。

〈控訴の取り下げは、社内に暗躍する会社側の秘密組織「扇会」の、憲法さえ踏みにじる非合法な活動記録が証拠資料として提出されたため、その暗部が明るみに出ることを嫌ってのことと推測されている。上野さんへのいじめ、排除の背後にどす黒い動きがあったのだ。〉(『職業としてのフリージャーナリスト』晩聲社、一九九六年、九一ページ)

この件をめぐっては小笠原氏自身も嫌な体験をしていた。受賞作は慣例で潮出版社から単行本として出版される運びとなるのだが、タイトルを『塀のなかの民主主義』へと変更させられ、また初版七〜八千部が通例なのに、なぜか異例の三千部に抑えられたのである。

〈そして、いよいよ奇怪なのは、私の本に限ってほとんど宣伝が打たれないことだった。新聞広告などで他作品の宣伝は打たれているのに、『塀のなかの民主主義』だけは落ちている。もっと妙なのは、月刊誌『潮』本誌内の自社出版物の宣伝ページからも抜け落ちていることだ。試みに九五年の潮賞発表時に載せられた過去の潮賞の単行本リスト一覧といえる宣伝ページを見ても、私の作品だけが載っていない。

ここまで来れば、はっきり言わざるをえないかもしれない。私は大企業の圧力を感じている。〉(同書九七ページ)

鈴木勝利・電機連合委員長の経歴

「扇会」を運営する一方で、東芝は警備・公安畑の警察出身者を積極的に採用し、労務担当者に登用してきた。京浜地区の七工場だけで少なくとも八人、中には盗聴法(通信傍受法)をめぐる九九年の国会審議で争点の一つになった「緒方靖夫・日本共産党国際部長宅盗聴事件」に直接関与した元警察官も含まれていると、「人権を守り差別のない明るい職場をつくる東芝の会」のビラにあった。

東芝のベテラン社員が憤る。

「会社に逆らう人間は尾行や張り込みで監視されます。組合など完全に労務の下請け機関になってしまっている。製造部門ごと分社化された富士工場(静岡県)や四日市、三重工場(三重県)でも、賃金ダウンを伴う強引な出向、転籍が罷り通っています。

それでも以前は、組合が職場大会を開き、組合員の声を聞いた上で会社側と話し合い、一定の合意がなければ個別面談を認めない手続きが機能していました。でも最近の組合は、会社側の提案を最初から了解し、職場大会を省いて個別面談も許してしまうのです」

かつての鉄鋼産業のように、おそらくは今後、エレクトロニクス産業での労使関係が、日本労使関係全体に色濃く反映されていくに違いない。そして、電機連合の鈴木勝利委員長は、この東芝労組の出身だった。

九〇年に刊行された『東芝労働組合小向《こむかい》支部四十五年運動史』第三巻に、彼をめぐる興味深いやり取りが収められている。元本部委員長の河野一義、同副委員長の一圓省三、堀川町支部委員長だった保坂玄造の三氏による座談会だ。現職の桜井誠・支部委員長が司会役を務めた。

〈**河野**　特に鈴木さんとは、本部で一緒に活動したわけですが、若いが頭のキレがよく、将来が楽しみな存在感がある人でした。

保坂　民青排除の提案を出したところ、久保さんと鈴木さんから反対意見があり、会議が紛糾したことがありましたが、今は懐かしい思い出ですね。

一圓　鈴木さんの素質を引き出した河野さんの功績は大きいですね。私も河野さんとは一体の間柄で、運動していましたから、左でコリ固まっていた鈴木さんをホグすのに苦労しました。日々時あらば、酒など酌《く》み交わしながらのつながりのなかで、気心も通じ合い、徐々に成長して行きましたね。

保坂　私事になりますが、鈴木さんの生まれた月日と、私が東芝に入社した日が奇しくも同じ日でしてね。このことがわかってから親密さが増し、今日までの交際のなかで、鈴木さんの成長ぶりを私なりにみてきたわけです。(中略)

桜井　小向は思想的背景もあったのでしょうか、文化組合とも言われたり、東のアパッチといわれ、西のジェロニモの三重とともに俗称され、対比されました。イデオロギー的にも左派的な言動が多かったと思いますね。ところが、30年代の後半から40年代にかけては、共産党小向細胞と称する組織が暗躍し、そのころから小向の運動が大きく変化しました。特に鈴木勝利さんの執筆による『虚構の論理』というパンフを発行し、共産党対策が活発化しました。そのころ、保坂さんには勉強会をもっていただき、ご指導を受けるなどお世話になりました。

保坂　私などの協力は小さなものでしたが、立派なパンフを発行され、時代の流れを的確につかみ、運動を展開されましたね。〉（一部省略）

なお、ここに登場する保坂玄造氏は東芝を退職後、前記「近代労使研究会議」に移籍し、労務コンサルタントとして活動した履歴を持っている。また東芝労組の書記長を経験した鈴木勝利氏は当然、「扇会」の中核メンバーでもあった。

機関誌「おおぎ」（近代労使研究会議発行）の十周年記念号（八三年十二月一日号）に、書記長時代の鈴木氏が寄稿している。「現代のリーダー像」と題されたその原稿は、最近はリーダー論が盛んだが、これは高度成長から低成長への移行の過程で、抱える問題が複雑になったためだとし、扇会の中心メンバーには二つのお願いがあると続けた。「創業は易く、守成は難し」ということと、「リーダーたるもの木を見て森を見失うことのないよう」心がけてほしいというものだった。

〈なぜならば、創業時には目的がはっきりしているからで、その目的に向って全員の志気を盛り上げることが可能であることに比べ、守成の時代はどうしても目的が不鮮明で、一つの方向に全員の意志をリードすることが難しくなるからである。（中略）

扇会は、まさに十年を過ぎて、当初の目的を一応達したことによる目標の不鮮明な時を迎えたのであり、今後、守り育てていくうえで、今までなら見過ごされてきた会員相互の思惑の乱れや、方針の不徹底さが、今後はとくに重要になってくるのである。〉

〈関連会社への転籍問題をとってみても、当社への愛社心ゆえに、転籍を心情的に受入れ難いという現実を前にして、リーダーとよばれる人は、当社と関連会社のグループの一体感の不足が、この解決を困難にしている理由の一つであることを認識し、今後、グループの一体感を強めるために労使が何を考えるべきかでありましょう。〉

再び鈴木委員長本人に登場していただく。

「座談会で保坂さんが言っているのは、あれは僕が民青に味方したんじゃないんです。あの時は排除する理由がなかった。その後、僕らは理屈をもって排除したんだから。ただ、あの頃の僕は、左翼イメージで見られていたみたい。横浜の中学から東芝の養成学校に進み、卒業して労働運動を始めたのが六〇年安保の年だから、実際そういう思想から入っていたし、下駄履《げたば》きで会社に通ってましたからね。貧しくてではなく勉強が嫌いだから就職したんですが、酒も飲まず、麻雀もしなかったんで、堅物《かたぶつ》と思われてもいた。

世間知らずでした。全部頭で考えて、理屈で割り切ろうとした。今でも残滓があって、だから私は、時に言葉だけが先行して人に誤解を与えたりしてしまうんですね」

「やがて中央執行委員になって、私は小向工場の支部から組合本部に移りました。河野さんと一圓さんは副委員長でしたが、僕はそういう目で見られていたから、意見が合わない。宴席で「喧嘩売る気なら買ってやる」なんて言われて、河野さんが信頼していた人と、俺、泣きながら酒飲んだことあるの。人の気持ちわかってくれない、と。で、彼が河野さんに伝えてくれて、それからです」

「公安警察の人たちはね。なにしろ人手を集めて、モノさえ作れば売れた時代でしょう。東芝だけでなく、電機会社はどこでもそうだったんだけど、臨時工の人が大勢いて、政治活動を職場でやるものだから、会社が危機感を持って、情報に強いということで、会社の中のそういうセクションに入ってもらったことはありますよ。

だって、便所に行ったって、政治的な落書きばっかりなんだもん。誰が書いたかわからないけど、それこそ便所にカメラを据えつけるわけにもいかないし。組合から見ても、あれはいくらなんでもやり過ぎじゃないかということになった。

でも公安といっても、単なる警察官ですよ。一年くらい公安にいたとかなんとかいうのはあるかもしれないし、僕は前歴は全然知りませんけど。それに、あの人たちの人間の幅は、われわれとは比較にならない。人との接し方、へえーと感心します。僕ら組合の大衆運動をやってる者も、ああやって気を使わなくちゃと思うことが度々ありましたね」

鈴木委員長は率直に語ってくれた。だがどうしても解せないのは、彼の電機連合が労働者の自立を謳いながら、源泉徴収と年末調整の連動から成るサラリーマン税制の問題には頬かむりしたままでいることである。

日本のサラリーマン税制は、年収二千万円以下の給与所得者の自己申告権を、事実上認めていない。月々の給与から概算されて天引き徴収された所得税額と、年末に確定した税額との過不足分の清算は、勤務先(源泉徴収義務者という)に委ねられる仕組みになっている。

日中戦争が本格化した一九四〇年に開始された所得税の源泉徴収制度は、その後の戦時体制、さらには戦後の官僚統制を支えることになる、同時期に制定されたさまざまな社会政策とともに、いわゆる〝四〇年体制〟の中核を構成している(野口悠紀雄『1940年体制』東洋経済新報社、一九九五年など)。終戦直後の占領時代、税制にもデモクラシーの表現を求めてきたGHQ(連合国総司令部)の意向を受け入れ申告納税方式の採用に踏み切った大蔵省は、ただし源泉徴収制度は残し、また給与所得者の申告手続きは勤務先に代行させる例外を設けて、四七年の改正所得税法に盛り込んだ。

これが年末調整である。ナチスドイツに倣《なら》った制度だったが、現在では源泉徴収とのコンビネーションによる勤務先任せの納税システムがこれほど徹底している先進国は日本以外に存在しない。アメリカをはじめ、源泉徴収はあっても清算は自己申告が基本という国が大半だ。日本がグローバル・スタンダードを本気で進めるつもりなら、真っ先に改められなければならないのが、このサラリーマン税制なのである(詳細は拙著『源泉徴収と年末調整』中公新書、一九九六年など参照)。

徴税する側にとっては効率的でも、日本でだけ異常な発達をとげた特殊な税制がどれほど個人の精神的自立を妨げ、身も心も会社に捧げる会社人間ばかりを増殖させてきたことか。納税者としての権利を自主的に失わせる効果の点で世界有数の徴税システムにメスが入れられない限り、終身雇用の崩壊は、自分では何もわからない赤ちゃんを高速道路に放り出すに等しい残酷な所業となる。

豪快な鈴木委員長の歯切れが、とたんに悪くなった。

「(サラリーマン税制が)なくなれば革命的です。決定的な影響力がある。逆に言うと、自立せざるを得なくなる。だけど、なかなか割り切れない。他で言っていることと整合性が取れていないと言われれば一面は認めますが、全体を否定するほどでもないんじゃないか。源泉徴収されても自立できる人はいるんだし……。

うーん、じゃ、やりますかね。でもドラスチック過ぎて、また怒られる(笑)」

この話には後日談がある。取材の直後、組合費の給与天引(チェックオフ)禁止問題が浮上した。総選挙を睨んだ自民党の野党への牽制と伝えられるが、電機連合は「それならば所得税の源泉徴収も止めるべき」として、サラリーマン向け確定申告ソフトの開発を仄《ほの》めかしたという(「朝日新聞」二〇〇〇年三月二十日付)。

駆け引きの材料に使われただけなのかどうか。鈴木委員長の真意は、今のところ不明だ。

現在になって単純に懐かしく振り返られがちな日本的経営には、東芝「扇会」のような存在を必然的に伴う。その意味で鈴木委員長は、まさしく時代の子であった。問題は、その過去の時代の子が、新たな時代を築こうとするリーダーに、そのまま移行していることだ。公安警察まで導入して全従業員を会社に従属させた人々が、今度は安定の見返りさえ抜き、いつでも馘首されてそれでも不満を持たない、究極の会社人間を再生産しようとしている。

客観的評価などあり得ない

日経連の言う〝日本的経営の普遍的な経営理念〟と成果主義の両立など不可能だ。そもそも従来の日本的経営自体、あくまでも一時代の企業経営上の方便であって、普遍的などと形容されるべきものではない。終身雇用や年功序列は多くの人々の生活にとって安定をもたらすものだったにしろ、その秩序を維持するための方法論まで含めて過大評価し過ぎるから、変化を始めると悪い部分だけが残ってしまう。

大手住宅販売会社の営業係長・井村茂さん(三十二歳、仮名)の話だ。

「ある朝、いつものように横浜市内の住宅展示場に出勤すると、支店長から呼び出され、いきなり減給と歩合給社員への変更を申し渡されました。それまでの私の年収はボーナスや各種手当込みで約四百八十万円だったのですが、歩合給だと計算上はざっと五百四十万円程度になるという。でも歩合給社員には交通費も出ませんし、名刺やチラシ、カタログの類さえ費用を自腹で支払わなければならないのです。しかも一年ごとの契約で、身分の保証もありません。

入社して以来、何かと目をかけてくれていた上司でした。十分な成績をあげていた私にそんな話を持ち出してきたのは、少し前に衝突したことが響いています。展示場の要員があまりに少ない。そこで支店に応援を頼んだところ、何もわからない新入社員を、それも休日出勤させて送ってこられる。手を取られるだけで仕事にならないし、彼らも気の毒だ。きちんと休ませてやってほしいと進言した一件を、〝裏切られた〟と受け取られていたようなのです。

こうなると、どんなことでも上司にとって都合よく解釈され、攻撃の材料にされてしまいます。私が知人の葬儀に出席するために休暇を取ろうとしたら、親族の不幸でなければ認められないと、無断欠勤扱いにされたことがありました。別の営業所の課長が、母親が亡くなったのに葬儀の翌日には会社に出てきたことがあったのですが、そのことが引き合いに出されての処置でした。

ある部長が、部下の結婚式に主賓として招待されたにもかかわらず、支店の赤字を理由に断ったという話も、しばしば使われていました。単に上司だから招かれたのではなく、実際に新郎新婦を結びつけた方だったのに、ですよ。でも、どれほど馬鹿馬鹿しくても、いちいち例に出してこられると、会社の中では反論しにくいところがあるんです」

この住宅販売会社では、営業マンの人事権は事実上支店長に握られていて、本社の人事部はその追認機関でしかなかったという。そのことも歩合給社員の制度も、成果主義のために用意された仕組みが、日本的な上司・部下の関係の下で運用されるとどうなるかという典型的なケースだった。

それでも井村さんは、とりあえず不当な処遇を免れた。ホワイトカラーの〝駆け込み寺〟を目指して九三年に結成された個人加盟の労働組合「東京管理職ユニオン」に加入して会社側との団体交渉に持ちこんだところ、支店長の報告を鵜呑みにしていた非を認めた会社側が辞令を撤回したのである。

このような訴えが、管理職ユニオンには連日のように持ち込まれてくる。ユニオン・ショップ(被雇用者の労働組合加入を義務づけている労働協定)制の企業内労組が企業側と対決する姿勢をとりたがらないためだ。成果主義を進める企業が相次いだここ数年は、賃金に関する相談が飛躍的に増え続けているという。設楽清嗣《したらきよつぐ》書記長がため息をついた。

「あなたは業績を上げていないからと、いきなり二割、三割の収入減を強いられる。やがて社内イジメ、リストラと続いて、つまり年俸制や成果給は、そのための入口に使われているんですね。もはやリストラ症候群という感じで、企業にとって実際に合理化が必要かどうかにかかわらず、日常的に人減らしをしていないと経営者の気が済まなくなってしまっている。会社側の都合で首を切ると退職金を上積みしなければならないが、自己都合の退職だと、逆に六〇～八〇％程度の支払いで済ませられるから、陰湿なイジメが横行していくのです。仮に各企業の人事部にそこまでの意志がなくても、日経連をはじめ財界と国をあげて築いているマクロなシステムが、どうしてもそのような圧力を作ってしまうんです。

それでも大企業は、まだしも職務の持ち分とテリトリーが明確なだけ救われる。中小企業では一人の社員が何もかもやる形が多いわけだし、賃金体系もしっかり作れないのに、流行みたいに年俸制などやるものだから、単なる好き嫌いや主観がますます幅を利かせるようになってきています」

何もかもを会社に同調できない人間は、結局、いじめられる。そして企業内労働組合はいじめられた人間を守ってくれない。管理職ユニオンのような外部の組合に相談が集中するのはこのためだ。

成果主義をどこまで論じても、結局はやはり評価の問題にたどり着く。大手企業はどこでもその認識を十分に持っていて、たとえば松下電器産業なら、「コミュニケーション・プログラム」と題された一枚のシートを年度始めに各人に配布して記入させ、本人と上司の間できり結びつつ、前述の目標管理評価制度の考課資料としている。

まず、表面《おもて》の「ターゲットプラン」。〈経営理念の実践および事業計画の遂行を念頭においた目標設定・成果確認を実施下さい〉とあって、今後一年間の〈役割(具体的に)〉〈具体的目標(できるだけ指標化・定量化のこと)〉〈(部下・後輩に対する具体的な)人材育成目標〉の各欄がある。

裏面の「キャリアUPプラン」は、自己啓発のための目標管理に供される。〈あなたの人物・能力の確認〉欄は①性格上の特徴、②人物の特徴、③一般能力、④専門能力に分けられ、②はチャレンジ意欲、信頼感、使命感・責任感の、③は人材育成、企画・構想力、創造力、理解力、判断力、実行力・推進力、リーダーシップのレベルを、それぞれ図表化する。〈将来方向の検討〉欄にはいつ、どのようになりたいのかという具体的なイメージと、その実現に向けての能力開発目標を記入させる。また以上に記された能力や方向性を踏まえ今後三年間の配置希望を書くこともできる――。

いずれにせよ、年功序列だからと部下の生活を左右する人事考課に管理職がさほど頭を悩ますこともなく済まされていた時代は終わりを告げた。成果主義の下では、評価される立場以上に、評価する側もすさまじいプレッシャーに苛《さいな》まれる。それに耐えるのもまた管理職の才能ということになる。

日本銀行を九七年末に退職し、経営コンサルティング会社「インテラセット」を興した富樫直記氏が興味深い話をしてくれた。彼が在職中に提案したが容れられなかった成果主義的な考え方の一部が、退職後は日銀でも実行に移されつつあるのだが、

「他人を評価するということは、それ自体ですごいエネルギーが必要なのです。それまでの成績を見直そうとすればなおさらだ。ですから私自身、退職前には十人ほどの部下を評価する立場でしたが、考課の季節になると、何日も徹夜をしました。実際それだけの時間がかかってしまうのと、そこまでやっていることを見てもらって初めて納得させられる、という意味もあるわけです。従来の延長線上のやり方でより厳密な評価をしていこうとすれば、これがもっと酷くなることもあり得ますね」

もちろん、だからこそきちんとした人事システムが必要だ、というのが彼の話の落としどころではある。では目標管理評価制度がその任に耐え得るのかどうか。

私は人事に関係するさまざまな企業人や学識経験者の意見を聞いて歩いたが、甲南大学の熊沢誠教授(労使関係論)の主張に最も人間の本質に迫る説得力を感じた。ひと握りのエリート層の動向や判断を優先したホワイトカラー論が多い中、熊沢教授はノンエリート層に注目する。

「目標管理による評価制度は自己申告に基づくということですが、額面通りに成立さ

せるためには、上司と部下が本当に対等の立場で話し合える環境が前提になります。日本の企業社会でそれが可能でしょうか。エリートからどのみち逆らえない制度を押しつけられても、ノンエリートはそのことをみじめだと感じ囚われ続けていてはやっていけない。心の中で何らかの自己肯定をすることで適応していくのです。〝チャレンジ精神〟に欠けると見做されれば事態は悪化しますから、〝強制された自律性〟さえ発揮せざるを得ません。

それに、社会経済的に成果主義を採り入れてはならない業態はいくらでもあります。公共部門やマスコミはもちろん、交通事故につながるトラック輸送など最たるものですね。そうした当たり前のことが議論されないことに、私は納得がいかないのです」

第一章で取り上げた、公立小中学校で今後予定されている成績評価方式にも、成果主義はよく似ている。そんな懸念の声は、しかし、かき消されてしまっている。九八年十二月初旬、名古屋の中部生産性本部はプロ野球中日ドラゴンズの伊藤修代表を招き、「プロ野球選手の年俸制と賃金等について」の講演会を主催した。集まった人事・労務担当者の数は約百人。「考課表に対する選手たちの反応」などに、聴衆の関心は集中していた。

伊藤代表によれば、どれほど成果主義が謳われていても、プロ野球のノウハウを具体的に聞きたいと求められた経験など、かつてなかったという。

本質的な矛盾

エレクトロニクス以外の産業も含めて、労働組合の生の声をもう少し伝えたい。取材拒否のコメントにもそれぞれの思想や置かれた状況が窺《うかが》えた。

中村正武・日立製作所労組書記長「われわれは見通しのない申し合わせはしません。労使交渉を真剣にやって、水準の感触を得、先の見通しを踏まえた妥結をしている。これは自信を持って言えます。

消防隊は、大昔に火事を出した教訓から始まったものです。(組合潰しの組織とは)全然違いますよ」

中野和夫・東急百貨店労組委員長「九九年に日本橋店が閉店しましたが、それで首を切られた人はいません。ただ、前後して希望退職者が募られました。組合としては積極的に関与することはできないが、無関心でもいられない。ギリギリの選択として理解するしかなかったということです。

昨今は日本的経営のすべてが否定されています。年功主義も子会社政策も全部変わってきた。変わるのは仕方ありませんが、変化に伴う痛みが公平になっていますか、と思うのです。社会全体では銀行と企業の関係、会社の中なら会社側と従業員の関係が……」

大原義行・全日本自治団体労働組合(自治労)書記長　「政府も企業も間違っています。やはり、ギリギリ雇用を確保する努力をしてほしい。まして自治体は、地域の住民を不安にさせないためにも、自ら積極的に雇用を作っていかないと。

九九年あたりから、総務庁や人事院に、地方公務員も民間の成果主義に近いイメージで処遇しようという研究会が作られています。本当に公正で公平な制度ができるのなら結構ですが、チームで仕事をする公務員の職場に成果主義はなじまない。ちょっと違うんです。

もちろん、役所の中で労使だけでうまくやるなんていうのは駄目です。自ら仕事を作っていかなければいけない。組合員にもだいぶ理解されてきました」

日本鋼管(NKK)労組　「われわれは鉄鋼業界でリーダー的存在ではないし、取材を受けなければいけない必然性を感じません」

沖電気工業労組　「書かれることで、沖電気というブランドのイメージダウンになりかねない。会社を取り巻く状況は厳しいものがあり、イメージダウンのおそれがあるものには対応できません」

泉田和洋《いずみだかずひろ》・東芝労組書記長　「さて、弊労組への取材依頼を頂きまして、ありがとうございました。早速に、日程等の検討をさせていただきましたが、なにぶんにも現在、「二〇〇〇年春闘」の真っ最中であり、時間に追われているのが実情となっています。

つきましては、大変申し訳ありませんが、今回の取材につきましてはご辞退をさせていただきたくお願いいいたします」(書面による回答)

こうしている間にも、人間の尊厳を侵すようなリストラが次々に断行され、社会の荒廃が進んでいく。ある大手エレクトロニクスメーカーでは、九九年三月から十二月までの十ヶ月間に、管理職だけで二十二人が懲戒処分を受けた。名門を誇る同社では考えられなかった事態が、現実に起こってしまっている。

社外秘資料に従って案件名を列挙する。「官公システム事業部における業務上横領事件」「情報通信・制御システム事業本部における不適正業務処理事件」「三重工場における労働災害隠蔽事件」「姫路工場における労災事故報告遅延」「青梅工場パソコン窃取事件」「深谷映像工場在庫処分において不適正業務処理により、多大な不明材を発生させ損害を与えた件」……。

社会経済生産性本部メンタルヘルス研究所が九九年八月、経営指標とメンタルヘルスに関する調査研究をまとめている。危機感溢れる結論部を引用しておく。

〈何よりも今回の調査の意義は、経営指標に反映された経営行動が、従業員のメンタルヘルスと相関があることが証明されたことである。特に従業員の減少は、従業員の職場適応を下げ、無気力を助長し、身体の不調感を増し、精神の安定を欠くことと相関が見られた。人的資源がこのような状態に陥っては、今後の日本企業の再生はあり得ないであろう。近年の自殺や犯罪の増加を考え合わせるとき、安易な雇用調整は避けるべきである。

メンタルヘルスの観点から経営をみたとき、自己資本比率を高めることが精神の安定をもたらすことに寄与することが予測された。今後の経営は人的資本のリストラよりも自己資本比率を高めるような財務面のリストラを進めるべきである。〉

最もリストラが荒れ狂った時期だった。メンタルヘルス研究所の願いも空しく、株式市場では従業員を切れば切るほど上場企業の株価が上がる傾向さえ顕著になっていた。「日本経済新聞」(九九年七月六日付)が、その相関を記事にしていた。上から企業名、削減人員(NEC、ソニー、日本製紙はグループ全体)、リストラ報道日の前営業日から記事前日まで(それぞれ終値)の間の株価上昇率である。

三菱化学、二千人、六八・〇%。
三越、六百人、八五・四%。
NEC、一万五千人、五五・六%。
鹿島、千五百人、三七・一%。
ソニー、一万七千人、三六・三%。
日本製紙、二千百五十人、二七・六%。
日立製作所、六千五百人、二五・九%。

「リストラ先行企業を探す」と題する特集を組んだ株式情報誌もあった。そこでは従業員削減率五二・三％の東急コミュニティーや同四二・七％の山武、二五・五％の東燃などの銘柄が割安で買い得とされていた(「オール投資」九九年七月十五日号)。株価を吊り上げるために必要以上の人員削減を断行した経営者がいたとしても、それもまた、市場原理だったのだ。

日経連が両立を謳った二つの思想は、本質的な部分で矛盾している。日本的経営の基本理念なるものは、終身雇用などの制度・慣行が存在してこそ成立した。制度は解体するが理念は残し、すなわち生活の安定の見返りとしてあった滅私奉公的な忠誠心をなお従業員に求めようとする態度は虫がよすぎる。

しかも、日本的経営を支えてきた諸要素のうち、どんな場合でも経営側に有利な企業別組合だけは維持されようとしている。財界寄りとされる電機連合でも、産業別組織であるだけ一定の客観性は担保されるが、個々の企業別組合は経営と一体と形容しても過言ではなくなっている。

山岸章・連合顧問(前会長)が、この点を痛烈に批判した。

「戦後の労働組合は、占領軍によって与えられたものです。農地改革や財閥解体とともに、三大基本政策の一つとして育成された。結成を急いだため企業別組合ばかりで、酷いのになると、戦時中の産業報国会をそのまま肩代わりしたところさえありました。

企業別組合では、労使が同じ釜の飯を食っている者同士、ツーカーで何でも通じる。プラス面もあるけど、会社あっての組合という意識も出てきます。それでも九〇年代半ばぐらいまでは、まだしも労働者魂は残っておった。しかしここ五年ほど、えらく物分かりのいい労働運動になってきましたね。それはカネと人事権を持ってる方が強いに決まってる。

しかも大企業にだけ偏っていて、中小企業では組合なんかないもんだと思われてしまっている。勤労者全体に労働運動が根を下ろしてないんだ。

容易なことではないけど、労働組合は原点に帰るしかない。労働者魂を取り戻して。それでないと危険だよ」

財界人の側からさえも、経営と癒着しているような労組では困るとの声が聞こえはじめた。経済同友会の元副代表幹事である品川正治《まさじ》氏(日本火災海上保険相談役)が憂えていた。

「企業はその是非を別にしてグローバリズムの力を認めざるを得ないし、マーケットには対応しなければなりません。しかし同時に、社会との調和をどう図っていくかについて悩んでもいるのです。こういう時にこそ、労働組合に話を聞きたい。

資本主義が資本の方向だけを向いていてよいのかという疑問は、アメリカでも指摘されています。市場は投機家に振り回されているというわけだ。新しいシステムを作らなければならない時に、市場原理だけを見ていればいいという立場には、日本の経営者の大半は立っていません。しかしこのままでは、資本の強大さのために企業の中の民主的システムまでも崩れさってしまいかねないのです。

日本には春闘という、国家経済のあり方をみんなで論議できる仕組みを持っている。世界にも類を見ない装置を活用して、もっと発信してくれよと言いたい。資本と労働が果実をきちんと分け合うことのできるシステムを、そして早く作ろうではないかと」

人らしく生きよう

ＪＲ中央線高尾駅から徒歩で数分。沖電気工業八王子工場の正門前で、今朝も田中哲朗さん(五十一歳)が、ギターを弾いて、自作の歌を歌っている。

♪俺には関わりのないことだと
見て見ぬふりをしているあなた
会社の中のあなたを
子供に見せることができますか
人らしく生きよう　人らしく生きよう
あなたはもっと優しくて
あなたはもっと強い

彼は十九年前まで、この工場で、ＬＳＩの設計をして働いていた。福岡県出身。山口県の国立高専を卒業して入社して九年目の七八年、全社員の一割に当たる千五百人の人員削減計画が打ち出されたのを契機に会社の労務管理が一気に強化された。

服従しない者は徹底的な嫌がらせを受けた。ビラを配れば労務の担当者にビデオカメラで撮影され、受け取った者は仕事を干された。

八〇年六月、御用組合にしてはいけないと考えた田中さんは、組合の役員選挙に立候補した。人員合理化反対派の得票率は数％に抑えると会社側が公言しているのは承知していたが、はたして彼が立会演説会の壇上に上ると、集まっていた千人もの組合員が一斉に立ち去った。

共に闘った労働組合の仲間たちが次々に寝返り、会社に尻尾を振った。労組委員長が関連会社の社長に収まるような人事が、当たり前のようになっていった。

抵抗し続けた田中さんは、八一年、営業部門への異動を拒否したことを就業規則違反に問われて解雇された。職場復帰を求める裁判も起こしたが、一、二審とも敗訴。会社や労働組合によるいじめの事実をいくら主張しても、まったく顧みられることがなかった。最高裁でも棄却されて、法的には決着してしまっている。

それでも田中さんは、この間、解雇の翌日から今日まで、毎朝ここにやって来ては、歌い続けている。毎週第三金曜日には、東京・芝浦の沖電気本社別館の前で歌っている。

「多すぎる社員を減らすのは仕方がない。どんな人でも死ぬまで雇えなんて思っていませんよ。でも、やり方がある。人間としてやっちゃいけないことは、誰もやっちゃいけないんです。

会社が労働組合と結託して、弱い立場の人間をいじめて追い出していく。会社の中だけにとどまっていればまだしも、世間的に地位の高い人が率先して、わざわざ子供たちにやって見せている。それで弱い者いじめが社会の中心原理になってしまった。僕は絶対に許せない。だから訴えている」

出勤してくる人々の誰一人として、彼の顔を見ようともしない。顔を伏せて歩き去っていく。

少し前まで、ここにも監視カメラが据えつけられていたという。私が訪れた時には撤去されていた。

「まあ、カメラがあってもなくても同じです。毎年、新入社員が入ってくると、変な男がいるが何だろうと関心を持ってくれる奴が必ずいる。議論ふっかけてくるのも珍しくないんです。でも、一週間もすると、みんな素通りするようになります。あいつに近づくなと職場で言われるのだろうけど、それならまだいい。何も言われなくても、会社員生活をしていくうえでヤバイものは、すぐに肌でわかるようになるんじゃないのかな」

田中さんの笑顔は、哀しみに満ちていた。

第四章　市場化される老人と子供

わずか八畳の民間アパートの一室に三十一人の子供がすし詰め。神奈川県の学童保育の子供たちは雨の日が嫌いだ。雇用調整の結果、急増した「共働きでなければ生きていけない世帯」。だが、女性が安心して働くための社会的インフラは、財政改革の名のもと、逆に切り捨てられていく。

松下電工の高級ハイテク老人ホーム

大阪市北東部に隣接する門真《かどま》市の一角に、国内最高級の介護専用型有料老人ホームが建っている。二千四百四十六平方メートルの敷地に地上四階建て、定員八十人の「ナイス・ケア大和田」。松下電器産業グループの中核で、住宅設備のトップメーカーである松下電工が九八年七月にオープンした。

正看護婦ら有資格者スタッフが三百六十五日、二十四時間常駐し、系列の松下記念病院をはじめとする協力病院との連携で、万全の健康管理体制が敷かれている。もともと社員寮用に手当てした土地だったため、最寄り駅から徒歩五分と、交通の便もいい。

居室はすべて個室である。取材した九九年秋の時点で約四十人が入居し、快適に暮らしていた。入居者の平均年齢は八十二歳、痴呆症や寝たきりなど、家庭での介護が困難な高齢者を対象としている。

運営に当たるのは松下電工の一〇〇%子会社、ナイス・ケアサービス株式会社だ。施設長役を務める冨田逸男「ナイス・ケア大和田」副部長(四十一歳)の説明を聞こう。

「スウェーデンで始まったグループホームケアの手法を採り入れているのが大きな特徴です。入居者の症状や身体の状況、性格などを考慮して八、九人のグループを作り、てしおります。

専任スタッフと一緒に家庭的な生活を楽しみながら、能力を回復していただくようにしております。

ただ、当たり前のことですが、お年寄りの介護は施設に任せてもらえばよいというものではありません。本当のご家族にしかできない部分がいくらでもある。しかし一方で、長期間の介護生活は愛情を憎しみに変えてしまいがちなのも現実なのです。うまく役割分担をしていきたいですね」

全部で三つあるグループホームの中心は、それぞれにキッチンもついたリビンググループホーム。これを取り囲むように配置された各個室は、入居者一人一人の自宅であるとの思想の下、表札が掲げられている。

室内の床はタイル式で取り外し自在。粗相があっても臭いが残らない。プライバシーの尊重と人間としての尊厳の保持もまた、「ナイス・ケア大和田」の重要なコンセプトなのだという。

松下電工にとって、ただし高級老人ホームの運営それ自体は目的ではない。オープンの一ヶ月前、同社は来るべき高齢化社会に対応した事業展開を進める狙いで「ナイス・エイジフリー事業推進部」を新設していた。

「ナイス・ケア大和田」は、システムバスやホームエレベータなど住宅用高齢者対応介護商品群の拡充、新商品開発のため社内関連部署の調整を図る同推進部の、いわば戦略拠点なのである。とりわけ力が入っているのが、ケア情報システムと呼ばれる分野――。

そう、冨田副部長は続けた。自ら志願してここにやって来るまでは本社の電子基材事業部で製造技術課長をしていたという彼の話には、よどみがなかった。

「月に一回、本社から担当者がやってきて、ここで会議を開いています。またナイス・ケア大和田では、排泄、食事介助などをテーマに介護スタッフによる七つの研究グループを設けているのですが、ケア情報システムを扱うチームには本社の人も参加しています。

ここで大切なのは、担当者の方から現場に来てもらうこと。こちらから本社に出向いたのでは萎縮してしまう介護スタッフたちも、自分の縄張りなら話しやすいですしね」

現場でのノウハウはフィードバックされ、商品開発に活用されることになる。かくて誕生したナースコールの進化型「ケアホン」、センサーや電気錠などによって施設内の危険な場所への通行を制限するシステム「ケアアクセス」、布おむつに装着したセンサーが排尿を検知する「ケアウェットコール」の三商品が発売され、好評を博した。

BA(ビルオートメーション)・セキュリティシステム事業部営業企画部の吉岡民夫部長が語る。

「いずれも介護施設向けのシステム商品です。ご高齢者一人一人の情報は、これらを通して施設内のケアステーションや介護スタッフのＰＨＳに伝えられ、適切な対応を可能にします。たとえば「ケアウェットコール」なら、排尿のタイミングをデータ化しておくことで事前にトイレ誘導を行い、これを繰り返して尿意を回復させ、おむつ外しを促すこともできるわけです。

自分自身がなってみないと本当にわかりませんが、高齢になっておむつをされるというのは、自尊心が傷つくものだそうです。社会的な地位が高かったりすればするほど……。痴呆症の方の何割かは、その辛さを忘れたいと思うあまり、そうなっていくのではないかと言われています」

センサーなど今時珍しくもないが、それだけでは完成しない。四国のベンチャー企業による画期的な絶縁紙の開発があってこそのシステムなのですと、吉岡部長はパートナーのメーカーを讃えた。

松下電工は、その後も次々に新商品を繰り出している。ケアシューズに小型のタグ発信器を縫い込み、これを履いた高齢者が特定の場所に近づくと通報される「徘徊検知センサ」や、居室内などを赤外線カメラで監視する「ケアモニタシステム」。後者の場合、映像をそのまま流すのではなく、「ベッド横静止」や「トイレ内長時間滞在」、「居室内徘徊」といった文字情報の形でスタッフ側に伝えられるようになっている。高齢者のプライバシーに配慮した結果だという。

猛烈に明るい、二十畳ほどの部屋があった。室内には高光束照射設備と呼ばれる照明が配置され、これによって快晴の日に南向きの窓際にいるのと同じ程度の明るさの光をいつでも浴びることができる。決まった時間帯をここで過ごすことで、痴呆老人の精神の安定を図るブライト・ケア。また、サーカディアン・ライティング・システムといって、単調な療養生活の中で弱りがちな生体リズム——朝の目覚め、日中の覚醒、就寝前の落ち着き——を取り戻させるのにも効果的である。

冨田副部長が語る。

「ご本人は管理されているとは思っておられないでしょうね。しなくてすむものなら、それが一番いい。でも、入居者の安全面や健康面を考えますと、どうしても管理しなくてはならない。いかにわからないようにやるのかが大切です。

なんでもかんでも機械に頼っているわけではありません。たとえばロボットに喋らせることもできるけれど、入居者にとって楽しいことではないだろうから、それはしない。ただ、機械でできることは機械にやらせ、人間にしかできないことを一生懸命にやろうという考え方は確かにあります。それがケアであると、私たちは考えています」

人間の生活を支援するシステムがどれほど高度化したのかを、私はここで思い知らされた。まさにハイテクの実験場。至れり尽くせりという言葉は、「ナイス・ケア大和田」のためにあった。

ただしこの施設、よほどの資産家だけしか入居できない。費用が半端でないのである。契約方法は二通り。長期入居契約は入居一時金二千百万円。月額利用料四十七万九千二百円か、同じく二千六百二十万円・三十九万五千六百円、三千百三十万円・三十一万二千円の三つのコースからの選択。また賃貸入居契約だと、保証金二百四十五万円、月額利用料八十一万六千円になる。いずれも医療費や居室内の電話料金、サークル活動の材料費などの実費は含まれない。なお二週間以内(三十日まで延長可)のショートステイもできるが、それには三十万円の保証金と日額二万九千円の利用料を支払わなければならない。

介護保険制度スタート

二〇〇〇年四月一日、介護保険制度がスタートした。国や地方自治体の公費で賄われていた高齢者介護が、九七年に成立した介護保険法の施行に伴い、利用者に一定の負担を求める社会保険方式へと変更されたのである。

被保険者は第一号(六十五歳以上)と第二号(四十〜六十四歳)に分けられ、年金からの天引きや、加入している健康保険料への上乗せの形で保険料を強制的に徴収される。運用の主体は市区町村で、全国平均月額は二千七百九十六円。最も高い北海道厚田郡厚田村(四千四百九十九円)と最も低い茨城県久慈郡大子《だいご》町(千五百三十三円)とでは、三倍近い差が生じた（「朝日新聞」二〇〇〇年四月二十六日付）。

一号保険料は各自治体の介護サービス費の一七％を在住の高齢者が負担するという考え方で算出されているが、福祉施設や介護サービス業者の有無や料金設定など、さまざまな要素が絡むので、保険料とサービスの質が連動しているとは限らない。

月々数千円とはいえ、年金で暮らす高齢者の負担は大きい。そこで自民党の亀井静香政調会長が見直しの必要を表明し、自由、公明両党との政治的合意がなされて制度開始後半年間は一号保険料の徴収が凍結されていた。十月に半額徴収が始まり、二〇〇一年十月からは全額徴収となる予定だが、低所得の高齢者からは徴収を減免する方針の自治体が増えてきている。

二〇〇〇年九月下旬での朝日新聞の調べによると、北海道稚内市や栃木県足尾町、岐阜県七宗町《ひちそうちょう》など全国六十七の市町村（三十六市二十二町三村と一広域連合）が第一号介護保険料の減額や免除、助成といった独自の措置を計画。うち二十七市町村は全額免除や全額助成も予定している。多くは一般財源の繰り入れによって賄う。

「介護保険料および利用料の無料化または軽減を望む署名が三千人分も届けられたのを受けて、議会で決定されました。なお、町内の全有権者数は一万一千人強です」（和歌山県湯浅町）

「町内には定員三十人の特別養護老人ホームが一ヶ所あるだけ。順番待ちが五十人もいる状態で、十分なサービスを提供できる態勢になっていません。そんな状態で、ほとんど所得のないようなお年寄りに負担を強いることなどできませんよ」(島根県六日市町)

こうした動きに警戒感を強めているのが厚生省だ。もともと減免の対象として想定していた天災、長期入院、失業、不作以外の理由で保険料を支払わない人が出てくると不公平感が広がり、制度の根幹を揺るがす議論に発展しかねないとして、九月二十五日付で各市区町村に注意を促す文書を送付した。

国に逆らって大丈夫かという不安を抱えながら、多くの自治体が、「これだけは譲れない」と懸命に自己主張している。背景には国に対する不信が横たわっていた。

ある自治体の担当者は語った。

「制度の根幹がどうのこうのと言うけれど、保険料の徴収延期で最初にそれをやったのは国のほうでした。それも選挙前に自自公体制への反発を招きたくない政治的思惑の産物で、穴埋め分を国庫から持ち出して国民全体につけを回した。

われわれは違う。地域の実情を顧みて、住民に顔を向ければ、こういう姿勢を取るしかないんです」

介護保険制度の運営主体は国でなく地方自治体である。介護サービスを受けたい人は、まず市区町村に申請しなければならない。申請者は自治体職員らの訪問調査とコンピュータによる一次判定、専門家で構成される介護認定審査会での二次判定を経て「自立」

「要支援」「要介護１」から「要介護５」までの七段階に評価され、保険給付額が決定されていく。要介護度が高いほど、より多くのサービスを受けることができる。

高齢者一人一人と直接向き合いながら仕事を進める市区町村が国の言う通りにしてばかりいられないのは当然だ。この問題は今後も尾を引いていくだろう。根幹部分をいきなり揺さぶられてしまった新制度には、それでなくとも疑問が多い。

介護保険もまた、規制緩和の一環だった。老人保健福祉審議会の答申を受ける形で厚生省が国会に法案を提出したのは九六年の通常国会だったが、政府の方針は、かなり以前から固まっていた。九三年十二月に細川護熙首相の私的諮問機関「経済改革研究会」(座長＝平岩外四・経団連会長＝当時)がまとめた経済改革に関する報告書は、「改革のための五つの政策の柱」の一つに「少子化・高齢化社会の総合的福祉ビジョンの策定と男女が共に創る社会の形成」を掲げ、次のように提言している。

〈●「新しい高齢者像」の視点に立ち、年齢や障害にかかわらず、高齢者が豊かな生活を享受できる社会をつくる。

●特に高齢者に対する介護サービスの充実と関連人材の確保を図る。

●租税、保険料、自己負担等の適切かつ総合的な組合せによる効率的で費用の保証された社会保障制度をつくる。

●以上のことに総合的に応えるため、年金、医療、福祉、雇用等を含む総合的福祉ビ

ジョンを策定する。〉

報告書をまとめた、いわゆる平岩研究会が今日の日本社会に果たした役割については教育、労働、金融などの分野でも大きいが、ここでは、同研究会が高齢者介護の分野でも重大な提言を行っていた事実だけを示しておく。

この間の九三年十月、平岩研究会の報告書を先取りするかのように、厚生大臣の私的懇談会「高齢社会福祉ビジョン懇談会」が設置された。同懇談会は翌九四年三月、これも平岩レポートの描いたシナリオ通りに『二一世紀福祉ビジョン――少子・高齢社会に向けて』と題する報告書をまとめる。これを受けて発足した「高齢者介護・自立支援システム研究会」(座長＝大森彌・東京大学教授)が、九四年十二月、新しい介護システムのポイントとして挙げた四項目に、高齢者自身による選択と社会保険方式の導入を明記するという流れが作られていった。

憲法や社会福祉各法に基づき、行政の公的責任で保障してきた従来式の福祉のあり方は、「措置制度」と呼ばれている。これを社会保険方式主体に改めることの意義を、大森教授らの報告書は次のように述べていた。

第三章「新介護システムのあり方」第二節「介護費用の保障」。

〈まず、サービス利用の面でみると、社会保険方式は、高齢者自身によるサービスの選択に資するものであると言える。公費(措置)方式の場合は、行政処分として、ニーズや所得等の審査に基づき行政機関がサービス利用を決定する。これに対し、社会保険方式では、サービス利用は利用者とサービス提供機関の間の契約に基盤が置かれるため、高齢者の選択という観点からみてよりふさわしいシステムであると言える。〉

〈社会保険方式は、措置制度と比べると、保険料負担の見返りとしてサービス受給が位置づけられているため、利用者の権利的性格が強く、利用にあたっての心理的な抵抗が少ない。このため、マクロ的には、ニーズに応じてサービス供給を拡大させる方向に機能していくことが期待される。〉

措置から権利へ——。謳われている理念通りに運ぶなら、それは結構なことだ。では、現実はどうだろうか。

十兆円市場としての高齢者介護

特別養護老人ホームなど社会福祉法人の業界団体である全国老人福祉施設協議会（老施協）が激震に見舞われたのは、九八年末から九九年五月中旬にかけてのことである。協議会執行部に会員の不満が高まり、六年ぶりの選挙戦の末、石井岱三《たいぞう》・前会長ら中核メンバー数人が更迭され、副会長だった中村博彦・新会長による新体制が発足したのである。

老施協事務局によると、騒動の発端は九八年春に遡るという。介護保険制度のスタートを二年後に控え、各施設が高齢者一人一人に合わせたケアプラン（要介護度に応じて本人や家族の希望も聞きながら組み合わせる介護サービスのメニュー）を策定できるようにするためのソフトウェア開発を急いでいた時期だった。

「石井執行部は突如、ある業者の名前を挙げて、そこに開発を委託しようと言い出したんです。会員の多くは思惑を測りかね、混乱が続きましたが、彼らは強引にその話を進めてしまった。秋になると、執行部の数人がその業者とともに会社を設立。老施協が国の補助金を受けて培ってきたノウハウを持ち出して、営利事業を始めたのです。データが盗まれたわけではないので実害はありませんでしたが、内紛に発展するのも当然でした」

旧執行部陣営が設立した新会社を「エオス」（本社東京）という。全国から会員施設を募ってネットワークで結び、介護施設総合支援システム「ひいらぎ」を中心にケアプラン作成をはじめ、ケアマネジャー（介護支援専門員。介護対象者の介護プランの作成、アドバイスを行う）などの人材育成や人事・財務管理などを指導する。経営支援全般を行いながら、老人施設のゆるやかな組織化を目指す。すでに百前後の施設が参加している。

代表には老施協の制度政策委員長だった鹿毛《かげ》幸広氏が就任した。佐賀県の特養老人ホーム「寿楽園」園長でもある彼の説明はこうである。

「介護保険制度の下では、われわれは体質転換をしていかなければなりません。そのためには各施設が単独で努力するよりも、仲間作りを進めて共同作業で取りかかるほうがいいと思うのです。初めは老施協としてやっていこうと考えましたが、多くの理解を得ることができませんでしたので、有志が集まってこのような形になりました。

株式会社だから不純だとか、職権を乱用した金儲けだとかいう批判もありましたが、そんなことでないのは言うまでもありません。効率的なサービス提供には会社組織が手っとり早いというだけのことです」

「エオス」にはややあって、住友商事系の「住商情報システム」が資本参加した。同社の常務が取締役を兼任して、「事実上の共同事業」(鹿毛代表)というほどの関係になっている点が興味深い。

「そのことを知った時、ああ、最初から筋書きができていたのだなと思いました」

と、老施協幹部は苦笑していた。

介護保険制度でサービスを受けられる対象者は初年度の二〇〇〇年度で約二百八十万人と見込まれている(在宅サービスだけを利用できる「要支援者」が五十万人弱、在宅、施設のいずれも利用できる「要介護者」が二百二十万人超＝「朝日新聞」九九年九月二十六日付)。高齢化社会の進展とともに増大し、二〇二五年度には五百二十万人に達するのが確実視されている。

市場規模にして約十兆円。多くの消費市場が停滞を続ける中で、数少ない成長分野と目されている。規制緩和の一環である介護保険法は民間事業者など多彩な供給主体の参加を促しているため、この分野に積極的に乗り込んでくる企業や医療機関が引きも切らない。

大阪ガス、神戸製鋼所、セコム、ベネッセコーポレーション……。「ナイス・エイジフリー事業」を掲げ、高級老人ホームの運営まで始めた松下電工は、中でも取り組みの戦略性を高く評価される企業の一つである。

産業界の期待は大きい。介護保険制度発足前夜の九九年夏、たとえば「日本経済新聞」(八月二十二日)は、介護ビジネスの将来性を讃え、その空気を余すところなく伝えていた。

〈東京・霞が関の通産省内にある「医療・福祉機器産業室」。介護・福祉関連分野の産業振興策を担当する同室に昨年以降、全国の様々なメーカーの担当者らがひっきりなしに訪れる。目的は新規参入に関する相談。「国内の介護機器市場は未曽有《みぞう》の盛り上がりを見せている」と荒木由季子室長は言う。

通産省によると、介護・福祉機器の市場規模は着実に拡大しており、最新の推計が整っている九七年度は一兆百七十九億円と、前年度に比べ八％拡大。今後についても関係者の期待は大きい。ニッセイ基礎研究所の推計では、サービス分野に限っても介護関連ビジネスの潜在市場規模は二〇〇五年に約九兆七千億円、二〇一〇年には約十一兆五千億円に膨らむ見通しだ。

　これはあくまで国内市場の話。その底流では、ヤマハ発動機やサンスターのように、国内だけでなく海外展開をにらんだ動きがすでに広がり始めている。〉

「勝手に撤退」の危険性

　だが、経営計画の甘さを早々に露呈した事業者は少なくない。かつて「ジュリアナ東京」で一世を風靡した〝ディスコの帝王〟折口雅博氏のグッドウィル・グループが資本参加している在宅介護サービス最大手「コムスン」(本社東京)は、増資などで巨額の資金を調達、全国に拠点網を張りめぐらせて介護保険制度に臨んだものの、開始の二ヶ月後には、全国千二百八拠点を七百三十一拠点に統廃合し、四千四百人の職員を二千八百人に削減する大リストラ計画を発表する羽目になった。

　ライバルの「ニチイ学館」(本社東京)に遅れを取ったためと伝えられるが、何のことはない。そのニチイ学館も、介護保険開始後の二〇〇〇年九月中間決算の経常利益が前年同期比九七％減の約八千万円にとどまり、当初予想の三十八億円を大幅に下回るなど、苦戦を余儀なくされている。

　企業経営者にとっては、しかし、そうした状況は介護の場だけで直面する事態でもない。利益が出ると考えれば参入し、無駄と判断すれば撤退する。ビジネスの、それは日常的な活動だ。

「エオス」のネットワークと似ているが、より大規模なスケールで施設のグループ化を展開しつつあるのが明治生命保険である。別法人の「明治生命フィナンシュアランス(ＦＳ)研究所」を中心に、「介護ネットワーク研究会」を開催している。

参加団体は千四百以上を数える。企画部ウェルネス・サービス推進室の岡本茂雄課長が胸を張った。

「メンバーには、当社が開発した高齢者ケアプラン策定支援ソフトを無償で配布しています。ケアマネジャーから名付けて「ケアマネくん」。国際医療福祉大学教授で医療管理や高齢者ケアの専門家である高橋泰《たい》先生の「高齢者区分法（ＴＡＩ(Typology of the Aged with Illustrations)」をベースに開発したシステムで、高い専門性と機能性、操作性を実現しました。ケアプランを作るのに、あまり細かいデータを集めても意味がない場合が多いようです。「ケアマネくん」は、マーケティングの手法も応用し、ご高齢者を適切にグルーピングすることで、効率的な判定ができます。ＦＳ研究所と結ばれたネットワークを通して必要な介護用品の発注や予算管理も可能。

ＮＴＴデータやＮＴＴドコモとも提携し、自治体との繋がりを深め、あるいはホームヘルパーの携帯端末の使い勝手をよくしています。これだけ普及してくると、自己増殖的というか、雪だるま式に拡大していきます。今後は「ケアマネくん」を、介護の分野のデファクト・スタンダードにしていきたい」

岡本課長は東大医学部の出身だ。臨床医ではなく、保健学科で高齢者医療の問題を研究していた。卒業後は某社でシルバー商品の開発に携わったが、九一年、この分野のスカウト活動を強化しはじめた明治生命に移籍してきた。

経歴を生かした豊富な人脈を持ち、関連業界を横断した任意団体「福祉関連企業連絡会」の事務局長も務めている。陽気な人柄と風貌が、そのまま「ケアマネくん」のイメージキャラクターにも採用されていることもあり、今や介護の世界の超有名人である。

「当社はわが国で最も早く民間介護保険を売り出した生保会社です。お客様に最高の質のサービスを提供したいという考え方から、ネットワーク研究会も始まりました。生存保障の重要なポイントは現金給付と介護サービスの基盤整備。生保は保険業法で後者に直接進出することができませんが、こうした形でなら社会的にも貢献できる。ネットワークには多くの自治体にもご参加いただいていますが、私どもが単なる商売なら、行政は来てくれないはずですから」

明治生命だけではない。保健業界各社の介護ビジネスに対する取り組みは、経済界の中でも水際立っている。

日本生命は系列の財団法人で有料老人ホームの運営に乗り出したほか、日立製作所との間で介護支援システムの共同開発を進めている。第一生命は専門の子会社を設立、ホームヘルパーの派遣など在宅介護サービス事業を手がけることになった。住友生命では五千人の営業職員がホームヘルパー三級の資格認定を受けた。東京海上火災保険は契約者向けに介護全般に関する電話相談窓口を設置し、住友海上火災保険の関連会社がケアプラン作成事業に乗り出した……。

そこには重大な意味が含まれている。大手生保の幹部が打ち明けてくれた。

「公的介護保険だけで高齢者介護がやっていけるはずがありません。もちろん公費からの歳出もあるわけですが、高齢化が進めば、それでも賄えなくなる。といって安易な値上げは許されないし、公の制度を肥大化させてしまえば元の木阿弥ですから、結局、われわれ民間保険会社の仕事を広げていくしかないのです。

つまり、公的介護保険は自動車の自賠責保険のような位置づけになる。カードライバーのほぼ全員が任意保険に加入しているのと同じように、大部分の日本国民が民間介護保険にも加入することを前提に、この仕組みは組み立てられているんです」

確かに、介護保険制度スタートの前後から、生命保険各社はそれまで目立たなかった独自の介護保険商品のてこ入れを図り始めていた。日本生命と第一生命は、ホームヘルパーの派遣回数を公的介護保険の規定以上に受けられるようにする新商品の投入を検討。また朝日生命は、死亡保険金を前倒しする形で二百〜三百万円程度を介護ベッドの購入費用や住宅改修などの費用に充てられる保険を売り出した。

高齢者も高齢者予備軍も、この国では第一に〝市場〟として扱われるようになった。とすれば、住宅や自動車販売の世界と同様に、企業に利益をもたらす〝有望な〟〝消費者〟は優遇されるが、そうでない者は軽視されていくのも、また自然の成り行きである。

弱者を排除するシステム

民間企業の華々しい活躍や玉砕の陰で、介護の現場は混乱を続けている。介護サービスの地域間格差や重すぎる保険料負担。要介護認定の不公正に対する怒り。煩雑な手続き。ケアマネジャーの不足、あるいは不誠実な対応。以前から施設に入居したりショートステイ(短期入所)していた高齢者が新しい認定基準で「自立」に分類され、かえって介護サービスを受けられなくなってしまったケースも珍しくないという。

繰り返し報じられてきた問題点の数々は、それぞれに深刻である。介護保険制度が必然的にもたらす〝影〟の部分として、容易に解決するものとも考えにくい。

川崎市麻生区の特養老人ホーム「緑陽苑」の岸田孝史施設長が憤っている。

「介護保険制度など成立するはずがないと思っています。ソフトウェアなどの関連業界をとりあえず大儲けさせたあと、やっぱり無理だ、苦境を脱するにはこれしかないという論法で消費税の大幅増税に繋げるシナリオの導入部なのではないかとさえ。実態はそれほどに酷《ひど》いのです。

なぜなら、これまで老人介護を担ってきた私たちのような社会福祉法人がやっていけない仕組みになっている。誰をどの施設に入居させるかを役所が決めてきた、現在の〝措置制度〟の下では、私たちは自治体からの委託費を前払いしてもらっています。三ヶ月ごとに清算するのです。ところが来年四月からは後でこちらから請求する形になる。一ヶ月単位ですが、入金されるのは二、三ヶ月後なのです。この間、当施設の場合で約一億円を運転資金として確保しておかなければなりません。ある程度の繰越金がないわけではありませんが、修繕費などが少しかかったりすると、経営がおかしくなりかねない」

彼に最大限の努力を払っている。平均年齢で九十歳に近い入居者たちが使用するおむつを布と紙の併用から紙おむつ中心に切り替えた。高齢者にとって最も屈辱的と言われる排泄介助の時間を短縮する狙いとともに、それだけ手の空いた職員を他の業務に振り向けることができるからだが、こうしたコストダウンにはおのずから限度がある。

「大企業が経営する施設に入居できるような金持ちはいいでしょう。しかし、所得にかかわらず一割負担となる介護保険制度は、独り暮らしの低所得者層を事実上排除することになります。「貧乏人は生活保護を受ければいい」と、役人は簡単に言ってくれる。でも、お年寄りというのは、たとえ所得が少なくても、葬式の時に他人様に迷惑をかけたくないと言って、それなりに貯金をしているから、生活保護などなかなか受けられないんです。

そういう人からお金を取れるでしょうか。私にはできそうもないけれど、そうしなければやっていけなくなるとすれば……」

危機感を抱いた岸田施設長は、他の同業者とともに九八年の夏から秋にかけて全国の老人ホーム施設長へのアンケート調査を行い、約千人から回答を得ていた。「介護保険の実施を当面延期し、基盤整備を先行させつつ、国民的論議を」とする提言には七割を超える賛同者があった。

実際の政策にはあまり反映されなかったものの、この事実は重い。寄せられた意見の一部を紹介しておく。

「一、高額所得者にとって有利であり、低所得者にとって負担が大きく不利である。

二、保健医療が仁術から算術に変わったように、福祉においても同様になっていくおそれがあるのが残念です。

三、施設経営にあたって、非常にきびしく、競争原理の導入により福祉心が失われる怖れがある」(北海道)

「国民の福祉は、国が責任を持つべきであって、税金を徴収している以上、「受益者負担の原則」は本末転倒である」(岩手県)

「利用者は消費者でなく、商品という扱いになるよう《ママ》危惧しております。人権無視も甚だしい、差別社会の誕生があるような気がします。介護認定審査会という収入ランク整理機関より情報(商品紹介)を得た支援専門員なる営業マンが、この商品はみがけば金になり《ママ》、みがいても徒労と判断する、レッテル化がなされるよう受け止めます。必要ある人に必要なサービスをではなく、金になるサービスを追う市場経済社会の到来を思わせます」(秋田県)

「税金が足りないと叫びつつ、広く浅く保険料という名の税収を目論んでいる。足りない原因は、行革が進んでいないのと、相変わらずの土建行政のせいである」(愛知県)

「介護保険制度はアメリカにおいて失敗したものとして習っていた。また、アメリカという国の特性から、決して国民(一般庶民)の底辺を支えた人々のことは語られていないからである」(広島県)

寒い地方に厳しい意見が多かったように思えたのは、経済力の反映なのか。とすればなおさら不安が募る。

介護保険制度がスタートする前の段階で評判が悪かった自治体の一つに、京都市があった。要介護認定の申請を受けた自治体は被保険者本人に対して訪問調査を行うと、介護保険法は定めている。介護サービス事業者等に委託もできるが、原則は自治体職員が直接行うのが望ましいとされる。

ところが京都市は、訪問調査の一切を事業者に委託した。あらかじめ申請者にサービスを受ける事業者を決めてもらい、調査の段階からそこに任せれば効率的だと考えたらしい。

すると、何が起こったか。京都市北区の老人福祉総合施設「原谷こぶしの里」の廣末利弥《としや》施設長が嘆いていた。

「訪問調査を委託されること、イコールお客様の確保、ですからね。高齢者の取り合いですよ。お年寄りたちは、もちろん好きな業者を選べはする。でも、きちんとした情報開示も、客観的な評価もない中で、どうやって選べと言うのか。連日のように営業攻勢をかけられ、囲い込まれて困ったというお年寄りや家族の方々を、私はたくさん見てきました。行き過ぎて事件に発展しないとも限らない。

要介護認定には、かかりつけ医師の意見書も必要になります。これを依頼し入手するのも行政の仕事で、訪問調査のように委託も可とは書かれていないのですが、京都市はこれも業者に任せてしまった。さらにまた、今後予想される苦情や問い合わせに対応するため「介護保険準備室」を設けたのはよいものの、要員不足を庁内の異動でなく派遣会社のスタッフで補った。恐れ入りました」

京都市のそうした手法は、介護分野に進出してきた医療機関にとって有利、「原谷こぶしの里」のような福祉施設にとっては不利に働いたという。この点を割り引くにしても、廣末施設長の発言は重要だ。

京都市介護保険準備室では、こう説明していた。

「なぜ業者に委託したのかといえば、理由は二つあります。まず、市で訪問調査を行うには三百人の職員が必要になる。これは物理的に不可能だ。また、被保険者の方を客観的に見ようとした場合、経験の浅い市職員が訪問するよりも、これまでも介護を担当されてきた業者に見てもらった方がよいと判断しました。反論はあるでしょうが、最初から公正・中立な運営などどだい無理。これから少しずつ修正していけばいいと考えています」

が、説得力が感じられたのは、やはり廣末施設長の言葉の方だった。

「昔、大きな病院を評して「病気は診るが人は見ない」と言いましたよね。それと同じで、現在の態勢は「介護は診るが人は見ない」のではないか。少なくとも私は、生活の中に介護があるのだと実感している。介護だけを切り離して机上で考えるから、こんなことになるんです」

高齢者介護とは、行政責任とは何なのか。横浜市の特養老人ホーム「今井の郷」で理事を務める長澤徹郎氏の指摘が参考になる。

「正直に言って、福祉施設に就職するのはあまり恵まれていない立場にいる人々である場合が多いのです。本来は優れた心理学者のような能力が必要だと私は思うのですが、実際には能力や技術などより明朗さ、不平不満を言わない、我慢強いなどの資質の方が採用の際に重視される。

社会全体で解決していかなければならない問題が、そういうところにばかり押しつけられる構造が、介護保険制度によってますます強化されていくのではないかと心配です。現場はただでさえ疲弊していて、職員の定着率も他の職業に比べてずっと低いのに、一体どうなってしまうのでしょう。

過日、私は公の機関が開催した介護保険に関するシンポジウムに出席しましたが、ある講師がこう話していました。「特養ホームしかやっていないような零細施設は淘汰されていく。病院から老人保健施設まで手広く展開している医療法人や企業を軸に再編が進むだろう」と」

市場原理とはそうしたものである。だが、事は人間の生、あるいは死の問題に深く関わっている。

二〇〇〇年七月三日、東京都武蔵野市の高層マンションの一室で、妻(六十二歳)が寝たきりの夫(八十二歳)と無理心中を図る事件が発生した。夫を刺殺した後で自らの首を切ったらしい妻は一命を取り留めたが、後日、「サンデー毎日」編集部に、彼女からの〝遺書〟が届いた。〈総理大臣と厚生省に物申す〉で始まる〝遺書〟には、パーキンソン病を患い「要介護3」の認定を受けた夫をめぐる悲惨な体験が、ワープロ書きで綴られていたという。新制度導入前の措置制度下ではヘルパーに恵まれていた夫婦を取り巻く環境が、介護保険で一変したとして、「サンデー毎日」はその妻の遺書を紹介している。

〈さていよいよ問題の四月に入りて（編注：ヘルパーは）たった三人なれど、一人は「何十年料理は作ったことなし」と正々堂々と公言したり。宣言というべきか。吾れ「家事援助には料理も付いているはず。」と言いしに「二度と来ない。」との返事なり。又一人は二十分遅れしに文句を言ったなり。さっさと帰りぬ。〉

〈吾れつらつら考へるに、ヘルパーのあまりの質の劣悪なるはすべてこれ業者のピンハネの多過ぎるが根本原因なり。（中略）それにて犠牲を被《こうむ》るは要介護者なり。〉

ヘルパーとのトラブルが続き、この夫婦は介護サービス事業者にも相手にされなくなっていく。行政の判断で強制的な入院措置が取られたものの、妻の強い要望で夫は一週間後に退院。二人だけの〝老老介護〟生活が始まったが、夫に痴呆の症状が現れ、さらには転んで背骨を折り、再入院することになった。

〈夫はこれで寝たきりとなるなり。それと同時に痴呆症進むなれば、もうそれは夫にはなかりき。吾れ病院から帰る時万感の思いを込めて夫に、

「さようなら。」と言へり。夫は只病院から家へ帰ると思いて、

「さようなら。」と返事せり。吾れ思わずもう一度夫の手を握りしめて言へり。「さよなら。」と。〉

六月下旬になって、夫は再び退院する。武蔵野市の職員が再々入院を勧め、妻も了解したが、職員が迎えに行くことになっていたまさに当日、事件は起こってしまった。

〝遺書〟が投函されたのは、この前日だった。厚生大臣をはじめ厚生省介護保険課長、菅直人・元厚生相、土屋正忠・武蔵野市長らに宛てた電報の発信証明も同封され、そこには〈我が夫は介護保険の犠牲者となりて、今は生ける屍なり〉と、したためられていたという(「サンデー毎日」二〇〇〇年八月六日号)。

記事によれば、無理心中を図った妻は精神障害者の認定を受けていたという。しかし、だからといって、この事件が特異なケースとは言い切れない。

一口に高齢者と言っても、その生活は多様である。松下電工の「ナイス・ケア大和田」に入居できるような資産家もいれば、生活保護を受けている独居老人もいる。家族や周囲に恵まれた人もいれば、老老介護を余儀なくされる夫婦もいる。

毎日新聞がアメリカンファミリー生命保険会社の協力で全国の二十歳以上の男女四千五百六十一人を対象とし二〇〇〇年九月初めに行った「高齢社会に関する世論調査」(回収率六七%)では、回答者の一三%の身内が介護保険を利用しているか、利用するための手続きをしており、うち六六%が「満足している」「ある程度満足している」と答えていた。「満足していない」「あまり満足していない」人は二八%だったが、問題は、不満を抱いているのが、どのような人々であるか、だ。

介護保険のシステムは、きわめて複雑である。本当に手厚い介護が必要な、たとえば痴呆症の高齢者には、その仕組みを理解し、自らの意思を介護サービス事業者や行政に過不足なく伝えることはできない。高齢者の介護に自己責任原則を求めること自体に、そもそも無理がある。

市場原理に切り捨てられようとしているのは、裕福でない高齢者ばかりではない。富裕でない子供たちもである。

学童保育の危機

わずか八畳のスペースに、小学一年生から六年生までの子供たちが三十一人。指導員二人を加えると、一人当たりの専有面積は畳四分の一弱という単純計算になる。

横浜市神奈川区の「中丸やまばとクラブ学童保育所」だ。宿題をしている女の子がいたかと思うと、次の瞬間には、同じ場所が男の子たちのプロレスごっこのリングになっていた。

近くに小さな公園があって、そこに遊びに行く子もいる。雨さえ降らなければ、いつも全員がここに詰め込まれているわけではないけれど、外にほったらかしておいて安心な世相ではない。

四年生のアキラ君が飛び込んできた。重大な情報があるらしい。

「あのね、カズサね、犬がいなくなってて、三人で捜しに行ったんだけど、やっぱりいないんだって。それでまた、泣きながら家に帰ったたって」

「ホントか。わかった」

と、指導員の飯島一朗《かずあき》さん、三十歳。子供たちはこの人のことも〝カズ〟と呼んでいるから、ややこしい。

――カズサ君という子がいったん帰宅したのだが、散歩させるつもりだった飼い犬が行方不明で、友だちとの捜索も空しく発見できなかった。カズサ君はたぶん、今日はもう学童に戻ってこない。おおよそそんな意味だと、飯島さんが解説してくれた。

てんやわんや。どたんばたん。しかも「やまばと学童」は民間アパートの一階にある。やかましい、いいかげんにしろと昼間から他の住人に怒鳴り込まれるシーンが急に増えてきたのは、深刻なリストラ時代と関係があるのだろうか。

飯島さんがため息をつく。

「静かにしなさいと注意してばかりいるんです。家に帰ってもアパート住まいの子が多いので、せめて学童では存分に遊ばせてやりたいと思うのですが、他の住人の方に迷惑をかけるわけにはいかない。子供たちに何かあったらお終いですし。

精神的に辛いですね。なんとか移転できないかと、いろいろ試みてはいるのですが、なかなかうまくいきません。もしも学童を続けていけないようなことにでもなったら、この子たちの居場所がなくなってしまうと、毎日、懸命なのですが」

「やまばと学童」は地域運営委員会型の学童保育だ。父母会の代表と学校長や自治会長、民生委員ら地域の役職者で構成する委員会が横浜市の委託を受けて運営する形を採っている。

そこで、地元に自治会館を建ててもらって借り受けるプランがまず浮上した。これだと市の補助金が出るので、残りの費用を保護者たちが分け合う方向で合意したのだが、肝心の町内会に断られた。

次に、四半世紀も放置されてきた近くの市有地にプレハブを建てられたらというアイデアに、希望が託された。父母会が市長宛てに手紙を書いたが、一ヶ月以上も経ってようやく送られてきた返信は、あまりに素っ気ないものだった。

〈学童保育に適した施設の確保については、運営委員会が地域の方々の理解と協力により確保されるようお願いしています。なお、ご要望のありました市有地については、公共事業に伴う代替地として保有しているものですので、ご理解ください。〉

親の働く権利と家族の生活を守る

学童保育(児童クラブ)が揺れている。九八年四月の児童福祉法改正に伴い、「放課後児童健全育成事業」として法制化されたのも束の間、子供たちの生活はかえって、以前よりも軽視されていきかねない徴候が見える。

学童は草の根で発展してきた。関係者が組織している全国学童保育連絡協議会(略称・全学協)によれば、戦後間もなく、東京や大阪を中心に、必要に迫られた保護者や地域が自主的に設置するようになったのが嚆矢《こうし》だった。

共稼ぎ家庭の増加につれて、全国的に広がっていく。二〇〇〇年五月一日現在で一万九百七十六ヶ所。文部省が初めて国庫補助を行った七〇年当時の約十倍で、全小学校数(国公私立、分校を含む)の四五・四%に当たる(全学協調査による)。

大きな話題にはなりにくい学童保育は、しかし、きわめて重大な社会的意義を担っている。全学協発行の指導員向けテキストには、こうあった。〈学童保育には、共働き・母子・父子家庭の小学生の放課後(春・夏・冬休み等の学校休業日は一日)の生活を継続的に保障し、そのことを通して親の働く権利と家族の生活を守るという役割があります。〉

子供たちにとっては、家庭の代りだ。そこで多くの学童では、彼らが「通ってくる」と言わずに、「帰ってくる」と表現するのが常である。

この間、市区町村レベルでの取り組みは見られたものの、国としての設置基準は存在せず、公的な責任が曖昧にされたままの状態が長く続いた。法制化でそうした課題が解消できればよいのだが、事態はむしろ複雑化し、新たな問題点が深刻化しつつある。

全学協の真田祐《ゆたか》・事務局次長が語る。

「法制化が盛り込まれた中央児童福祉審議会答申のあった九六年からの四年間で、学童数は約二千五百ヶ所も増えました。嬉しいことですが、まだまだ足りません。働く母親を持つ小学生は全国に約百八十万人もいるのに、学童に通っている小学生は約三十八万人。保育園卒園児の三分の一から四分の一しか入所できないでいるのです。

指導員の劣悪な待遇もほとんど改善されていません。学童の形態を問わず、一年単位の雇用で身分そのものが不安定な上に、収入は低く、何年働いても昇給もない。また、常にギリギリの人数に抑えられているため、子供たちに対して必ずしも十分な目配りができていない実情も否定できません」

実際、責任体制の曖昧さは温存されたままだ。法制化でそれなりの線引きが行われたのは指導員の数だけである。児童二十〜三十五人に一人、三十六〜七十人にもう一人いれば行政の補助対象になるとされるが、条件を満たさなくても罰則はない。

指導員の資格や研修の有無、施設・設備についての基準は設けられなかった。地域の実情に応じた運営が望ましいとするのが監督官庁である厚生省の立場だが、この点、法制化以前と変わっていないとも言える。なお法の対象は小学一年生から三年生までに限られているが、上級生と区別する根拠は乏しく、実態を無視しているとの批判がある。

劣悪すぎる指導員の待遇

歴史的な経緯もあって、学童保育には多様な運営形態が併存している。前出・全学協の調査によれば、全体の六〇・一%を公設公営ないし準公営すなわち公社、社会福祉協議会(社協、地域福祉問題の解決や推進を図る民間団体)が運営する形が占め、続いて地域運営委員会の運営が一六・七%、父母会の運営が一三・一%、私立保育園などの法人・個人による運営八・五%、その他一・五%となっている。公設でなくても多くは行政からの委託か補助金交付が行われているが、例外的に父母会などが完全に独自運営しているケースもある(二〇〇〇年五月一日現在)。

法制化に伴い、近年は公設公営・準公営の学童が増えてきた。逆に運営委員会や父母会による学童は減る傾向が強まっている。当然、問題のありようにも変化が生じてきた。公営でない学童に共通する欠陥は、貧弱な施設や、資金不足に収斂していく。横浜のやまばと学童もそうだった。

横浜市の場合、首都圏で地価の高い大都市であるにもかかわらず、家賃補助が出ない。委託費だけでは指導員の人件費と光熱費分しか賄えず、アルバイトを頼む場合などの不足分は保護者から受け取る保育料で補うが、限度がある。そもそも小学校の近くに施設を確保すること自体が難しい。

中には月々三十万円近い家賃を保育料から捻出している学童もある。二〇〇〇年七月に開催された市内の学童保育連絡会でも、この問題に対する不満や要望が噴出した。
「老朽化したアパートの二階を賃借して狭い部屋に四十数名の児童が下の部屋に居住する人を気遣い、大声や足音がしないように気兼ねしながら過ごしています。雨の日などは特にかわいそうだ」（港南区・永谷《ながや》たけのこ学童）
「大勢の児童を預かる学童に施設を快く提供してくれる不動産屋は皆無に等しい。冷たく排除されてしまう」（神奈川区・神大寺《かんだいじ》森の家学童）
「貸主から施設の建て替えについて意見が出されている。弱い立場の私たちは、ひとつ間違えば施設を追われ、存続さえ厳しくなる状況も考えられます」（磯子区・汐見台はまっこ学童）
横浜市だけではない。全学協がまとめた資料集『国にとどけ！　一人ひとりの声』などを読むと、十五畳に四十三人、十畳に三十六人などといった学童保育が、全国にはいくらでもあることがわかる。やまばと学童で見た満員電車のような光景が、今日も至るところで繰り広げられているのだ。
公設公営や準公営の学童の増加は、したがって、施設や保育料負担の面からは喜ばしい状況だと言える。だが、現実の動きは、別の弊害をもたらし始めた。
千葉県船橋市のケースが有名だ。父母会運営の学童に委託するスタイルが中心だった同市は、二〇〇〇年四月、すべて公設公営の「放課後ルーム」に切り替えた。運営費のかなりの部分を市の財源で賄うことで、高いところで月に一万七千円もした保育料が八千円に引下げられる一方、多くのベテラン指導員が追放される結果となった。

公営化に伴い、市は筆記と面接による採用試験を実施。従来からの指導員は五十人あまりが挑んだものの、若手を除く三十数人が不合格になってしまった。

新聞やテレビでも報じられたが、船橋市は採否に当たって実績や経験を考慮しなかった。行政が主導権を握るために、発言力の強いベテランを排除したとの批判が専らである。

船橋市のケースは単純でわかりやすい。現在、多くの市区町村で進行しているのは、もう少し複雑で、ねじれた事態だ。

東京都品川区では、学童保育と児童センター(児童館)との〝一体的運営〟が進められている。児童福祉担当課内の「児童センター行政検討委員会」が九七年秋にまとめた提言を受けた形で、九八年四月から実行に移された。

品川区内には誰でも遊べる児童センターが二十五館あり、うち二十三館が公設公営の学童保育所を併設している。新体制により従来の専任複数の担当制(合計四人)は廃止され、主担当が一人ずつ、プラス一人の補佐役を配置する形になっている(合計三人)。また十七ある併設館以外の学童もこれに準じ、近隣の児童センター長の管理下に置かれた。

検討委員会報告によれば、一体化運営の狙いは三つある。第一に一般児童と学童在籍児の交流。第二に担当職員の固定化の是正。これに関連し、すべての職員が児童センターの仕事全般に関わることで、業務の効率化と平均化を図るのが三点目である。少子化で学童登録児童数が減少傾向にあり、〈これまでと同じ運営形態では、一般の納税者の理解を得ることは難しい〉とも強調されていた。

これもまた、一種のリストラである。区内大崎の「芳水《ほうすい》学童クラブ」の指導員で、全学協の副会長でもある下浦《しもうら》忠治さんが語る。

「単に人数の問題ではありません。一体化によって、学童の質がどんどん薄められているんです。手作りのおやつは市販のお菓子への変更を余儀なくされた。父母との間の連絡帳は一年生だけになり、週に一、二度発行していた通信物の頻度も、月に一度へと減らされました。

地域の、児童館に遊びに来るだけの子供たちとの交流も、もちろん大切です。でも、学童の子供たちには心のケアが必要だと、私は思う。毎日通ってこなくてはならないのですから。ところが今の行政は、そうした努力が子供の自主性を阻害すると言い、専門性をセクショナリズムだと言い換えて、攻撃してくるのです」

東京二十三区の学童保育は、従来、他の自治体に比べて充実していた。公設公営はもちろん、七〇年代の美濃部亮吉都政以来、指導員も教育資格などを持つ常勤の専門職で、各区の正規職員として雇用されてきた。

ところが九〇年代に入ってから、学童保育指導員の採用は非常勤に限られるようになり、正規職員の退職者は補充されなくなっている。品川区がことさらリストラ先進区なのではない。

教育や福祉が市場化されていく規制緩和、あるいは〝改革〟の中で、公設公営が増加している学童保育は、一見、他とは別の道を歩んでいるかのように映る。だが、そうではない。児童福祉の分野でも、高齢者介護と同様に、公費による措置制度の縮小、直接契約方式を導入するべきだという発想は強まっているという(竹中哲夫「児童福祉施設体系改革の動向と展望」『子どもの世界と福祉』[改訂版]竹中哲夫・垣内国光・増山均編著、ミネルヴァ書房、一九九九年、一七九ページなど)。

ただし、同じ小学生を相手にするのでも、学童の子供たちは学習塾やお稽古ごとの教室と大きく異なり、市場経済にとっては価値の乏しい〝消費者〟と見做《みな》されている。責任の重さや保護者たちの置かれた状況などを考慮すれば、学童の企業化は不可能に近い。やむなく自治体がこれまで以上の役割を果たすことになり、妙な格好のリストラが始まる、というメカニズム。

芳水学童の下浦さんが続けた。

「美濃部都政の否定なのでしょうか。学童の必要性が認められたから法制化されたのなら、二十三区のやり方がむしろお手本になるべきだったのに、現実には逆のことが行われているのですよ。

五年ほど前から、区の姿勢は権力者意識を極端に強めてきています。それまでは労使で話し合って決めていた職員の配置基準も、ここ数年は一方的に指示されるだけになった。「そんなものは交渉事ではない。管理者であるわれわれが下ろすものだ。君たちは服従していればよい」と発言した課長もいましたね」

二〇〇〇年四月、公立小学校の選択自由化を全国に先駆けて開始したのも品川区である。第一章で詳述したが、教育委員会学務課のまとめによると、新就学児のうち本来の学区校以外への入学を希望したのは全体の一二・六％で、いくつかの小学校で大幅な増減があった。

いわゆる〝名門〟で、私立中学校への進学率が高いと言われるA校は、例年の二倍近い人数の新入生を集めた。反対に、あまり評判の芳しくないB校は見込み数の三割しか入学してこなかった。

これだけの大移動の割に、学童にはほとんど影響がないと、下浦氏をはじめ、関係者たちは首をひねった。遠距離の学校に通わせても学童は地元、ということかもしれない。まだ分析は進んでいないが、学童に入所する必要がある子供には、事実上、学校選択の自由は存在しないのだとも考えられるという。

学童と児童館の一体化を進める品川区の髙橋久二《きゅうじ》区長は、こう語っていた。

「一体化の弊害なんて、本当はないんだけどね。職員同士が反目して、学童でない子供におやつをあげなかったりするから、疎外感を感じてしまうんです。教育と児童福祉が、なぜ協力し合えないのか。勤務条件の問題を政治問題にしたがる労働組合を説得しなければ。品川の区立保育園は夜十時までの夜間保育を行っているんです。その時は説得できたのだから」

日教組に比べて従順でない児童福祉分野の労働組合の解体も、狙いの一つであるようだ。

軽視される学童保育

改正児童福祉法が謳う「放課後児童健全育成事業」の対象は、学童保育だけではない。小学校の空き教室や校庭を利用し、学童の子供を含む全児童のための放課後対策が、近年、広がっている。大阪市の「いきいき活動事業」。名古屋市の「トワイライト・スクール」。東京都世田谷区の「BOP(Base of Playing)」……。

遊ぶ場所がなく、町を歩けば交通安全上の不安がつきまとう現状に照らし、これも理念的には望ましい施策ではある。が、それら放課後対策の登場によって学童保育事業を形骸化させていこうとする思惑が見え隠れするのが問題だ。

九三年度に地域の運営委員会方式による「はまっ子ふれあいスクール」をスタートさ

せた横浜市。経費の全額が行政の醵出《きょしゅつ》で、保護者の負担は一切ない。その充実度に比べ置き去りにされた感のある学童関係者は、市当局に強い不満を抱いている。前述の連絡会でも、次のような意見が相次いだ。

「一方は運営委員会を前提に父母会が一般施設を探す。一方はお手盛りで学校を利用できる。納得がいきません」（鶴見区・矢向《やこう》こまどり学童）

「行政や地域が子供たちの遊び場を提供し、ヒントを与えていくことは意義があると考える。しかし、異年齢が集う遊び場としての「はまっ子」と学童とでは、似ているようでまったく役割が違います。大人数を相手に子供たちの遊びを見守る〝パートナー〟と、各児童の家庭の背景まで把握しながら少人数の子供の生活と成長を援助していく学童指導員とでは、期待されるものがまったく異なるのです。時間差をなくしても、その過ごし方が違う。どうやっても両立は困難なのですから、どちらも横浜の子供たちがそれぞれ必要としている放課後の事業として充実させてもらいたい。負担金や施設の確保、職員の給与、在校生へのＰＲなど、激しすぎる格差を是正してほしいと思います」（緑区・竹山学童）

「はまっ子」が学童に代替できるのなら、現状のままでもよいのかもしれない。だが児童館との一体運営を進める品川区の例でも明らかなように、それは難しい。いつでも家に帰れるが遊ぶ子と、帰宅しても誰もいない家の替わりが必要な子供とを、同一視はできないはずなのだ。

市教委生涯学習課も認めている。

「学童保育は対象児童が特定され、また家庭の延長という捉え方です。これに対して「ふれあいスクール」は、安全な遊び場を提供する学校の放課後の延長です。学童の子がこちらで遊んでもよいわけですが、目的が違いますから、統一することはありません」

「はまっ子ふれあいスクール」は、退職した幹部教職員らの受け皿にもなっている。元校長らが大半を占める、その「チーフパートナー」の報酬は月に十八万円。これに対して学童の指導員は十四万六千円。仕事量や神経の遣い方と反比例する格差も、学童関係者の怒りを買っている。

「母親は家庭にいて、子供を見るべきだ。健全な家庭生活のためには、女性の労働を促す学童保育など必要ない」

公の席でこう言い放った保守系市議もいたと、横浜市の学童保育関係者たちは口を揃えた。事実関係を確認しきれなかったが、この種のバイアスが政策に反映されている可能性は高いと思われる。

なぜなら、横浜市に限らず、日本では戦後一貫して家庭保育重視の観点から抑制的な保育政策を続けてきた歴史があるからだ。学童よりも明確に法的な位置づけを与えられている保育所でも、八〇年代の行政改革の過程で国庫負担率が大幅に削減された経緯がある(増山均《ましやまひとし》「「子どもの権利条約」と児童福祉」、前掲『子どもの世界と福祉』[改訂版]一四ページ)。そのような考え方が地方政治のレベルに残っていても、決して不自然ではない。

だが実際に、女性の社会進出は確実に進んでいる。労働省女性局女性政策課が二〇〇〇年七月にまとめた資料によると、九九年における女性の労働力人口は二千七百五十五万人だった。家族の事業に従事している女性はいるが、企業などに勤務する雇用者が大多数を占める(二千百十六万人)。その五七%に当たる千二百六万人が有配偶者で、子供のいる世帯でも、母親の半数以上は就業者である。末子の年齢が三歳以下の世帯では、母親の就業率は二九・四%にとどまっているが、末子が学童保育の対象である七歳から九歳までの母親は六〇・三%が就業していた。

上智大学国際関係研究所の八代尚宏《やしろなおひろ》教授(経済学)が、次のように語ったことがある。本書の第三章でも取り上げた、企業の成果主義給与体系について取材していた時だった。

「日本的経営がこれまでやってきた年功給というのは、先進国ではきわめて特殊な賃金体系でした。生活の必要に応じて、中高年になるほど賃金が上昇する。妻が専業主婦でいることができる、内助の功を発揮してくださいという考え方がベースにあったんですね。年金制度もそうでした。

ですが、サラリーマン家庭の専業主婦などというものは、高度成長の夢のような時代だから成立していた贅沢でしかありません。女は家にいるのが伝統などといっても、以前は農家や自営業で、どこでも夫婦して働いていたわけでしょう。これからは共稼ぎを標準モデルに、あらゆる政策を進めていく必要があります。よほど成功した世帯の奥様だけが、専業主婦でいることができるということですね」

八代教授は、経済政策に大きな影響力を持つ社団法人・日本経済研究センターの理事長に、二〇〇〇年十月一日付で就任した。中谷巌・多摩大学教授や竹中平蔵・慶應義塾大学教授らと同様、代表的な新自由主義経済学者の一人である。

リストラ旋風が吹き荒れ、男性サラリーマンの身分が不安定になってきた。今後はフェミニズムとはまったく別の次元で、好むと好まざるとにかかわらず、主婦が働かなければ生活していけない家庭が増加の一途をたどるのだろう。

経済・社会政策も経済環境も、八代教授の言うような姿になりつつある。学童保育だけが取り残され、子供たちの行き場が奪われていく。

誘拐された学童の子

福岡市郊外の津屋崎町《つやざきまち》で誘拐事件が発生した。二〇〇〇年四月六日午後三時頃、地元小学校への入学を間近に控えていた笹山小百合ちゃん(六歳、仮名)が、学童保育の最中に、施設に隣接する公園から連れ去られた。事件当時、この学童には四十一人の子供が集まっており、施設の内外で遊んでいたが、二人の指導員はおやつの準備などに追われて施設内にいた。

小百合ちゃんは三日後の九日になって北九州市八幡西区金剛の市道で、毛布をかぶってうずくまっているところを発見された。指名手配されていた久保忠志容疑者(五十七歳)は、さらに十日後の十九日、同市若松区内で福岡県警宗像《むなかた》署の捜査本部に逮捕された。

誘拐の現場は、西鉄津屋崎駅前に立地する、美しく見晴らしのよい公園だった。不幸中の幸いに終わったこの誘拐事件は、現代の日本社会における学童保育充実の緊急性をいやが上にも示した。事件発生当時の指導員であるA子さんが回想する。

「正直言って、誘拐なんてあり得ないと思っていました。ここが危なかったら安全な場所など日本中どこにもないよと、警察の方にも言われたくらいの公園なんです。最悪の事態を考え、見つかるまで眠れませんでしたけど、本当によかった。発見された時は、無事に返してくれた犯人にも感謝したいぐらいの気持ちでした。

事件までは三人の指導員がローテーションを組み、二人ずつ勤務していましたが、その後六人に増員され、常時三人が子供たちを見る体制をとっています。出欠席のチェックを徹底するとともに、一人でも公園に出たら、指導員が必ず同行するようになりました」

増員は津屋崎町議会の英断だった。同時に指導員の時給を七百円から九百円に引き上げるとともに、数十万円の予算を振り向けて、施設と公園を結ぶ放送設備などを導入した。子供たちが決められた時間で遊べるようにと、公園に時計塔を寄贈してくれた地元企業もある。

日本中の学童保育が、同じ危険に見舞われる可能性を持っている。津屋崎町の敏速な対応は評価されていい。だが、同町の住民福祉課によると、対応を問い合わせてきた自治会は、全国でも鹿児島市だけだったという。

健康学園が消えていく

――お宅らの子供には、一人当たり年間で一千万円もかけてきたんですよ！

二〇〇〇年八月十五日の終戦記念日。小学生の子供を持つ四人の保護者が、東京・中野区教育委員会の課長に、そう言い放たれたという。区が八四年から千葉県館山市で運営してきた「健康学園」の廃園をめぐる話し合いの席だった。

健康学園とは肥満や喘息《ぜんそく》、アトピー、偏食、虚弱などに悩む小学生の健康回復・増進を目的に、東京二十三区のうち品川、北、江戸川区を除く二十の区が自然環境のよい近隣の海岸や高原に開設してきた全寮制の小学校のことである。一般の公立小に比べて経費がかかる。少子化で入園者数も減ってきた。

それらを理由に、中野区は三月末、十四人いた生徒を親元に戻し、学園を閉鎖していた。諦めきれない保護者たちは再開を求めて、この場にやって来ていた。

区は初めから高姿勢だった。保護者の一人で、「館山健康学園を守る会」副会長の崎《さき》濱《はま》美紀さんが語る。

「九八年の秋のことです。ハガキで突然、再来年度で館山を廃園にするから保護者会を開くとの通達がありました。出かけていき存続を求めましたが、役所は聞く耳など持っていません。その後、二万八千人の署名を集め、シンポジウムを開き、区長さんにも手紙を書いたりしましたが、すべて無視されました。

シンポジウムでは子供たちも発言しています。でも区の人たちは、喘息の子が泣いて訴えても、ゴチャゴチャ細かいことを言ってまともに答えようとせずに誤魔化し、ただただ威張っていました」

途中の過程でさえこんな調子だったから、廃園されてしまった後では、取りつく島もなかった。他区の学園に子供を引き受けてもらえないかと尋ねると、「そこも廃園になったらどこへ行くんですかね」。人数やお金が足りれば、また始めてくれますかと問えば、「一度やめたものを、またやるんですかあ?」

区教委の課長の態度は、保護者たちの神経を逆撫でした。一千万円云々の侮辱が、そのあげくに投げつけられた。

同様の動きが他区にも広がっている。中野区以外に千代田、江東、渋谷の各区が、九八年度以降、次々に健康学園を閉鎖した。荒川、墨田の両区は二〇〇〇年度いっぱいでの廃園を決め、港区も同様の方針を固めた。

プロ格闘家を生んだ健康学園

房総半島と三浦半島が接近する浦賀水道。外洋とは言えない、汚染された東京湾の入口ではあるけれど、京葉工業地帯を少し離れた自然は、それでもまだ美しさを残している。右手に東京湾観音が霞んで見えた。

南房総国定公園、千葉県富津市竹岡・津浜海岸。地図にも載っていない小さな海水浴場で、豊島区立竹岡健康学園の生徒たち二十八人が、思いっきり遊んでいた。まだ肥満気味の子も、痩せた子もいる。が、真っ黒く日焼けした体からは、不健康さが感じられない。

二〇〇〇年七月上旬の晴れた日。ゲームばかりで外遊びが苦手だった子も、水が怖かった子も、本当に元気になったのだ。カゼ気味で海に入れない女の子が一人だけ、みんなと遊びたくて愚図《ぐず》っていたのが、なんだかいとおしかった。

夏休みで一時帰宅するまで、つまり都会の学校のプールの季節、海の近くにある健康学園はほとんど毎日が海水浴だ。朝六時半の起床で始まり、夜九時〜十時の消灯に終わる竹岡健康学園の一日は、普通の小学校とは大きく違う。

通常の六時間授業は当然、ある。全寮制だから毎日の規則正しい集団生活がそのまま健康づくり。加えて山にも囲まれた地の利を生かし、勉強や日常生活の合間を縫って、課題別の養護・訓練メニューが用意されている。

肥満の子なら「ウォーキング」、偏食や喘息なら「持久走」といった具合。ひときわ大切な場としての食堂の壁には、各自が書いた目標が貼ってあった。

「ぼくは二度とおかわりはしない」

「一日一回しかおかわりはだめ」

「なるべく三十回、よくかむ」

「きらいな物を、がんばってたべる。(全部たべれるようにちょうせんしている)」

養護の教諭と相談して立てた目標を、やり遂げなければ健康の改善もない。副園長の伊藤文夫教諭が微笑んだ。

……

「ここに来るまではコンビニのスナック菓子を手放せなかった子、食べられるものより食べられないものの方が多かった子が、最初こそ辛そうですが、それでも次第に、食事をコントロールできるようになっていきます。どんなにしっかりした家でも、特に肥満を改めるのは難しい。健康学園なら、大勢のいろんな仲間たちと兄弟みたいに睦《むつ》まじく暮らしながら、自然にそれができるんですよ」

竹岡健康学園は一九三五(昭和十)年七月、皇太子(後の平成天皇)誕生記念事業として豊島区が施設を建て、夏の臨海学校を開校したのが始まりだった。間もなく虚弱児童教育のための東京市立養護学校となり、戦時中は学童疎開学園の役割を果たしたが、戦後、再び区立の養護学園に戻って、現在に至っている。

肥満や喘息の増加で対象児童の変化に伴い、七八年、健康学園に改称された。他区の健康学園はこの間、主に六〇年代から七〇年代に、公害問題の深刻化に対応して設立されている。

どこの健康学園も、それぞれの区内に住む小学生(三年生以上のところが多い)で、健康上の必要が認められれば入園できる。一年間単位で延長も可。竹岡の場合で賄費日額八百八十円+理髪代等月額七千円(今年度)と、保護者の負担は低く抑えられている。自治体の補助がそれだけ多くなり、廃止が相次ぐ理由とされてきたのだが、この点は後述する。なお法的にはいずれかの区立小学校の特殊学級という位置づけで、その小学校の校長が園長を兼務し、常駐するのは専任の副園長である。

あるいは、杉並区立南伊豆健康学園。

伊豆半島の南端、透明度の高い弓ヶ浜海岸に近接する立地は素晴らしい。七四年九月の開園で、すでに二十六年の歴史を積み重ねている。

六年生の新君《あらた》を学園に送り出している、水野かほるさんの話。

「喘息の発作で入院したのがきっかけです。担任の先生に健康学園を薦められたのですが、親元から離すのには抵抗があって、気乗りしないまま見学に行ってみて驚きました。私自身も東京育ちなんですけど、なんだか懐かしい感じがして。弱かったという子供たちもすごく元気そうで、こんなになれるのなら、うちの子もって」

やはり六年生の美帆ちゃんは、やや太めだった。母親の福島泉さんが語る。

「コレステロールも少し高くて、今のうちに手を打っておかなくてはと思いました。私がパート勤めを始めたのと、周りの子の塾通いに刺激されて、勉強しなさいと言いすぎたのがストレスにもなっていたようです。都会の環境では生活習慣の改善は難しいと考え、本人もすごく気に入ったものですから」

地元小学校との合同運動会や、花火大会への参加もある。地域密着が、ここの最大の特色だ。

南伊豆健康学園からは、プロ格闘家の成瀬昌義選手(二十七歳)も巣立っている。前田日明《あきら》率いる「リングス」の所属。パワフルな打撃系の技を操って「トーナメント21」初代チャンピオンに輝いた肉体の強者も、少年時代は肥満気味で、運動神経が鈍かったという。

「僕が今日あるのは、健康学園のお陰なんです。四年生の時に一年間、お世話になりました。子供心に武者修行に出てやるみたいな気持ちもあって、毎日、本当によく遊んだなあ。二キロマラソンとか一輪車漕ぎとか、すぐにへばってゲロ吐いたりして、みんなより上達も遅かったけれど、僕の運動神経はあそこで開発されたんです」

初公開の秘話である。それでも中学校までは体育で2か3の成績しかとれなかったが、高校で空手を始めて大変身。卒業してリングスの入団テストを受けた際には、身長が規定に満たなかったものの、抜群の体力と根性を認められて合格した。

――健康学園の後輩たちにメッセージを。

「体力的なことでコンプレックスを持ってる子もいるかもしれないね。でも、健康学園は都会の学校や塾では学べないことが経験できる場所なんだ。自然の中で、うんと遊べ。とにかく遊べ。すごく有意義な時代だったんだと、後できっとわかる時がくるよ。運動だけじゃなくて、僕は健康学園の集団生活で、友だちや上級生、先生方との距離感覚も身につけられたように思います。高校でみんながドロップアウトしていく中で、だからグレずにいられたのかも」

南伊豆も竹岡も、しかし、このままでは中野区の館山と同じ運命を強いられかねない。教育委員会がかねて廃止の方向性を打ち出している杉並区は二〇〇〇年の九月議会に健康学園の存廃を諮り、豊島区も行財政改革計画リストに竹岡健康学園を挙げ、見直し作業に入る予定である。

「生きる力」の嘘

中野区立館山健康学園を例にとってみよう。大勢の子供たちを救ってきた健康学園が、なぜ廃止されなければならないのか？

区教委事務局学務課の天野啓一・学事係長の説明はこうである。

「設立当初は六十人の定員に対して五十人以上もいた生徒が、平成二年頃から、急激に減ってきたのです。いくらPRしても増えない。体験入園には三十人も来てくれたのに、実際に入園してきた子は一人ということもありました。少子化の中で、保護者の方々が、子供に喘息などがあっても親元を離したくない、家庭で対応したいという傾向が強いのだと考えられます。

それから喘息治療の考え方が変わってきた。以前は転地療養が最良でしたが、医療の進歩というのか、近頃はよい薬があるようですし。いえ、具体的な薬の名前や、文献は知りませんが」

健康学園がなくても、転地が必要な子供には都下にある東京都立久留米養護学校に斡旋するので心配いらないという。各区の条例や規則によって開設されてきた健康学園と、学校教育法で都道府県に設置が義務づけられている養護学校とは性格が異なり、また後者は基本的に重度の健康不安を抱える子供が対象で、入園基準にも違いがある。が、その点は調整可能なので問題ないと、同席した尾崎孝・学務課長が続けた。

「ただ、今回の廃園で中野区に戻られた生徒さんたちの中には、久留米への入園希望はありませんでした。とりあえず何かしなければならない状況ではなかったようです。学校と家庭、われわれがいかに連絡を取り合い、フォローしていくのかが大切です。健康学園は生活の場でもありましたので、環境は変わりますが、そこは繋がりを強めたい」

財政上の理由は、そうした会話の後、ようやく語られた。再び天野係長。

「平成七年頃から区財政も厳しくなり、全庁的に健全化委員会が設けられました。館山健康学園が維持できるかどうかについても、その中で検討したのです。最初から廃止する前提ではなく、館山の周辺に立地している他区の健康学園と一緒にやれないか、なども検討しましたが、法制度上の無理があるとの都の見解で、それはできませんでした」

法制度上の無理とは、運用する側の都合次第でどうにでもなるもののようだ。ちなみに、件の健全化委員会の廃止施設リストには、健康学園とともに区内南台の前原保育園、および熱海近郊の保養所「来宮《きのみや》中野荘」とが並べられていた。

尾崎課長に質した。——健康学園の子供にはカネがかかるから潰すんだと仰ったそうですね。

「そんなこと言ってません。八月のあれは、先様から話をしたいと言われての場で、そこには子供さんはいなかった。私には記憶がない。いえ、やり取りの中で出たかもしれない。確かその中のお一人が、要は一人一千万円かかってたのが浮いたんだろ、余裕ができたんだから、その分の使い方を考えてもいいじゃないかというふうなことを言われて、荒川区の例が出て、単純計算するとそうなのかなと」

税金の無駄遣いは勘弁してほしい。行財政改革には基本的に大賛成だ。館山健康学園でも、十五人の生徒の夏休み帰京に、わざわざ五十人乗りの観光バスをチャーターしていたそうである。だが、そうした部分の見直しはまったく行われず、中野区教委はただ廃園だけを急いだ。

〝ゆとり〟を謳い、新学習指導要領で小中学校の授業時間と内容の大幅削減を進める現行教育改革のもう一つの重大な特徴は、子供たちの〝生きる力〟を培うことが強調されている点である。最新の教育白書の定義によれば、それは「自ら考え、主体的に判断し、行動する能力、自らを律しつつ他人を思いやる心などの豊かな人間性」(前掲、『我が国の文教施策――進む「教育改革」』二四六ページ)のことだ。

言うは易く、必要な教育でもあるに違いないのだが、物質的には豊かな現代のシステム社会では本当に難しいテーマだと、誰もが考える。でも、と八王子市の小学校教師・前田武彦さん(三十三歳)は異論を述べた。

「答えは用意されているじゃないですか。つまり、健康学園ですよ」

八九年に東京都の教員試験に合格した前田さんは、いきなり中野区の館山健康学園に配属された。三重県出身で、その存在自体を知らなかった彼はとまどったが、そこで教育の一つの理想を見た。

「健康学園のよい点は大きく分けて三つあります。子供たちが自尊感情を回復できる環境であること。自分の成長プロセスを、実感しながら体験していけること。子供同士の繋がりが、都会の学校とは比較にならないほど強いこと、です。楽しそうに見えても、健康に不安を抱え、親元を離れて、子供たちはいろんなものを背負ってる。彼らと日々、間近でぶつかり合う教師の側も、おのずと勉強させられます」

健康学園の教育をどこにでも適用せよということではない。館山を去った後、大田区や三宅島、そして八王子と、多様な地域で教職を務めてきた前田さんは百も承知している。

ただ、〝生きる力〟を唱えるなら、現代の教育が失ってしまったものをたくさん残している健康学園やそこの子供たち一人一人の人生が、こうまで軽んじられてよいはずがない。行政は今こそ健康学園に学ぶべきだと、彼は力説した。

教師もOBも、一度でも健康学園に関わったことのある人は、ほとんど全員が同じように考えるらしい。南伊豆健康学園の存続を訴えている保護者たちは、杉並区教委に対して、次のような提案もしている。

- 保健所の喘息児合宿とも統合した、夏休み、春休みの体験入園合宿。有料にして利益を出し、併せて入園希望者を募る。運営には在園生の保護者も当たる。
- 区外からの生徒受け入れ。
- 中等部の新設。学齢だけでなく、不登校などを含む思春期の心の問題にも対応。
- 保護者のボランティア労働。低負担の見返りの意味も込め、一定期間を学園の補助員として働いたり、区内の福祉事業に携わる。

――等々。健康学園の無限の可能性を示唆していることだけは間違いない。

仮に全国的に募集をかけることができたら、入園希望者などいくらでも集まる。廃園どころか、刺激されて新設に踏み切る自治体が出てくるくらいであってこそ、〝生きる力〟にも説得力が増す。

現実には、文部官僚以下、健康学園を訪れた教育改革関係者は皆無である。廃園を進める各区の教育委員会幹部のほとんどは、生徒が帰京して誰もいない季節をわざわざ選んで視察にやって来る。

公共事業の拡大や金融機関支援の方法論を見慣れさせられた目には、生徒の移動や学園の再編成さえ試みることができないほど、法律や条例が融通の利かないものだとは到底考えられない。前述の学童保育もまた、"生きる力"を養うには絶好の場だと考えられるが、すでに見た通り、これも自然淘汰が図られているような状態だ。

都内十数区だけの閉じた問題ではない。すでに廃止された施設も含めて、健康学園の今後は、子供、さらには国民大衆に対するこの国の姿勢、〝生きる力〟の真意を浮き彫りにするだろう。

竹岡健康学園の園長は、九九年四月以来、豊島区立仰高《ぎょうこう》小学校の山形紘《ひろし》校長が兼任している。副園長に任せきりの兼任園長が珍しくない中で、彼は違っていた。

「私は教員生活の最初の数年間を、聾学校で過ごした経験があります。人間とは何なのか、嫌というほど考えさせられる毎日でした。そんな時に交通事故に遭い、一般の学校に転勤になったのですが、私は今でも、聾学校時代の視点で物事を考えるのです。だから、竹岡も守りたい。ぬるま湯に陥らないように、教職員にも無理を強いていますが、潰す口実は絶対に与えない気構えで働いています」

筆者も竹岡の出身である。まだ養護学園を名乗っていた六七年、小学校三年生だった。三十余年を経た現在も、時々、学園の歌を無意識に口ずさんでいる自分に気づくことがある。

♪海の風　山の風
そら　朝だ　はねおきろ……

当時は毎朝、乾布摩擦や海岸散歩があった。学園内では海で拾うタカラガイが通貨だった。消灯前になぜだか『母を訪ねて三千里』の朗読放送を聞かされて、涙が止まらなくなった。

偏食でカゼばかりひいていた私は、竹岡で丈夫になったのだ。成瀬選手のようにはなれなかったけれど、今も体力に任せ、徹夜でこの原稿を書いている。

第五章　優生学の復権と機会不平等

日本の生命保険業界団体の内部向け報告書に「(今後)遺伝子情報に基づく査定を求めていくべきだ」との記述がある。「機会不平等」を是とする優生学的思想はなぜ、復権しつつあるのか。「社会ダーウィニズム」の視点から、日本の全ての「改革」の文脈を捉えなおすと——。

〝ジーンリッチ〟が支配する近未来

──二三五〇年。

すべての人間は、二つの階級のいずれかに属するようになっていた。〝ジーンリッチ〟と呼ばれる遺伝子改良人類と、それ以外の〝ナチュラル〟階級である。

過去数世紀の間に混血が進んだ結果、人種や民族の違いによる外見的な違いはほとんどなくなった。一方で、人々には新しい明確な差異が現れていた。二一世紀に出現した遺伝子改良技術が施された血筋を持つジーンリッチには、かつてなら〝超人的〟と形容されたに違いないほどの才能が、あらかじめ与えられていた。

ビジネスをはじめ政治、科学、スポーツ、芸術に至るあらゆる分野で、ジーンリッチが権力を握った。ナチュラルは低賃金のサービス労働や単純労働に従事するほかはなく、しかも前者の子弟は私立学校で行き届いた教育を受けることができるのに対し、後者は公立学校で階級相応の基本的技能をたたき込まれるだけだから、二つの階級が交わる機会は限りなく少ない。

すべてのジーンリッチのルーツが二一世紀まで遡《さかのぼ》るわけではなかった。二二世紀や二三世紀にも、努力して財を成したナチュラルが、子供に遺伝子改良を施したケースもある。ジーンリッチが人口の一〇％ほどを占めるのもこのためだが、世代を経るにつれて、二つの階級の遺伝的な格差は拡大していった。ジーンリッチが蓄積された経済力を背景に改良を重ねていくのに、貧しいナチュラルは、何もできなかった。

もはや下からの階層移動は不可能になった。社会は完全に二極化してしまったのである——。

＊

以上はアメリカ・プリンストン大学のリー・M・シルヴァー教授（生態進化学）の文明評論“Remaking Eden”（エデンの園を創り直す）に描かれた、未来のアメリカ合衆国の姿である。『複製されるヒト』の邦題で訳書もある（東江一紀・真喜志順子・渡会圭子訳、翔泳社、一九九八年）。専門家の知識と、遺伝子技術が変えていこうとしている社会に対する鋭い洞察力から導かれた未来予測は説得的で、この本を読んでいるとオルダス・ハックスリーの近未来SF『すばらしい新世界』の小説世界が現実となるのも、そう遠いことではないように思えてしまう。

本書の第一章でも一部を引用した『すばらしい新世界』のテーマは、権力が人間の生殖をコントロールする近未来絵図だ。全能の支配者ムスタファ・モンドが、下層階級に生まれてくる者の知能を低く抑えたり、奴隷根性を植えつけたりする描写は、読み手が人間らしい感覚を失っていない限り、吐き気を催すほどの嫌悪感を抱かせずにはおかない。神の領域に近づきつつある遺伝子技術の危険性が論じられる際、必ずといってよいほどの頻度で引き合いに出されるこの作品は、しかし、未来を半分だけしか言い当てていないと、シルヴァー教授は指摘する。

彼によれば、人間が生殖をコントロールする力を持つという点は、まさにハックスリーの想像通りになった。だが、コントロールの主体は小説に描かれたような独裁者でも政府権力でもなく、一人一人の人間であり、カップルなのだ。

シルヴァー教授は、こうも書いている。

〈生まれてくる子どもの性質を、親がそのような形で操る権利はないという主張もある。だが、特にアメリカでは、子どもが生まれてから成人に達するまで、ほかのあらゆる面で、親が子を監督する権利を認めている。子どもが生まれてからの親の自由裁量権を認めている以上、子どもに危険が及ばない限り、生まれる前に同じ権利を認めないと主張することはむずかしい。

また、一部の人々が、子どもに有利な条件を与えるために最新技術を利用するのは、裕福でない親は偶然に頼るしかない現状において、不公平なことだと考える人も多い。たしかに、不公平感は否めない。しかし、アメリカ社会では、個人に許されること、できることを決めるのは、あくまで本人の自由意志と財力であるという原則が貫かれている。経済力のある親が、子どもを教育費のかかる私立学校へやる権利を認めるならば、

「不公平」という理由で、生殖遺伝技術を認めないとは言えないはずである。

実際、個人の自由を何よりも重視する社会では、生殖遺伝技術を制限する法的根拠を見つけるのはむずかしいだろう。そこにジレンマがある。それぞれの人にとっては、ごく個人的な選択であり、それで社会全体が変わるとは思えないが、いっせいにおこなわれれば、思いもよらない劇的な結果を引き起こすかもしれない。〉（一五〜一六ページ）

持てる者のための自由が、持てない者の自由や権利や尊厳を限りなく侵害していく。アメリカの価値観がここでも適用されれば、行き着く先はジーンリッチとナチュラルとの二極化だ。そして、現代はアメリカが日本であり、アメリカが世界なのだ。

シルヴァー教授は言及していないが、ナチュラルに対して『すばらしい新世界』に登場するエプシロン階級のような〝ジーンプアー〟の選択肢さえ用意される可能性も大きい。支配されるためだけの人生になまじの知能は邪魔だと判断したり、ジーンリッチの受けをよくして市場価値を高めようと考えるナチュラルは、それを〝自主的に〟選択するかもしれない。

『複製されるヒト』の未来予測は、こう続いていた。

――ジーンリッチとナチュラルとの結婚や交配が、ごく稀にだが、あることはあった。ところが、異なる階級間で結ばれたカップルの不妊率を調べてみると、なんと九〇％に達していたことが明らかになる。

原因は遺伝子形質の不一致だった。遺伝子の改良を繰り返しているうちに、ジーンリッチとナチュラルとは、いつしか階級だけでなく、異なる種になっていた。

やがて交配も不可能になる。両者は完全に別の生き物となり、それぞれの進化を始めるのだ。たとえば今の人間とチンパンジーのように——。

ヒトゲノム計画と遺伝子差別

人間の全遺伝情報(ヒトゲノム)を構成する約三十億の塩基配列がほぼ完全に解読された。二〇〇〇年六月二十六日、クリントン・アメリカ合衆国大統領がホワイトハウスで発表した。

「百五十歳まで生きたい人々の願いの実現に道を開く成果だ」

解読したのはアメリカのバイオベンチャーであるセレーラ・ジェノミクス社(本社・メリーランド州ロックヴィル)、および米欧日の国際ヒトゲノム計画のチームである。前者はゲノムの九九%以上を、後者は八六・八%を読み取ったという。記者会見にはセレーラ社のクレイグ・ベンター社長も同席した。

ヒトゲノム計画は九〇年十月、アメリカ国立衛生研究所(NIH)とエネルギー省(DOE)の共同研究計画として正式に発足している。〝バイオテクノロジーにおけるアポロ計画〟などと謳われた。前後して先進各国で始まった国家プロジェクトとも連動し、国際コンソーシアム（研究連合）体制が組まれて推進されてきた。全体の六七％をアメリカ、二二％を英国、七％を日本、その他をドイツ、フランスなどがそれぞれ分担している。

この国際プロジェクトとは別に、バイオベンチャーと総称される多くの研究開発型企業が独自の研究を進めてきた。中でもセレーラ社の成果は目覚ましく、同社のデータ独占さえ懸念されたため、国際コンソーシアムは二〇〇五年に設定していた解読完了時期の大幅な前倒しを余儀なくされていた。

この間、セレーラ社は解読できたデータを製薬メーカーなどに有償で提供してきており、ヒトゲノムを人類の公共財と位置づける各国政府との対立が先鋭化した。一部科学者らの仲介で共同会見にこぎ着けられはしたものの、特許関係などをめぐって、紛争に発展する火種はなお残されている。

そうした問題に、ここでは触れない。いずれにせよヒトゲノムは解読され、特に医療の分野で、画期的な新薬や診断技術を生み出す足がかりとなる期待を集めている。

この分野における日本での第一人者の一人に野口照久氏がいる。サントリー専務や山之内製薬副社長を歴任し、八〇年代には当時のバイオ技術を駆使して、〝癌の特効薬〟インターフェロンの開発に成功した。アメリカのバイオ研究のメッカであるロックフェラー大学の兼任教授も長年務め、現在は「テノックス研究所」を主宰している。

野口氏に、ヒトゲノム解読の意義を聞いた。

「今の医薬品の四分の一から三分の一はまったく効かないか、副作用があると言われています。これは人間が人それぞれ、体の強い部分も弱い部分も持っているためで、同じ薬でも体質によって効いたり効かなかったりするわけだ。万人向きのレディーメイド医療の限界です。

ゲノム情報をもとに新薬を開発する、いわゆるゲノム創薬を進め、個人の遺伝子情報を調べる技術と組み合わせていけば、この限界を打ち破ることができます。遺伝子によって薬の効果や副作用をあらかじめ予測できるし、また特定の遺伝子に効果的な薬を創ることもできる。一人一人の体質や病気に見合ったオーダーメイド、カスタムメイド医療と言う人もいますが、私はとりあえず、レディーメイドとの中間で、テーラーメイド医療と言いたいですね。

効果的かつ安全ということで、患者にとってのメリットはもちろん、結果的に医療費の削減にも繋がる。二一世紀の人間社会を変えてしまう技術です」

薬の副作用を解消するヒトゲノムの解読は、しかし、同時に人間の存在そのものに破滅的な副作用をもたらす危険性を伴う。前節で取り上げた『複製されるヒト』に描かれたような状況がすぐにはやってこないにしろ、すでにアメリカでは、社会生活のさまざまな局面で、個人の遺伝子情報が差別の対象にされてしまっている。

特に保険と雇用の場面で顕著に見られる。『エントロピーの法則』で知られる著名な文明批評家ジェレミー・リフキン氏の『バイテク・センチュリー』(鈴木主税訳、集英社、一九九九年)から、アメリカの現実の一端を引く。

ハーバード大学医学部の神経生物学科と医療倫理学部のライザ・N・ゲラー博士らが九六年、ハンチントン病(運動を制御する脳の部分が機能しなくなり、進行すると精神障害や痴呆症状も現れる。遅発性で中年以降に発症する)などの遺伝病が発症する危険がある個人やその親類を対象に遺伝的差別に関する実態調査を行った。それによると、九百十七人の回答者のうち四百五十五人が何らかの差別を経験している。家族にハンチントン病患者がいるために生命保険への加入を断られた女性。遺伝病の診断を受けた患者への治療費の支払いをHMO(Health Maintenance Organization＝会員制医療保険団体)が拒否しているケース。

しかもアメリカは、先進国の中では国民皆保険を実現させていない例外的な国であり、ここで言うHMOは、日本では健康保険に相当する。そこで差別的扱いを受ければ、すなわち最低限の治療も受けられないことを意味するのである。

ゲラー博士らの調査は、職場における遺伝子差別の現実も浮き彫りにした。それまで高い評価を得ていた労働者が、遺伝病の因子を持っていることを理由に解雇された例は枚挙にいとまがなかった。また、ノースウエスタン生命保険会社が八九年に行った調査によると、四百人の企業経営者のうち一五％は二〇〇〇年までに従業員や就職希望者に定期的な遺伝子検査を実施したい意向を示していた。

リフキン氏は述べている。

〈以前からあって自分ではコントロールしようがない遺伝的な体質や、あるいはまったく発現しないかもしれないし、発現するとしても重くなくて治療可能な遺伝的素因を理由に、個人を差別するのは明らかに不公平である。多くの医療専門家は、何百万もの人びとが一生のあいだ「遺伝病という緋《ひ》文字」を刻印され、その影響が保険証書の発行拒否にとどまらず、はるかに広がることを懸念している。

にもかかわらず、保険会社は蓄積された大量の遺伝情報へのアクセスを法律によって認めてもらえなくなったら、ビジネスから手を引かざるをえなくなるかもしれないと主張する。〉（二二三ページ）

〈ゲノタイプにもとづいて就職希望者から職を奪うことは、きたるべきバイオテクノロジーの世紀に、疎外された労働者という新しいグループをつくりだす危険がある。きわめて多くの遺伝情報が、あらゆる人間について――単一遺伝子の異常にはじまって、複雑な多くの遺伝子のかかわる気分や行動の特性にいたるまで――入手できるようになるにつれ、一部の雇用主が遺伝的データを使って将来の社員を選んだり、選別するなど、雇用と昇進に「情報を得たうえでの決定」をするようになるのは避けられそうもない。

「遺伝的パスポート」は将来、多くの業界で雇用の決定にかなりの役割をはたし、場合

によっては決定的な役割をはたすことになりそうである。〉（二二七ページ）

ハンチントン病のような特殊な遺伝病など自分には関係ないと無視を決め込む態度は浅はかだ。人道的な立場はもちろん、保険者側の恣意《しい》次第で、同じ理屈がガンや糖尿病をはじめ、いくらでも適用されかねない危険を、われわれは知るべきである。

世の中の仕組みの多くは、未来は誰にもわからないという前提で成立してきた。典型が生命保険で、業界団体のパンフレットでも、何よりもまず、未知の者同士の相互扶助の意義を強調している（生命保険文化センター編「助け合いの歴史」など）。

遺伝子情報が解読されるようになれば、世界の大前提が崩れる。

アメリカではとりあえず、連邦政府職員の採用や昇進の際の遺伝情報による差別だ禁止された。ヒトゲノム解読を目前に控えた二〇〇〇年二月に大統領令が発効したもので、クリントン大統領は民間にも同様に差別を禁ずる法律を早期成立させるよう、議会に求めた。保険については九六年に団体加入保険が被保険者に遺伝情報を要求してはならないとする法律が成立しているが、大統領は個人加入の保険に対しても同様の法律の制定を急ぐよう指示している。

現在までのところ、日本はここまでの状況には至っていない。が、生命保険関係者は、この問題を視野に入れている。

業界団体である生命保険協会に設置された「遺伝子研究会」（座長＝小林三世治・第一生

命保険医事研究室長）が九六年六月、内部に向けた報告書をまとめていた。現段階では早急に結論を出すことはしないと慎重な姿勢を示しながらも、同報告書はこう強調していた。

〈本報告書でわれわれが主張したいことは次の点である。

遺伝子検査が将来どのように進展していくのか速断できない現在、遺伝子検査に関しても、商法や判例で示されている生命保険の危険選択の基本に則《のっと》り、生命保険契約の締結にあたっては、「危険選択上告知すべき事項について、保険申込者が知っているならば、保険会社も知る権利がある。また、日常診療で通常行われる検査になったならば、保険診《マ》査《マ》においても、危険測定の資料を得る目的として、保険会社はその検査を採用することができる」という立場を保険会社は保持すべきであろう。〉

生保業界が恐れるのは、〝逆選択〟と呼ばれる行為である。本人が自主的に遺伝子検査を受けて、高い確率で特定の病気に罹る可能性を承知した上で加入してくるケース。ガン保険など対象とする疾病を細分化させた今日の商品構成でそうした被保険者が増えると支払い保険金の額が膨らんで保険料を値上げせざるを得なくなり、場合によっては保険が成立しなくなるかもしれないというわけだ。

アメリカの保険事情はすでに述べた。これに対して国民皆保険制度が完備されている日本の生命保険は、あくまでも福祉の補完的機能としての位置づけになっている。

民間の事業であれば、遺伝子検査の結果によって加入者の扱いに差が生じても、それは〝差別〟ではなく〝査定〟なのだと、彼らは主張する。安田生命の黒岩明彦氏は同じ報告書でアメリカの状況について述べ、私見としながらも、一応の結論を導いていた。

〈この問題に対する生命保険会社の立場は明確である。以下に要約する。

(1)保険契約者間の公平、逆選択の回避のために医学的危険選択手段としての遺伝子検査は必要であること

a　保険契約者間の公平(中略)

「生命保険は、保険料が予想される異なる死亡率に基づいて算出されるという意味において、もともと『差別的』なものである。異なる死亡率を用いるということは、人権を侵すことを意図してはおらず、将来の支払いに対してどれだけ保険料を徴収することが公平かを決定するために必要なのである」

b　逆選択の防止(中略)

(2)遺伝子情報を用いた危険選択は不公平でない

「(中略)この考えは保険制度における危険選択の無理解から生じたものである。例えば現在でも先天性心臓病に対して危険選択をしているのである。即ち、危険選択は、ある個人の行動について判断しているのではなく、危険の程度を測定しているのである。それに、多くの疾患はもともと個人がコントロールできないものであ

る」

(3)遺伝子情報は罹患の確実性を示すものではない(中略)

(4)遺伝子検査はもはや特別な検査ではなく、既に現在用いられている医学的検査である(中略)

(5)遺伝子情報は特別の情報ではない(中略)

(6)保険会社は保険申込者を差別する目的を持っていない(中略)

(7)健康保険と生命保険は別個の問題として考えるべきである(中略)

(8)以上から、遺伝子情報は他の医学的情報と同様に危険評価の対象であり、また、今日ほとんどの疾病が遺伝子レベルの異常という意味での遺伝的要素を持っている。そして、危険選択は保険会社にとって本質的なものであるから、遺伝子情報を含めた危険選択の禁止は民間保険の本質を揺るがすものであり、保険会社としては受け入れることは出来ない。〉

〈生命保険加入に当たっての、遺伝子情報を用いることの是非賛否について、米国では反対の立場と賛成の立場の議論は必ずしもかみ合っていない。(中略)すなわち、一方は危険評価することが公平なのだとし(危険に応じた負担をすることが公平であるということを当然の前提とする「相対的平等」の立場)、他方は遺伝子情報を用いること自体が差別そのものであるとする(違った取り扱いをすること自体を差別とする「絶対的平等」の立場)。

こうした「相対的平等」と「絶対的平等」の考えは相容れないものであるが、現実には、実質に応じた取り扱いをすることこそが公平であるとする「相対的平等」の立場が妥当である。「遺伝子検査をすること自体が不公平である」とする「絶対的平等」の考えは、現実に存在する差異を無視するという意味で逆に不公平であり、硬直的にすぎるであろう。〉

報告書はさまざまな留保条件をつけながら、遺伝子情報の生命保険契約への活用に積極的な姿勢を示唆していた。「遺伝子研究会」はその後、表立った活動を控えている。私も生命保険協会と研究会の座長だった第一生命の小林三世治室長に取材を申し込んだが、いずれも断固として拒否された。

仮に会社側に差別の意図がなくても、社会保障システムにおいて重大な役割を果たしている生命保険が遺伝子情報を活用した場合、人によっては差別されたのと同じ致命的な不利益を被ることに変わりはない。ヒトゲノムが解読された今後、彼らの姿勢はどう変化していくのだろうか。

十兆円市場へ

「今日は二十代後半の男性患者のケースです。この方は……の機能が急激に低下し、不治とされる……病を疑われてお母さんと一緒に本学にみえたのですが、遺伝子検査の結果も同様でした。ただ、この病気は治療できないので、検査後はサポート機関の紹介などをしてあげるにとどまったわけです。

しかし遺伝病である以上、いずれ彼のご兄弟も発病する可能性がある。私はそのことを伝えるべきかどうか悩みましたが、お母さんからも特にご質問がなかったため、聞かれてもいないことを言うべきではないと判断し、お話ししませんでした。

……皆さんはどう思う？」

福嶋義光教授が口火を切った。長野県松本市にある信州大学医学部附属病院の遺伝子診療部。九九年五月某日夕刻、医師や臨床心理士ら十人ほどのメンバーが集まって、定例のスタッフ会議が行われていた。

「母親の検査もする必要があるのではないですか」

「いや、兄弟のリスクを伝えたところで、この病はどうにもならない。自分もいつ発病するのか、という恐怖を植えつけるだけだ。知らされないでいる権利があるはず」

「でも、そのうち実際に兄弟が発病した場合、なぜあらかじめ教えておいてくれなかったのか、という話になってしまうかもしれない」

さまざまな意見が出たが、福嶋教授は急いで結論を導こうとはしない。実際こういう場合困るよね、と語り、あえて軽く結んだ。

「まあ、もしも後になって責められるようなら、その時はごめんなさい、と。はい、今回はこういうケースでした」

信大病院遺伝子診療部は現在、日本で唯一、本格的な遺伝子診療システムを構築している医療機関だ。九六年五月の開設以来、遺伝カウンセリングをはじめ、遺伝子検査、および関連する診療科との密接な連携の下で遺伝子情報に基づく治療を実践してきた。スタッフ会議を頻繁に開き、個々の症例や倫理問題に関する検討も重ねている。

この間、二百数十の症例に対応。先天異常、奇形症候群の他、妊娠・出産に関するもの、大腸ポリポーシスや乳ガンといった家族性腫瘍などを扱うことが多い。九九年二月、高知赤十字病院で発生した脳死患者からの臓器摘出・移植が話題になったが、この時に生体肝移植手術を受けたのは、信大遺伝子診療部のアミコイドーシス（優性遺伝する神経疾患の一種）患者だった。

福嶋教授が語る。

「急速に発達している遺伝子検査技術は、予防医学の切り札です。四方を山に囲まれている関係で歴史的に遺伝病が多く、その一方で進取の気性に富んだ県民性が信大の遺伝子診療の原動力になってきたのですが、今回の生体肝移植を契機に部門間の繋がりがより深まりました。

遺伝子診療は倫理的、法的、社会的に、さまざまな問題を抱えています。ただ批判の中には誤解も少なくない。たとえば出生前診断を一口に〝優生学的〟などといいますが、ナチスのように政府が国民に強制するからいけないのであって、価値観の異なる個人が専門スタッフによる十分なカウンセリングを受けつつそれぞれに勉強し、自己責任の下に選択するのは自由だと思います。

いずれにせよ閉鎖的にするから疑念もわいてくるのです。ここでの議論はできるだけオープンにして、社会に問うていきたいですね」

個人を対象に遺伝子検査を行う医療機関が増えてきた。発症前診断、保因者診断、出生前診断……。ヒトゲノム解読を待つまでもなく、染色体や遺伝子を検査する技術が確立してきたためで、一人一人の体質や病気に見合ったオーダーメイドあるいはテーラーメイド医療への第一歩、ではある。

批判は根強い。日本では九〇年代半ばに鹿児島大学医学部が着床前診断の臨床研究を開始しようとしたが、障害者団体の反発を招いて中断した経緯がある。着床前診断は体外受精した受精卵を検査し異常のない受精卵を母体に戻すもので、胎児の中絶が避けられ、また遺伝病を心配して子供を諦めていた夫婦も希望を持てるとされるが、生命の選別であることに違いはなく、優生学思想や障害者差別を助長すると受け止められた。

だが、ここ数年、流れは変わりつつある。九八年六月に日本産科婦人科学会の理事会が事前の個別審査などを条件に実施を認める方針を打ち出し、鹿児島大学でも学内の倫理委員会が一部の筋ジストロフィーに限って着床前診断を承認した。また日本母性保護産婦人科医会(日母)の法制委員会は九九年三月、人工妊娠中絶の要件などを定めた母体保護法の改正問題に関して、不治または致命的な疾患のある胎児の中絶を容認する「胎児条項」を盛り込むべきだとする見解を発表した。経済的理由を名目とする中絶が広く行われている実情に鑑《かんが》みたものだった。

日母は結局、二〇〇〇年三月の総会で最終的に決定した提言で、「胎児条項」を削除することになる。国が「障害児は生まれてくるな」と宣言するに等しい法律だけは許せないとする反発や批判を配慮した格好だったが、この問題に影響力のある学会が、ともかくも一度はそのような見解をまとめたのだった。

信州大学の福嶋教授の言う〝自己責任〟、あるいは〝自己決定〟と呼ばれる概念が、ここで重要な意味を持ってくる。出生前診断などによって重い障害児の出生をあらかじめ回避することは、それが権力による強制でなく、各人の自由な意志の結果である限り、ナチスのイメージとともにタブー視され、口にすることも憚《はばか》られた従来の優生学思想と同列に捉えるべきでないとする声が、にわかに高まってきているのだ。

〝自己決定〟であるからには、当然、ビジネスの対象になる。出生前診断のレベルではいかないが、日本でもすでに、遺伝病の因子を持っているかどうかの検査を受け付けるビジネスが展開されている。

都内に本社を置く「ナナオジェネティックス」の中尾保彦社長が語る。

「私どもは医師からのご依頼があれば遺伝子検査を受け付けます。検査できる機能が特定の大病院に集中してしまう状況はよくないと思います。遺伝子検査の先進国であるアメリカでも、七〇%は患者に検査結果を知らせてあげるだけなのですよ」

ナナオジェネティックスは九八年七月にアメリカのベイラー医科大学遺伝子研究所(テキサス州ヒューストン)、九九年三月にはボストン大学医学部附属人類遺伝学研究所(マサチューセッツ州ボストン)と、それぞれ提携。日本国内の患者から集めた血液サンプルを送り診断してもらう、遺伝子検査の仲介ビジネスを展開している。ガンや筋ジストロフィー、脊髄小脳変成症など、約九十種類の遺伝病診断が可能だという。

インターネット上のホームページに広告を載せたため、九九年一月、新聞紙上でスキャンダラスに取り上げられた。遺伝子診断に関する指針をまとめている日本人類遺伝学会(中込弥男《やすお》理事長)の抗議も受けたが、医学界はむしろ好意的に受け止めてくれていると、中尾社長は強調する。

「新聞では一般の方と直接取引しているような書かれ方をされましたが、そんなことはしていません。個人から問い合わせがあっても、まず病院に行ってください、それで遺伝子検査が必要だということならお手伝いしましょう、という立場を徹底しています。

国内ではまだまだ遺伝子検査を実際に行える医療機関が少ないので、大学の先生方が個人ベースで欧米の研究機関に血液サンプルを送って診断してもらっているケースが珍しくないんです。だから表向きの批判とは裏腹に、私どものようなコーディネーターの成長に期待される方が多い。一部の検査会社が会社登記もしない別組織を作って闇ルートの遺伝子検査を行っている方がよほど問題です。やるなら堂々とやるべきですよ」

中尾社長は、父親が創業した電子部品商社「ナナオ」の二代目経営者である。医療の世界を志して栄養士になったが、勤務先の大学病院の実態に絶望してビジネスマンに転じ、やがて父親の後を継いだ。九七年秋、学生時代にホヤ貝の研究をしていた新人を採用しバイオテクノロジーの話題になったのがキッカケで、再び医療の世界に首を突っこむことになりました、と笑う。

「でも考えていたほどには受注が多くない。患者さんに感謝される喜びがあるからやっていけるんで、今のところ、ほとんどボランティアみたいなものですよ」

アメリカの研究所と強力なパイプを持つというナナオジェネティックスは、ＤＮＡによる親子鑑定も受け付けている。医療機関を除くと九一年に大手合繊・医薬品メーカーの帝人が国内で最初に事業化したこの分野は、遺伝病の診断ほどには抵抗がないらしく、近年は十数社が乱立する激戦業界に〝発展〟している。

全米に百社以上、年間二十万件と言われるアメリカには遠く及ばないものの、日本でも九七年四月に設立された「ジーン・ジャパン」(本社東京)がアメリカの業者との仲介を始めて以来、ＤＮＡ親子鑑定を希望する人々は確実に増えてきた。自分が本当に父親であるかどうか疑念を抱いている男性からの発注などが多いという。裁判所や弁護士からの依頼がなければ受け付けてもらえなかった数年前までとは隔世の感がある。

ＤＮＡ親子鑑定ビジネスは、試料を提供した個人にとどまらず、家族全体の遺伝情報に踏み込む結果を必然的にもたらす。ここまでくれば、出生前診断も時間の問題で企業化されていくのではなかろうか。

遺伝子検査ビジネスは、十年後には十兆円産業に成長する――。「ナナオ」の中尾社長は、今後の市場の爆発的な伸びを確信していた。

レッセフェール優生学

このような状況の下で、最近は哲学や社会学、科学論などの学問領域で、優生学に関わるテーマが一気にクローズアップされてきている。「現代思想のキーワード」を特集した雑誌「現代思想」臨時増刊号(二〇〇〇年二月発行)でも一項が割かれ、お茶の水女子大学大学院人間文化研究科の松原洋子助手(生物学史、医学史)が、興味深い解説をしていた。

〈「優生学」が悪を意味する非難の言葉であることは、今も基本的には変わらない。しかし、イギリスやアメリカでは最近、「優生学」というスティグマ(引用者注・他から望ましくないと見なされるわかりやすい印、烙印のこと)の威力が弱まりつつあるようだ。遺伝医療の問題に発言する専門家の間で、「優生学」という言葉が再び中立的または肯定的に使われはじめているのである。(中略)新しいタイプの優生学擁護論では、原則として医療サービスにおける消費者のニーズを最優先にする徹底した個人主義を建前としている。どうやら「優生学」という言葉の政治的な意味が変容しつつあるらしい。〉

松原助手によると、個人の利益を優先した、強制によらない出生前診断や胎児の選択的中絶は「優生学ではない」として擁護されることが多かった。ところが最近は、それらもまた優生学の一つの型、新優生学であると認める論者が増えているという。「裏口からの優生学」をはじめ「レッセフェール優生学」「自家製優生学」「自発的優生学」「個人的優生学」「私的優生学」などといった用語も次々に誕生した。

新優生学の特徴は、必ずしも批判的なニュアンスが込められていないことだ。もう少し引用を続ける。

〈中には肯定的に使う人々も出てきている。現代の遺伝医療の様相を「レッセフェール優生学」と名づけたキッチャー(引用者注・社会学者)はその一人である。「遺伝学を知らない楽園から出てしまった以上、われわれは何らかの形の優生学から逃れられないという覚悟のうえに、「実行可能な選択肢から最も安心をえられるものを選ぶしかない」とキッチャーはいう。(中略)このように、選択的中絶を「優生学」の一種として肯定的に受け止める態度の出現は、「優生学」という言葉の脱スティグマ化を示唆している。〉

優生学が悪であるという時、ナチスドイツの暴虐との距離が常に基準とされてきたと、松原助手は指摘する。障害者の「安楽死」やユダヤ人虐殺の根拠に優生学を掲げたナチズムの罪深さは言うまでもないにせよ、ではナチスドイツのような権力による強制が伴わないのであれば、それは「よい優生学」であるのか。

そう単純なことではあるまい。多くの研究者がこの問題を論じている。

まず、出生前診断や選択的中絶を前にした局面で、真に個人本位の自由な選択があり得るのかどうか、という根源的な問いかけだ。保険加入や支払いの不利、障害者の医療費の高さが非難の対象になるような現状では、「それでも産む」選択は難しい。制度の改廃によって、いくらでも誘導することもできる。前記のキッチャーも、「個人本位の自由な選択」が完全に保証された状態を「ユートピア優生学」と名づけているほどである(松原論文)。

「すべり坂理論」と呼ばれる反論もある。致命的な疾患を持つ胎児の中絶を許容したとして、その後、社会はどこまで線引きができるのかという疑念だ。Aの疾患ならよくてBではいけない理由は何か、Cでは、という具合に、坂道を滑っていく人間を想像するのは難しいことではない。

東京水産大学の金森修助教授(科学論)が、この議論を掘り下げている。

〈遺伝病だけでなく、もし一定の「好ましくない性質」を胚や胎児がもっていると見なされるに至るとき、その胎児を中絶しないための社会的論理はありうるのか。女子よりも男子を好む文化の場合、ただ胎児が女子であるというだけで中絶されないとも限らない。青い目と金髪が美しいと見なされる文化の場合、茶色い目や黒い髪の胎児は中絶されるかもしれない。坂を転がるにつれて、選択の射程は増し、介入のスピードは増していく。〉（「遺伝子改良の論理と倫理」「現代思想」二〇〇〇年九月号）

遺伝子改良への道が、こうして開かれる。ただし、誰もがそれを行えるわけではない。経済的な条件に加えて、一定以上の教養や知的水準等の諸条件が伴っていなければ、遺伝学の現実を把握し、リスクを勘案した上でわが子の遺伝子改良に踏み切ることはできないなどとして、金森助教授は続ける。

〈若干高い背、美しい顔、高い知性、優れた筋力などを遺伝的に調整するということが、既に自らが一定の豊かさや知力をもった人の方がしやすいようになっている社会は、公平で公正な社会だといえるだろうか。

さらに、この一連の事実には正のフィードバックがかかる。世代を下るにつれて、不平等さの度合いはますます大きくなるに違いない。（中略）貴族階級が崩壊し、市民社会が成立したあとで、今度は遺伝子操作によってプラスの価値を身につけた遺伝的な貴族階級が成立する可能性さえないとはいえない。〉（同前）

シルヴァー・プリンストン大学教授の言う〝ジーンリッチ〟の誕生である。これも第一章で取りあげたマイクル・ヤング描くところの『メリトクラシー』の世界でもあろうか。決して荒唐無稽なシナリオではないように思われる。

金森助教授は、しかし、こうした批判や懸念も、新優生学が掲げる個人の〝自由意志〟〝自己決定〟のロジックを突き崩す力としては不十分であるという。新優生学の場合、ナチズム式の優生学とは反対に、批判する側が個人の自由を奪う役回りになってしまう。少なくとも現在の日本社会において、「すべり坂理論」を楯に、子供が重度の障害を持って生まれてくる可能性の大きい夫婦の出生前診断を止めさせる権利は、おそらく誰にもない。

だが、背景にあるのがアメリカの新自由主義だろうと、ナチスドイツの国家社会主義だろうと、優生学は優生学である。もたらされる結果の広がりは、ヒトラーに相当する特定の顔が見当たらない、しかし強力この上ない市場という原動力が動かす新優生学の方が深刻かもしれない。

九九年五月十五日、京都市北区の京都国際会館で、ゲノム解析や遺伝子検査に欠かせないDNAチップに関心を寄せる研究者や企業関係者ら約千四百人が集う任意の組織「DNAチップ技術研究会」の設立総会が行われた。基調講演の講師は遺伝医学の権威である中村祐輔・東大医科学研究所教授兼ヒトゲノム解析センター長。最新の情報が盛り込まれた内容は刺激的だったが、終了の寸前、彼がさりげなく語った一言に、私は強い不安を覚えた。

「やがて人間が生まれた時点でその人の遺伝子を解析し、病気に対してどういう予防をしていけばよいかが判定できるようになる。そして十年後には、そうした遺伝子情報が個々のＩＣカードに盛られ、これを医師に提示して指導を受けていく形になっていくと思います」

前段の予想はこの通りだろう。記憶容量が大きくセキュリティ機能に優れたＩＣカード（プラスチックカードにＣＰＵ――中央演算処理装置――とＩＣメモリーを埋め込んだ〝電子頭脳〟カード）を活用したいとする発想も自然の成り行きだ。後日、中村教授に確認すると、これは彼独自のアイデアではなく、遺伝子研究の関係者なら誰もが抱いている〝夢〟であるという。

「希望者には国が費用を出しても推進させるべきだと思っています。紙によらずネットワーク上に記録する電子カルテが実現すれば、それとの連動も進んでいくでしょう。私としても、通産省や厚生省に研究を急ぐよう、懸命に要請しているところです。

ただ遺伝子情報は、使われ方によっては個人の一生を左右するほどの不利益をもたらしかねない、危険な側面もある。プライバシー問題との関連で徹底的に議論がなされなければなりません。規制などする必要はないという人もいますが、それは違う。人々の倫理観に任せておけばどうにかなるなどというキレイゴトでは済むはずがないのです。

個人情報保護法の議論の中で捉えていくことが大事だと思います」

中村教授のバランス感覚は理解できる。しかし、彼ら専門家の構想はきわめて危険だと言うほかはない。

日本政府は現在、九九年に成立し、二〇〇二年八月から施行される予定の改正住民基本台帳法をベースに、全国民に十一桁の住民番号を割り当て、ＩＤ(本人識別)機能を持たせたＩＣカードを携行させて一元管理し、併せて民間企業のマーケティング支援にも活用する国民総背番号化計画を進めている(拙著『プライバシー・クライシス』文春新書、一九九九年など参照)。個人の遺伝子情報をＩＣカードに載せていこうとすれば、この流れに取り込まれる可能性が大きい。

遺伝子検査もＩＣカードも存在しなかった第一次大戦当時、ほぼ同じ構想を描いた優生学者がドイツにいた。パスポートを手本に「病歴記録証」(Krankenpaß)を考案した、ヴィルヘルム・シャルマイヤー。彼はこれを国民に携帯させ、表には氏名、生年月日、出身地、住所などのＩＤ情報を、裏には病歴を詳細に記入させて公立の保健局が管理することを提案した。結婚する男女は婚姻届を出す際、それぞれ記録証を提示するよう義務づけよというのである。

〈シャルマイヤーは、婚姻の禁止という手段をとることには原則的に反対する。そんなことをせずとも、この記録証があれば、結婚相手の病歴がわかるし、また記録証を保健局が集中的に管理すれば、本人ばかりでなく、その家族がどのような病歴をもつかもわかるようになる。これらの情報をふまえて、結婚するかしないかを決められるようになれば十分であり、その際に〝賢明〟な判断が下せるよう、医学、とりわけ遺伝学の知識を大衆に広めなければならないとシャルマイヤーは説く。〉（市野《いちの》川容孝《かわやすたか》「社会的なものの概念と生命――福祉国家と優生学」「思想」二〇〇〇年二月号）

レッセフェール優生学の前史であった。シャルマイヤーの病歴記録証構想に近い制度はやがてワイマール期のドイツで実現し、紆余曲折を経てナチズムの優生思想を導く運命を辿っていく。

前出の文明批評家ジェレミー・リフキン氏は、こうも述べていた。

〈新しい商業的優生学は、人種浄化を叫ぶ優生学者の甲高い叫び声のかわりに、実際的な言葉で語り、経済効果の上昇やよりすぐれた性能水準、生活の質の向上といったことをうたいあげる。昔の優生学は、政治的イデオロギーの干渉を受け、恐怖と憎悪によって動機づけられていた。新しい優生学は、市場の勢力と消費者の欲望によって拍車をかけられている。

より健康な赤ん坊を望むのはいけないことだろうか、と今日の分子生物学者は問う。新優生学は陰険な計画としてではなく、社会・経済的な恩恵としてわれわれに近づいてくる。われわれが避けようとしても避けられない事実として、地球上の生命の青写真を設計しなおすという、まだ未熟な商業努力は、新しい優生学の世紀へわれわれを連れていこうとしている。〉(『バイテク・センチュリー』一八〇～一八一ページ)

ノブレス・オブリージュ

遺伝子操作と優生学をめぐる大問題に踏み込んでみたのは他でもない。私が本書で扱ってきた現代日本の機会不平等の諸相もまた、このような世界的潮流と無関係でなく、むしろ同じ目線で論じられるべきテーマではないかと考えたのである。

私たちはなぜ、「すべり坂理論」を現実的に受け止め、科学の進歩自体に拒否反応を示してしまうのだろうか。人間はもっと、自らの理性を信頼してもよいのではなかろうか?

問いかけてみるだけ虚しいと、誰もが承知している。人間の欲望には限りがない。分けても既に地位も金も名誉もある人々の中には次に他者への支配欲、征服欲を抱き、そのためには何でもする者がままあるという経験則を、私たちは無意識のうちに身につけてしまっているからだ。

右や左のイデオロギーとは別の次元の問題である。現代というこの時代、社会ダーウィニズムの台頭がなければ、新優生学の勃興もなかった。

社会ダーウィニズムについては第一章で概略を説明した。いま一度だけ、リフキン氏の表現を借りたい。

〈生物が自然界でどう行動するかについてのダーウィンの考え方はまた、市場において売り手と買い手がどう行動するかについてのアダム・スミスの考え方と共通するところがたくさんあった。スミスの主張するところでは、市場では「見えざる手」が需要と供給を調節しているので、各個人は自由に力をふるって自己の利益を最大限にするべく努力してもよいのだという。しかも、そのような行動が利己的であることを認めながら、個人的な利己主義は他のすべての人びとの幸福のためになると主張した。ダーウィンはスミスに賛成して、自然においては市場の場合と同じように、個々の生物はみずからの利益を最大限に広げて、かぎりある資源をめぐる闘争を生きぬくのだと言った。（中略）そして、こう推論した。外部の法則――見えざる手――が経済社会でつねにはたらいているように、同じような法則――自然淘汰――が自然界でもつねにはたらいていて、永久に資源の供給と資源への需要のバランスを調節しているにちがいない、と。〉（前掲書二七九～二八〇ページ）

〈その理論が自然に当てはめられる動機が経済のあり方だったとすると、自然の法則を社会へ適用しなおすについては、政治が動機となった。『種の起源』が出版されるや、ブルジョア階級は自分たちの経済的行動を合理的に説明する究極の根拠として、普遍的な自然の法則に頼ることができた。貧しい労働者から苛酷に搾取することも、帝国主義者の海外での冒険もすべて、「自然の法則」に忠実にしたがっているという大義名分で正当化することができたのだ。歴史学者ガートルード・ヒンメルファーブは、社会ダーウィン主義と呼ばれるようになった考え方の政治への間接的な影響を調べ、それがまぎれもなく産業化時代の政治の主眼となったという結論をくだしている。

ダーウィン主義は競争、権力、暴力を、伝統や倫理、宗教よりも高く位置づけた。こうして、それは大きな旅行鞄《かばん》よろしく、ナショナリズム、帝国主義、軍国主義、独裁主義を包み込み、英雄やスーパーマンや支配者民族の熱狂的崇拝を包み込んでいった。〉(同二八二ページ)

今日、日本で様々な〝改革〟の担い手となっている人たちが必ず持ち出してくるのが、〝グローバリズムの中での生き残り〟という議論だ。一九世紀の帝国主義者たちがダーウィンの『種の起源』をもって、自らの欲望を正当化していったように、今日の〝機会不平等主義者〟たちも、何らかのレトリックをもって自らの欲望を正当化している。それは「グローバリズム」であったり、〝世界市場の中での競争〟という言葉であったりする。そうしたレトリックにより、持てる立場の彼らが〝さらに得をする〟ルール変更がさも公のためになされたかのような装いを得ることができる。

誤解のないようにしておきたい。私は何も、生産性は低くてよい、国際競争力も必要ないなどと言いたいのではない。それらは重要だが、獲得のための方法論は、所詮、環境の変化とともにうつろっていくものだ。経済学者たちが言うほどに日本の旧来型システムが絶対的に駄目なものなら、高度成長もバブルの栄華に酔い痴れた時代は嘘だったのだろうし、相対的にあれほど落ち目を伝えられたアメリカが、こうして再び世界の支配者として君臨統治する局面もあり得なかったはずなのである。

その時々の状況に応じて経済政策の思想が変化するのは当然だ。が、現在の日本社会で進められようとしている〝改革〟は、一時の経済政策の範疇にとどまる程度のものではない。ツールとしての科学技術が異常な発展を遂げてしまっている以上、それを背景にした極端な新自由主義は、人間存在のあり方まで一変させてしまう力を持った、社会ダーウィニズム運動に他ならないではないか。

彼らはもちろん、自らを社会ダーウィニストであるなどとは言わない。自覚しているらしい人も、そうでもなさそうな人もいる。ただ、取材を重ねるうち、奇妙なことに気づいた。

いわゆるノブレス・オブリージュを、誰もが口にするのである。フランス語で「高い身分の者が担わなければならない重い責任や義務」の意だ。欧米では指導者の必須条件とされるという理念に対する彼らの強烈な憧憬を、私は何度となく感じた。平等主義が過ぎる日本人にはそれがない、だからこそ早期に才能を発掘して、エリート教育を施す必要があるといった話の流れで語られる場面が多かった。

教育改革に大きな影響力を持つ木村孟《つとむ》・大学評価・学位授与機構長は、公立校の中高一貫化の主唱者である。受験エリートなどではなく、「ヘゲモニー(覇権)を求めない本当のエリート」の養成を目指したいと、彼は強調した。

——どのような人々を、そう呼ぶのですか。

「単にソシアル・ステイタスの高い人のことではありません。勉強ができるというよりも、深く思索することのできる人間。英国では"He thinks really well."というのが最大級のほめ言葉なんですが、そのような人のことです。七〇年代に〝英国病〟と言われたほど酷い状態に陥った時でも、彼らはものすごい議論をしていたんですね。

英国では、戦争になると将校が死ぬんです。国の危機に際して、指導層にいる者ほど真っ先に危険な戦場に出るから。ケンブリッジ大学を出たエリートで、学生時代にラグビーで脚が不自由になっていたのに、第二次大戦中、前線に出て戦い、捕虜になったという人の話を、私も直接聞いたことがあります。そういう人が、全然珍しくない。

そんな英国に比べて、日本の将校は前線に出ないから死なないと言われるわけですが、そんなこともなかったと思う。戦前には結構、本物のエリートもいたんじゃないでしょうか」

——階級社会と裏表の関係にあるということですか。

「仰る通りです。明治期の教育者である手嶋精一という方(一八四九〜一九一八)は、早くから技能教育の重要さを実感して、東工大の前身である東京職工学校を創立し、二代目の校長に就任されました。しかし、有力な政治家と衝突してその地位を追われ、博物館の試補か何かになって、一般の人に数学や物理を教えたのです。

また、東工大を卒業した私の先輩で、後にある国立大学の工学部長になった方が、どこかでこんなことを書いておられました。

昭和十九年、悪化する一方の戦況に、もう勉強などやっていられない、俺たちも前線に出ようという学生の声が高まった。東工大の自治会は真っ二つに割れ、困った学生たちが前の学長で当時は技術院(現、工業技術院)総裁に就任していた八木秀次さん(後に八木アンテナ社長)の家に電話をかけた。すぐに来いと言われて訪ねていくと、八木さんは、「気持ちはよくわかる、もう戦況は戻るまい。だが戦争に勝っても負けても、これからの日本に大切なのは技術の力だ。君たちはとにかく勉強してほしい」旨、仰ったのだそうです。そんな発言が表に出れば、ただちに検挙されかねない時代ですよ。それでも八木さんはそう言ってくれたのだという。彼らのような人々こそ、ヘゲモニーを求めないエリートなのです。

一橋大学の阿部謹也学長に、この話をしたことがあります。阿部さんは、問いかけに直接には答えてくれなかった。でも、「その人たちは心から国のことを思っていたのだろう。本当の議論をしたのだろう」とは言ってくれました」

直接取材した以外にも、目についた「ノブレス・オブリージュ」を挙げてみる。

・自由党党首・小沢一郎氏のホームページ「一郎の政策ルーム」に「日本を一新する重点政策」が掲げてあった。指針の一つに「道徳の確立」があり、「政治家・官僚など責任の重い立場にいる人に対して、より高い社会的責任、倫理観と義務を求める(ノブレス・オブリージュの徹底)」と謳っていた。

・船田中《なか》・元衆院議長(故人)の孫で船田譲・元栃木県知事(故人)の長男でもある船田元《はじめ》・前衆議院議員(自民党)の、これもホームページ「日本を良くする本」。畑恵《はたけい》・参議院議員(自民党)との不倫スキャンダルで失脚した彼は、ここでエリート教育の必要を説いていた。〈国立大学の学部はすべて民営化して私立とし、国立は大学院大学に限定する。そして、ここでエリート教育をすればよい。厳しい試験によって、学問的な能力のほか人格、識見ともに優れたバランスのとれたノーブレス・オブリジュ意識を持つ人間を選抜し、育成するのである。〉

・人事院編『公務員白書』平成十一年版の「おわりに――これからの公務員の役割」。不祥事が続いていた折から綱紀粛正を訴え、これに続けて、〈公務員は、全体の奉仕者としてそれぞれの職責に応じて国民から期待される役割を自覚し、これに使命感を持って主体的に取り組むことが求められる。特に、幹部公務員については、一層強い倫理観を持ちノーブレス・オブリージュといわれる責任の重さを絶えず自覚

すべきである。〉

ノブレス・オブリージュは、しかし、精神論としてだけでは語られない。孟子曰く「恒産なきものは恒心なし」。だから金持ちを優遇し、あるいは階級差を認めよという主張と、常にワンセットである。

代表的な改革論者である慶應義塾大学の竹中平蔵教授は、筆者の取材に対して、こう語っていた。

「日本経済がここまで悪化してくると、従来とはまったくコンセプトの異なる政策が求められてきます。（中略）経済を支える企業や起業家をエンカレッジするため、法人税減税の一層の強化に加え、所得税の最高税率を下げてやる。明らかに、金持ち優遇税制が必要な時期なのです」

貧富の差の激しいアメリカは、その分、一部の成功者が全体をカサ上げしてくれている、日本もそのような社会を目指すべきだとするのが、竹中教授の主張だ。

中谷巌・多摩大学教授はより具体的に、あるべき金持ち優遇税制案まで示して見せたことがある。直接税を「努力に対するペナルティ」と位置づけた上で、現在では最高限界税率六五％の個人所得税、同じく五〇％の法人所得税をそれぞれ三〇％にまで引き下げよと強調した。そうしなければ、高額所得者や企業経営者は努力しなくなるのだという。

〈相続税に至っては、「人間が一生かかって努力した結果に対するペナルティ」である。しかも、これらは累進構造を持っているから、がんばればがんばるほどペナルティがきつくなる。〉

金持ち優遇で不足した財源は、当面、租税特別措置の撤廃や引当金制度の見直しなどで賄う。が、将来は消費税を大幅に増税すればよいとする。この場合、消費税が宿命的に持つ逆進性(収入に対する税負担割合が低所得者ほど重くなる)にも配慮しない。

〈それでももっと弱者対策を講じるべきだという世論が強ければ、上記のような税構造の下でも、社会保障政策をはじめとして様々な手段を講じることが可能である。それは別途議論すれば足りることである。〉(「経済低迷の脱却には抜本的税制改革を」「フォーサイト」九七年十月号)

金持ちを優遇すれば、雇用面だけでなく、寄付金控除の仕組み次第で慈善行為も促すことができるという。ちなみに上位の所得階層を太らせると、ポタポタと水滴が垂れるように下位の層もオコボレで潤う、という考え方を、経済学の用語でトリックル・ダウン・エフェクト(浸透効果)と呼んでいる。

現在の教育改革の流れを作った臨時教育審議会(臨教審)のメンバーが集まった日本経済調査協議会の教育に関する研究会の報告書が、平等という概念そのものへの憎悪と、ヨーロッパ式の階級社会への憧憬に満ちていたことは、第一章で述べた。社会を牽引するエリートには育ちのよさと古典的教養が必要なのに、平等の中から台頭した日本的なリーダーでは国際社会に通用しないというのだった。

経済同友会の元教育委員会委員長である櫻井修・住友信託銀行特別顧問は、戦前への郷愁を隠さなかった。やはり第一章に登場した櫻井氏は、これからの大企業が求める人材像を「ひと握りのブリリアントな参謀本部」「マネジメントのプロと大量のスペシャリスト集団」「ロボットと末端の労働力」とに大別してみせた人物である。私の取材に対して、彼はこう語っていた。

「私は昭和三十年代から四十年代の半ばにかけて、つまり高度成長の時代に、銀行で採用の仕事をやっておりました。すると年々歳々、学生たちがどんどん寄らば大樹の陰を目指すようになっていく。彼らはまず、どの組織に所属するのかに自分のアイデンティティを求め、それから人生のシナリオを考えておるように、私には見えたんです。

経済成長とともに、重層的に存在していた多様なコミュニティーが崩れていったとはよく聞かれる議論ですね。昭和という時代は、自己責任を負わないサラリーマンを無限に生み出した時代でした。昭和三十年代に三〇%程度しかなかった労働人口に占めるサラリーマンの比率が、現代は八〇%に達しているのです。でも人間はコミュニティーがなくては生きていけませんから、ゲゼルシャフト(利益社会)であるべき企業が、日本ではゲマインシャフト(共同社会)の色の方が濃くなってしまった。自分のことを語るのに、所属する企業から紹介するのが当たり前になってしまった社会。年功序列というのは、このゲマインシャフトをスムーズに運行するために形成されてきたシステムだったんです」

——サラリーマンだらけの日本社会はどうかしている、と。

「少なくともこれまでの日本の企業は、人間を均質化するばかりで、異質な人間をボイコットしてきました。自立だの個性だのと言ってみたところで、その実、企業が最も重視したのは協調性だったのですよ。そして、いずれかの組織に従属していないと、生活さえ不利になる構造ができあがっている。そこで学生たちは、どの組織に属するのが得か損かで人生を考えるようになってしまった」

——私自身、どこの組織にも属さずフリーで仕事をしているために、アパートを借りるのにも苦労させられます。入居申込書には「職業」でなくて「勤務先」なんて書いてある。住宅ローンなんて、とてもとても。

「そうでしょう。おかしいんだよ、そんなのは。

この閉塞状況は、単に不景気だからというちっぽけな話ではありません。だから私はあるべき論を語り続けるし、実際、世の中が変わってもきている。

私の家に来てくれる植木屋さんの話です。植木職人なんか絶対に嫌だと言っていた息子さんが、ようやく後を継いでくれた。最初はＢＭＷに乗ってやってきて、車の中で着替えていた彼も、近頃は初めから職人らしい格好で来るようになったんです。聞けば、その方が女の子にモテるんだという」

――結果的にそうなれるのなら、確かにいい話です。

「今は五、六〇％の人が大学に進む大衆教育社会ですが、それでみんなハッピーになれたのだろうか。大学を卒業した全員がリーダーシップやスペシャリティを身につけることができるはずもない。

あえて危険な言い方をしますが、戦前の企業や地域社会はきわめて合理的な側面を持っていました。貧しくても有能な子を、周囲が助けてあげる仕組みも成立していたのです。身分社会だったという問題はあるけれど、そこへのアレルギーが強くなりすぎ、平等だけを追い求めた戦後は、多様で多彩な生活文化の層までも単色化してしまったのです。そんな日本に比べたら、欧米ははるかに大人の社会なのですよ」

――ただ、ではサラリーマンにならずに地元かどこか違う町で自営業をやる、親の後を継ぐしかないというのではなく、主体的にそうできる選択肢が、現在の日本にはたして存在するのでしょうか。脱サラしても本当の独立は無理で、コンビニのフランチャイズ・チェーンに加盟するしかなく、サラリーマン時代以上に管理されてしまう人々が少なくないのが現実です。生産性第一の社会では、自営どころか、大組織に取り込まれる以外の生き方は不可能になっているのでは。

「確かに、一人で何もかもをやる自営業というのは難しくなっています。だけれども、組織に飼われるのではなく、組織と対等の関係を結んだ上で、その組織で働くことができるのなら、それでもよいのではないですか。契約社員や派遣社員の雇用形態が定着し、彼らが自宅や近所の小さな事務所で仕事ができるSOHO(スモール・オフィス、ホーム・オフィス)のような職場が増えてくれば、組織に従属したサラリーマンとは違う働き方ができるはずです。

要は、異様すぎた時代がようやく終わろうとしている。あれは奇跡的な高度成長の最中でのみあり得た社会なのであって、これからの日本は、あるべき健全な姿に戻るということなのです」

東京大学総合文化研究科の佐藤俊樹助教授(比較社会学)が二〇〇〇年六月に出版した話題作『不平等社会日本』(中公新書)に、思わず膝を叩きたくなった指摘がある。個人商店の開業率は八〇年代前半まで廃業率より高かったが、バブル経済の入口に当たる八五年を境に逆転した。開かれた社会は学歴による上昇への期待だけで築かれたのではなかったとして、彼はこう書いている。

〈自営への上昇は「腕一本」によるもので、学歴 - 昇進の回路を経由しない。「学校がすべてではない」ことを目に見える形で示していたのだ。

社会全体からみれば、それは選抜機会の多元化につながる。上昇の主ルートとはちがう副ルートがあれば、主ルートにかかる負担も軽減される。例えば、「学校がすべてではない」が現実《リアル》であれば、学歴を通じた主ルートのなかですべての不公平を解消しなくてもよい。逆にいえば、自営への上昇という副ルートの消滅は、学歴－昇進の主ルートを補完し、その負担を軽くする装置がなくなったことを意味する。戦後の選抜システムをささえてきた、もっとも重要な保護回路が解除されてしまったのだ。〉（八四ページ）

上流階級は立派な人々か

木村孟・大学評価・学位授与機構長や櫻井修・元経済同友会教育委員会委員長の主張には、傾聴すべき部分がたくさんある。今日に至るまで、彼らが深く思索し、呻吟《しんぎん》してきたことも、よく理解できた。

特に、幼い頃ネフローゼという重い腎臓病を患って寝たきりになり、二度も危篤に陥った体験を持つ櫻井氏には、単なるボンボン育ちにはない深みを感じさせられた。彼はこう述懐していた。

「枕元で親が話している声が聞こえてくるたびに、ああ、自分はもう駄目だ、死ぬんだと思いました。そんな状態が二年半も続き、小学校一年生を二回やらされたのだったかな。でも結果的には、そのお陰でずいぶん早熟になった。寝ているしかないから親父が持っていた本を嫌というほど読み、その後の人生観に大きく影響したように思います。

あの経験がなく、健康なままで育っていたとしたら、私の心象風景はかなり違ったものになっていたでしょうね」

私は個人的には、そんな櫻井氏に強く惹かれる。本書のベースになっている雑誌の取材で合計三回、十時間近くに及んだインタビューは楽しかった。サラリーマン論など大いに共感できた。櫻井氏の話は、ありがちで幼稚な戦前回帰の主張とはやや違っていた。だがそれでも、彼らの論理で現実の日本社会を改造していくのは危険であると、私は書かざるを得ないのだ。企業の論理が創り出した派遣労働者という立場が、企業と対等の関係になることは永久にあり得ない。特定のスポンサーに援助された貧しいが有能な子は、事実上、思想信条の自由は許されなくなっていく。

高い社会的地位を占めている人々が、自らノブレス・オブリージュを言い出すなどとはちゃんちゃらおかしい。自分自身を〝高貴〟な人間と位置づける傲慢さが鼻持ちならないだけでなく、言挙げせずとも、いつでも淡々と実践してみせればよいだけの話ではないか。

戦争を進めた側の人々が自ら最前線に赴く行為など、人間として当たり前のことである。自らと自らの身内だけは安全圏にいて、他人を駒のように戦地に送り込んでいれば済む前提でしか物事を判断しない方が異常なのだ。

他人には自己責任や自助努力を強いておきながら、ノブレス・オブリージュの精神を発揚してもらいたかったら見返りを寄越せ、と言わんばかりの態度にも納得しかねる。政府や自治体、政治家との距離や親譲りの土地資産など、本人の努力とは関係のない要素が成功と不成功を隔ててしまっている現実をことさらに無視し、すべてが努力の賜物のような言い方で成功者にへつらう経済学者は、本当に困りものだ。既得権益が侵されるのを恐れて規制緩和に反対する人々を彼らは非難するが、甘えているのはどちらだろうか。

ネビュラ賞作家ロバート・J・ソウヤーがヒトゲノム計画と遺伝子差別に材をとったSF小説『フレームシフト』に、アメリカのリッチマンの本音が描かれた場面が出てくる。ハンチントン病の遺伝子を持つために保険契約上の差別を受けた主人公ピエール・タルディヴェル博士がその生命保険会社の株主総会に乗り込み、クレイグ・ブレン社長と対決するのだが――。

〈「保険業はビジネスなのですよ、タルディヴェル博士」

ピエールは、自分の名前を呼ばれてぎくりとした。正体がばれてしまったようだ。

「それはそうですが――」

「ここにいる善良な人びとにも」ブレンは両腕をひろげた。わざとピエールには不可能な身ぶりをしてみせることで、彼をあざけっているのだろうか。「権利があるのです。苦労して稼いだ金を有効に活用する権利。額に汗して利益をあげる権利。彼らは手持ちの金をこの会社に投資して、経済面の保証を手に入れています——快適な老後の保証を、不安定な時期を乗りきるための保証を。（後略）」〉

〈（前略）あなたは重荷です——このホールにいるすべての人びとにとっての重荷です。あなたに保険金を支払うというのは、州がわが社に強要している慈善活動なのです」

「だが、わたしは——」

「——慈善活動が必要だということは、わたしも認めます。あなたはきっと驚かれるでしょうが、わたしは自分のポケットマネーから、昨年はサンフランシスコにあるＡＩＤＳホスピスに一万ドルの寄付をしているのです。しかし、気前のよさにも理にかなった制限をつけるべきです。医療には金がかかります。あなたが自慢するカナダの公営の医療システムは、コストの果てしない増大によって崩壊するかもしれません」〉

ブレンの差別意識は、そして会場内の大衆株主たちにも支持されていく。「嫌なら故郷へ帰れ」。「俺たちの金を吸い尽くすつもりか」。権力者の身勝手を押しつけられた弱者が、より弱い立場の人間に負担を転嫁することで成立している現在の日本社会は、ここで描かれた光景と酷似している。

〈ひとりがブーイングをはじめた。すぐに何人かがそれに加わった。だれかがまるめた日程表をピエールに投げつけた。ブレンが曲げた二本の指で合図をすると、守衛たちが動きはじめた。ピエールはほうっと息を吐いて、ゆっくり、よたよたと自分の席にも

どった。（中略）
「えらくあつかましいやつだな、あんた」禿げた頭に櫛で髪をかぶせている男が、うしろの列から身を乗りだして、声をかけてきた。〉（内田昌之訳、ハヤカワ文庫、二〇〇〇年、四一九〜四二二ページ）

遺伝子差別が深刻化しているアメリカの作家が、このようなストーリーを書き、争うように読まれている。セックス・スキャンダルにまみれたクリントン大統領。ヤミ献金疑惑に揺れる〝統一宰相〟ことコール・ドイツ前首相……。汚職防止に取り組むNGO「トランスペアレンシー（透明度）・インターナショナル」（TI、本部ベルリン）が九五年から公表している各国・地域の「腐敗ランキング」でも、欧米先進国の腐食ぶりが問題視されている。現代の日本を動かす〝エリート〟の程度の低さは言わずもがなではあるけれど、だからといって、欧米の上層階級が立派だということにもならない。

アメリカ人はすぐに、アジアはネポティズム（縁故主義）の社会だなどと言って軽蔑したがる。日本人でも新自由主義の〝改革〟論者の多くは同じようなことを言い、ただし、小渕恵三前首相の選挙区をろくに社会人経験もない二十六歳の次女が世襲したような、個別具体的なケースについては口をつぐんできた。

だが、アメリカの実態もこれと何ら変わらない。二〇〇〇年のアメリカ大統領選挙で対決した民主党のアル・ゴア副大統領は故アルバート・ゴア上院議員の、共和党のジョージ・W・ブッシュ・テキサス州知事はジョージ・ブッシュ前大統領の、それぞれ二世議員である。彼らの娘や甥も政治家志望で、二十年後には再びゴア対ブッシュの大統領選になるとさえ囁かれているのだそうだ(ルイーズ・ブランソン著、金子宣子訳「世襲化するアメリカ政治」「フォーサイト」二〇〇〇年九月号)。

それもまた、「自己責任による選択の集積である自由な市場が下した最も合理的な社会の進化」だというのだろうか。

「近代日本における社会ダーウィニズムの受容と展開」

西洋社会へのくだらない劣等意識が、またしても日本社会を歪ませつつある。白人ではない日本人の上層で社会ダーウィニズムが盛り上がると、どうしてもそうなってしまう。

なぜなら、社会ダーウィニズムの「自然淘汰」「適者生存」のロジックは、国内の階級格差を正当化し、社会の進化・発展を説明してはくれるものの、人種や国家などの集団の間に適用しようとすると、彼らにとってはきわめて不都合なことに、日本は近代化を先に果たした白色人種や欧米より劣等だという情けない理屈が導かれる。もともと人種差別や帝国主義と不可分の関係にある思想だから当然なのだが、そこで近代化を急いでいた明治期の日本のエリート階層がこれを受容して独自の解釈を形成していく歴史は、複雑で強引で、どこか哀れなものであったようだ。

以下、主に鵜浦裕《うのうらひろし》・札幌大学文化学部助教授（思想史）の「近代日本における社会ダーウィニズムの受容と展開」（前掲『講座・進化②進化思想と社会』、所収）に依る。典型的な人物の一人に、国家主義者・加藤弘之（一八三六〜一九一六）がいた――。

但《た》馬《じま》（兵庫県）出石《いずし》藩の兵学師範の子として生まれた加藤は、藩校弘道館や佐久間象山塾などに学び、法学者となって、東大の初代綜理《そうり》に就任する。官僚学者の出世階段を登り詰めた彼は、当初は天賦人権論（基本的人権は天賦のもので、権力によって制限されるべきものではないとする主張）を掲げて立憲政治を啓蒙する〝進歩派〟だったが、ダーウィン進化論を知るや〝転向〟し、過去の著作を自ら破棄して『人権新説』を著した。

加藤はここで、人間も動植物と同様、能力の個人差がある以上は優勝劣敗が必然、天賦人権論は〝謬見《びゅうけん》〟〝妄説〟と断定した。同じ論理で民権に対する国権の優位を説き、天皇制支配の正当化にも努めたが、これは失敗したという。民主化を求める進歩主義者を牽制したあまり、劣っていると見なした彼らの台頭を妨げようとする矛盾を、哲学者の外《と》山正一《やままさかず》らに衝かれた。

加藤はそこで、「国家有機体説」を持ち出した。国家とは「衆多の複細胞的有機体（動植物を表す）より組成せられたる植物群体および動物群体」の段階であって、個人は国家全体に従属すると言い切った。ここに儒教的な家族主義道徳が融合して「忠君愛国」の論理が完成していく。

個人レベルの社会ダーウィニズムが尊重する自由の価値観は、あえて無視した。この尺度に囚われると、日本は永遠に西洋より劣った存在だということになってしまうからだった。

鵜浦助教授はこう指摘している。

〈ここで重要なことは、個人主義的社会ダーウィニズムの視点から日本の歴史をみて、全体的に生存競争が弱くそれゆえ進化を促す淘汰圧も小さかったと判断していることである。そもそも国家の進化発展は国家間の生存競争によるだけではなく、国家内部の生存競争にも大いに依存してきたという。したがって国を内部から進化させるためにはなんらかの方法で競争原理を導入し、日本の「国体」に付随するこの欠点を補強しなければならない。しかもその導入は天皇制支配に抵触しないものでなければならないと加藤は考えたのである。

最終的に加藤が考えだした競争原理導入の方策は、いわゆる「忠誠競争」〔石田、一九七〇〕という解決策であった。加藤はそれを道徳進化を促進するメカニズムとして「自力淘汰」と名づけた。〉（一四二ページ）

言うまでもなく、個人の利己心は通常、殉国には向かない。だが加藤は、「個人の利害と国の利害は完全に一致している」と説くことで、国民にそう思い込ませることに成功したのだという。それを可能にしたのが武士道の伝統であり、したがって加藤の思想は〝サムライ・ダーウィニズム〟であったのだと、鵜浦助教授は述べている。
後に生物進化論者の丘浅次郎(一八六八〜一九四四)が、加藤の思想的営為の意味を検討しつつ、社会ダーウィニズムの文脈で、日本と西洋との優劣関係を逆転させる論理を完成させることになる。丘は進歩した他の文明に対する〝服従性〟を進化の価値尺度としてのけたのだった。
〈「独力で文明を進め得るような民族ならば、他に先んじて坂を下るゆえ、服従性が他に先んじて退歩し、これに伴う危険が第一着に現れる。また服従性がいつまでも退歩せず、依然として坂の途中に止まって、従来の制度で満足しているような民族ならば、決して文明の魁となるわけにはゆかぬゆえ、その方面で他の民族から圧迫をまぬがれぬ。前者は優れる民族の恐れるところであり、後者は劣れる民族の苦しむところである。この間に立ってひとり幸運なのは、文明においてはすぐれた民族の後を追うだけの模倣力を有し、服従性の方は、なお半開の状態にとどまって、これを多量に有する民族であろう。」［丘、一九一九］〉（一四八ページ）
〝ひとり幸運〟な国家が日本を指していたことは、改めて指摘するまでもない。思えばわが国は、以来、丘のこの論理に縋って、今日までの歴史を刻んできたのだったろうか。

鵜浦助教授の結論は、次のようなものである。

〈現在の人間は、生物進化の頂点に立つとはいえ、より進化した将来の人間と比べれば、サルからそこに至る間の中継点にすぎない。そして、その将来の人間も、また、遠い未来の超人と比べれば、価値のないものになってしまう。このように進化論は、一面からみると、何事にも絶対的な価値を認めない思想である。〉（一四九〜一五〇ページ）

〈ダーウィンが『人類の起源』のなかで述べていたように、集団間の生存競争において勝ち残るものは、たんに、腕力に優れている集団だけではない。犠牲心、協調性、愛情、信頼などの利他的な性質に恵まれた成員を多く抱えた集団の方が、競争に有利である。したがって、集団間の競争が続くかぎり、個人のレベルでは、自分の生命だけを守る利己的な性質よりも、他人を助ける利他的な性質が保存されていくという。つまり、この思想には、しだいに個人の価値を軽視し、無限に集団主義を強化していく傾向が備わっているのである。

このように社会ダーウィニズムには、「より進化した子孫のために」、そして「同胞のために」という二重の意味で、現在の個人の生命、価値、尊厳を無限に軽視していく傾向が内在しているといえよう。〉（一五〇ページ）

近代をテーマにした鵜浦論文は、図らずも現代の社会情勢をも説明しているように思われる。アメリカの価値観に寄り添い、資本の自由を高らかに謳う人々の、その実、他者の自由や尊厳を侵すことに対する容赦のない無頓着。国内では強者然と振る舞いながら、彼ら自身も進化論の本場から見れば服従性の強い〝黄色いサル〟でしかない愚劣。最も進化していると自称する人々もまた、未来から見れば無価値であることになってしまうニヒリズム。

強い者だけが生き残るのだ、どうだ、俺は強いだろう、弱い者には恵んでやるぞと叫ぶ人々の表情は、どこか虚しげだ。いつも何かに怯《おび》えている。周囲の力が及ばない一対一の喧嘩になれば泣いて逃げ出してしまいそうなひ弱さを絶えずふりまいて、虚勢を張りつつ、逆にハンデを与えてもらいたがる。

だが実際に、日本の社会ダーウィニストたちは政治的な力を握っている。一方では徹底的な自由放任が強調されつつ、他方では教育や労働、ボランティアなど、あらゆる分野で個人の生き方に対する過剰な誘導が推進される昨今の情勢は、そうしたジレンマの産物である。

日本の新自由主義者の本質的矛盾

何かと言えば〝十七歳の犯罪〟が語られる。遺伝子検査による優生学的選抜教育を説いた江崎玲於奈・教育改革国民会議座長は、名古屋の中学生グループによる五千四百万円恐喝事件、愛知県豊川市の高校三年生が主婦をハンマーと包丁で惨殺した事件、佐賀市の十七歳少年のバスジャック殺人事件と続いた二〇〇〇年五月、同会議での議論に立って、「緊急アピール」を発表した。

〈まず、子どもたちに言いたい。

あらゆる失敗は回復できるが、自殺と殺人によって失われた命は二度と回復できない。

国民の皆様に次のことを訴えたい。

子どもを見つめ語りかけてほしい。そのうえで、自分の子どもも他人の子どもも、ほめるべきはほめ、叱るべきときは叱ろうではないか。

また、子どもに関わる社会のそれぞれの場で、子どもが悩みを相談できるように考えてほしい。相談を受けたら、決してたらい回しにしないでほしい。

このアピールは、始まりであり、国民会議は、より良い明日の教育を作るために、国民の皆様とともに考え、歩んでいきたい。〉

文言そのものに異論はない。文句のつけようのない正論だ。だが私は、新聞でこのアピールを読んだ時、強い違和感を覚えた。

江崎座長の署名とはいえ、個人的な見解ではない。首相の諮問機関である教育改革国民会議としての意思による文面だった。ほとんど日本政府と同義の集団が、国民に向かってそんなことを説教する資格がどこにあるのか、と思った。

一連の事件の責任は、当の犯人たちだけにある。彼らは厳罰に処されなければならない。が、原因の一端を社会が作っていることも否めない。

利益誘導と責任逃れに終始する政治家や官僚、金融機関、大企業の経営者。儲けのためには不必要な消費を煽り、あるいは生産的でないと見なされた弱い人間を苛め排除することで、社会そのものが、彼らに、言わば生きた手本を示してきたのではなかったか。私は事務局の責任者である銭谷眞美・教育改革国民会議担当室長にそのことを質《ただ》した。彼は苦笑して、

「お前らが言うな、お前らに言われたくねえよ、ってことですよね。ええ、委員の間でも、そのような議論が交わされていました。しかし、やはり諦めてはいけないのだということで、あのアピールになったんです。

その後、テレビで子供たちの討論番組など見てみますと、いじめの問題を取り上げて、『勇気の日を作ろう』とか、『道徳の時間を増やしてほしい』といった意見がたくさん出ていました。そういう場に出てくるのは初めから立派な子供ばかりなのかもしれないけれど、私たちのアピールにも意味はあったと思っています」

それでも、どうしても緊急アピールをしたければ、教育改革国民会議は指導者層の責任を問う姿勢を盛り込まなければならなかった。自らの堕落を棚上げしたままの訴えに、説得力などあり得ない。かえって無責任を正当化する効果を発揮する。

教育改革国民会議はその後、二〇〇〇年七月の分科会報告で、共同生活による奉仕活

動の義務化を求め、二ヶ月後にまとめられた中間報告でさらに強調した。この問題を扱った第一分科会の審議報告書は、「日本人へ」と題された呼びかけ文の体裁が採られている。少年犯罪には直接言及しなかった。

〈近年、日本の教育の荒廃は、見過ごせないものがある。子どもはひ弱で欲望を抑えきれず、子どもを育てるべき大人自身が、しっかりと地に足を着けて人生を見ることなく、功利的な価値観や単純な正義感、時には虚構の世界(ヴァーチャル・リアリティ)で人生を知っている、と勘違いするようになった。

その背景には、物質的豊かさと、半世紀以上も続いた平和があった。

日本は世界でも有数の、長期の平和と物質的豊かさを誇ることのできる国になったが、その目的に到達すると共に、自身で考える力、苦しみに耐える力、人間社会の必然と明暗を、善悪を超えて冷静に正視する力を失った。〉

このような書き出しで始まる報告は、現実と理想の混同をたしなめ、両親こそ人生の最初の教師であること、道徳教育の必要性、自己責任の原則などを唱えた後、「奉仕の志」について述べていた。

〈今までの教育は、要求することに主力をおいたものであった。しかしこれからは、与えられ、与えることの双方が、個人と社会の中で温かい潮流を作ることを望みたい。個人の発見と自立は、自然に自分の周囲にいる他者への献身や奉仕を可能にし、さらにはまだ会ったことのないもっと大勢の人々の幸福を願う公的な視野にまで広がる方向性を持つ。

そのために小学校と中学校では二週間、高校では一ヶ月間を奉仕活動の期間として適用する。これは、すでに社会に出て働いている同年代の青年達を含めた国民すべてに適用する。そして農作業や森林の整備、高齢者介護などの人道的作業に当たらせる。指導には各業種の熟練者、青年海外協力隊員のOB、青少年活動指導者の参加を求める。これは一定の試験期間をおいてできるだけ速やかに、満一年間の奉仕期間として義務付ける。（中略）

私たち人間はすべて生かされて生きている。

誰があなた達に、炊き立てのご飯を食べられるようにしてくれたか。誰があなた達に冷えたビールを飲める体制を作ってくれたか。そして何よりも、誰が安らかな眠りや、週末の旅行を可能なものにしてくれたか。私たちは誰もが、そのことに感謝を忘れないことだ。〉

この種の報告書としては珍しく、文責が明記されていた。作家の曽野綾子氏。奉仕活動義務化に最も熱心な委員である彼女の夫は、同業の作家・三浦朱門氏だ。教育課程審議会の前会長として、小中学校の授業内容を大幅に削減した彼の発言は第一章で紹介したが、一部を再録しておく。

「いや、逆に平均学力が下がらないようでは、これからの日本はどうにもならんということです。つまり、できん者はできんままで結構。戦後五十年、落ちこぼれの底辺を上げることにばかり注いできた労力を、できる者を限りなく伸ばすことに振り向ける」「限りなくできない非才、無才には、せめて実直な精神だけを養っておいてもらえばいいんです」「それが〝ゆとり教育〟の本当の目的。エリート教育とは言いにくい時代だから、回りくどく言っただけの話だ」

政府・与党はこの提言を受け、二〇〇一年一月召集の通常国会で小・中・高校生にボランティアなどの奉仕活動を義務づける法案を提出する方針を決めた。やはり教育改革国民会議が提唱している教育基本法の改正法案などとともに教育関連法案を次々に上程し成立させる、〝教育国会〟にしたい意向と言われる。与党幹部は「ボランティアをやらないと大学も入れない。就職も認めない」と強制力をちらつかせているという(「朝日新聞」二〇〇〇年九月六日付、「読売新聞」九月十二日付など)。

強制された奉仕活動に赴いた子供たちが武器を手にするかどうかは、次の問題である。九九年の通常国会で成立した日の丸・君が代の法制化に象徴されるように、国家が個人の内面に直接介入してくる潮流はますます強まっている。それは、曽野綾子氏が教育改革国民会議の報告書にわざわざ「日本人へ」と呼びかけてみせたことでも象徴的に示されている。

グローバル・スタンダードが謳われる一方で、こうまで国家主義的な動きが強まっている現実は、一体どうしたことだろう。アメリカの価値観が絶対だというなら、なぜこんなにも、個人の自由が奪われようとしているのか。フリードリヒ・A・ハイエクやミルトン・フリードマンらの全体主義に対する憎悪を源に生まれたはずの思想と、現実の政策との間に横たわる大きすぎる矛盾を、どうして日本の新自由主義経済学者たちは許容することができるのだろうか。

ヨーロッパ的な階級社会への伝統的な憧れに加え、かつて明治期の国家主義者たちが社会ダーウィニズムを受容していく過程で経験したのと同質の葛藤に、現代日本の指導者たちは陥っているように、私には思える。とすれば、彼らのインナーサークルに参加を許されることで〝ポリシー・インテレクチュアルズ〟たり得ている経済学者たちが口を差し挟める領域ではない。

そしてわれわれ大衆は、もはや逃げ場を失っている。正社員を頂点とする企業内部でのヒエラルキーが社会全体に持ち込まれ、自営業のように個人の才覚だけで生きていく別コースが限りなく狭められてしまっているからだ。

問われるべきは、社会ダーウィニズムの有無である。この国では明治六（一八七三）年、初めて徴兵制が導入された当初から、中等以上の教育を受けた者に対する徴兵猶予や免除の特権が定められていた。天野郁夫・東京大学教授（教育社会学）の名著『学歴の社会史』（新潮選書、一九九二年）に、こうある。
〈最初に特権にあずかったのは、この場合にも官公立学校の卒業者である。たとえば明治一二年改正の徴兵令では、官立諸学校及び公立の中学校・師範学校・専門学校の卒業者は「平時ニ於テ兵役ヲ免」じられ、一六年改正ではさらに、「一年志願兵」制度が定められた。それによると年齢一七〜二七歳で「官立府県立学校（小学校ヲ除ク）ノ卒業証書ヲ所持シ服役中食料被服等ノ費用ヲ自弁スル者ハ願ニ因リ一箇年陸軍現役ニ服セシ」めることになっていた。満二〇歳になって壮丁《そうてい》検査をうけ、合格して徴兵されれば三年間、現役に服さなければならないのにくらべて、それは大きな特権であった。
その特権の前提とされたのは、中等以上の官公立学校の学歴と同時に、服役中の費用を負担しうる経済力である。学歴を手に入れるためには教育費の負担能力が必要だから、これは社会の富裕層にとって、きわめて有利な制度であったことになる。〉（一二六〜一二七ページ）
社会ダーウィニストが最も憎むのは、平等や公平の思想である。結果の平等と機会の平等を分けて考えることは、彼らにはできない。理想を投げ捨て、不平等の現実をそのまま肯定してしまえば、そこには強者の論理だけが残る。他者を服従させて社会ダーウィニストは一時的に支配欲を満足させられるかもしれないが、仮に遺伝子改造を伴おうと、奴隷になるために生まれてくる人間はいるはずがないから、過度の服従は、いずれ爆発に転化する。

現代の指導者層に最も不足しているのは、数多の提言が唱えるような創造力でも独創性でもない。他者の心や境遇に対するごく常識的な想像力と、人間としての最低限の優しさである。

主要参考文献

（本文中で引用したものを除く。和書は著者等の五十音順で列記）

◇教育関連

『臨教審以後の教育政策』市川昭午（教育開発研究所、一九九五年）／『分数ができない大学生』岡部恒治・戸瀬信之・西村和雄編（東洋経済新報社、一九九九年）／『教育の社会学』苅谷剛彦・濱名陽子・木村涼子・酒井朗（有斐閣、二〇〇〇年）／『飛び入学』小林哲夫（日本経済新聞社、一九九九年）／『日本の階層システム③ 戦後日本の教育社会』近藤博之編（東京大学出版会、二〇〇〇年）／『日本の戦後教育とデューイ』杉浦宏編（世界思想社、一九九八年）／『なぜ学校に行かせるの？』寺脇研（日本経済新聞社、一九九七年）／『臨教審と教育改革』原田三朗（三一書房、一九八八年）／『企業・大学・人材』廣松毅監修（朝倉書店、一九九五年）／『教育改革』藤田英典（岩波新書、一九九七年）／『日本の教育』堀尾輝久（東京大学出版会、一九九四年）／『市場重視の教育改革』八代尚宏（日本経済新聞社、一九九九年）／『自民党と教育政策』山崎政人（岩波新書、一九八六年）

"A Nation at Risk", The National Commission on Excellence in Education(USA Research, 1984) "Parental Choice and Educational Policy", Adler, M. & Petch, A. & Tweedie, J.(Edinburgh University Press, 1989) "Parental Choice and Educational Reform in Britain and the United States", Edwards, T. & Whitty, G.(British Journal of Educational Studies, May 1992)

◇雇用・労働問題関連

『大企業労働組合の役員選挙』大木一訓・愛知労働問題研究会編(大月書店、一九八六年)／『新編・民主主義は工場の門前で立ちすくむ』熊沢誠(現代教養文庫、一九九三年)／『能力主義と企業社会』同前(岩波新書、一九九七年)／『組織・人事ビッグバン』小南博(東洋経済新報社、一九九八年)／『企業別組合』白井泰四郎(中公新書、一九六八年)／『成果主義』高橋俊介(東洋経済新報社、一九九九年)／『人材派遣の活用法』高梨昌編(東洋経済新報社、一九九七年)／『規制緩和と労働・生活』戸木田嘉久・三好正巳編著(法律文化社、一九九七年)／『人材派遣白書』日本人材派遣協会編(東洋経済新報社、二〇〇〇年)／『雇用不安』野村正實(岩波新書、一九九八年)／『リストラと能力主義』森永卓郎(講談社現代新書、二〇〇〇年)／『人事部はもういらない』八代尚宏(講談社、一九九八年)／『大量リストラ時代』吉弘香苗(現代書館、一九九八年)

◇階層論
『新・階層消費の時代』小沢雅子（朝日文庫、一九八九年）／『オルテガ』色摩力夫（中公新書、一九八八年）／『日本の経済格差』橘木俊詔（岩波新書、一九九八年）／『社会階層』原純輔・盛山和夫（東京大学出版会、一九九九年）／『自由からの逃走』エーリッヒ・フロム著、日高六郎訳（東京創元社、一九五一年）／『エリートの反逆』クリストファー・ラッシュ著、森下伸也訳（新曜社、一九九七年）

◇老人福祉・児童福祉関連
『社会保障の保険主義化と「公的介護保険」』相澤與一（あけび書房、一九九六年）／『福祉ビジネス——見えてきた巨大マーケット』大内俊一・小松浩一（日本評論社、一九九九年）／『10兆円介護ビジネスの虚と実』介護福祉ビジネス研究会編著（日本医療企画、一九九九年）／『措置制度と介護保険』岸田孝史（萌文社、一九九八年）／『子どもが変身する学校』前田武彦（雲母書房、二〇〇〇年）

◇規制緩和・グローバリゼーション・新自由主義経済学など
『偽装労連——日産S組織の秘密』青木彗（汐文社、一九八一年）／『21世紀の世界と日本』伊東光晴（岩波書店、一九九五年）／『規制緩和という悪夢』内橋克人とグループ二〇〇一

（文藝春秋、一九九五年）／『「行革」の発想』大嶽秀夫（ＴＢＳブリタニカ、一九九七年）／『経世済民——「経済戦略会議」の一八〇日』竹中平蔵（ダイヤモンド社、一九九九年）／『規制破壊』中条潮（東洋経済新報社、一九九五年）／『隷従への道』フリードリッヒ・Ａ・ハイエク著、一谷藤一郎・一谷映理子訳（東京創元社、一九九三年）／『アメリカ貧困史』藤本武（新日本出版社、一九九八年）／『ウィナー・テイク・オール』ロバート・Ｈ・フランク＆フィリップ・Ｊ・クック著、香西泰監訳（日本経済新聞社、一九九八年）／『レクサスとオリーブの木』上下、トーマス・フリードマン著、東江一紀・服部清美訳（草思社、二〇〇〇年）／『規制緩和は悪夢ですか』三輪芳朗（東洋経済新報社、一九九七年）／『市場対国家』上下、ダニエル・ヤーギン＆ジョゼフ・スタニスロー著、山岡洋一訳（日本経済新聞社、一九九八年）／『社会的規制の経済分析』八代尚宏編（日本経済新聞社、二〇〇〇年）／『都市はよみがえるか』矢作弘（岩波書店、一九九七年）／『マクドナルド化する社会』ジョージ・リッツア著、正岡寛司監訳（早稲田大学出版部、一九九九年）／『ターボ資本主義』エドワード・ルトワク著、山岡洋一訳（ＴＢＳブリタニカ、一九九九年）

◇優生学・社会ダーウィニズム関連

『比較「優生学」史——独・仏・伯・露における「良き血筋を作る術」の展開』マーク・Ｂ・アダムズ編著、佐藤雅彦訳（現代書館、一九九八年）／『優生学の復活？』ブライアン・アップルヤード著、山下篤子訳（毎日新聞社、一九九九年）／『遺伝と教育』安藤寿康（風間書房、一九九九年）／『漂流する資本主義』佐和隆光（ダイヤモンド社、一九九九年）／『日本の優生学』鈴木善次（三共出版、一九八三年）／『私的所有論』立岩真也（勁草書房、一九九七年）／『強者が収奪される時代』水谷研治（東洋経済新報社、一九九二年）／『障害者殺しの思想』横田弘（ＪＣＡ出版、一九八〇年）／『優生学と人間社会』米本昌平・松原洋子・橳島次郎・市野川容孝（講談社現代新書、二〇〇〇年）／『ダーウィンと進化論』渡辺正雄編著（共立出版、一九八四年）

“The Bell Curve: Intelligence and Class Structure in American Life”, Herrnstein, R. J. & Murray, C. A. (Simon & Schuster, 1996) “Exploding the Gene Myth”, Hubbard, R. & Wald, E. (Beacon Press, 1999) “The Nazi War on Cancer”, Proctor, R. N. (Princeton University Press, 1999) “Genetic Secrets: Protecting Privacy and Confidentiality in the Genetic Era”, edited by Rothstein, M. A. (Yale University Press, 1997)

あとがき

　本文でも少し触れたが、私は鉄屑屋の家に生まれた。埼玉県出身の祖父が祖母と駆け落ちして出てきた東京・池袋に創業した店で、父は婿養子だった。農家の八人兄弟の末っ子が酒屋に奉公してきていたのが、真面目さを見込まれたらしい。

　商売柄、大型トラックの運転ができた父は、関東軍の特務機関に徴用された。このため終戦後はシベリアに抑留され、ようやく帰還を果たしたのは、日ソの国交が回復した一九五六（昭和三十一）年の暮れのことだった。

　父はいつも汗と油にまみれて働いていた。都市銀行の池袋支店がスチール製の事務用品を大量に処分するのを引き取りに行く父を、私という正反対の怠け者が、バイト代に釣られて手伝ったのは、都立高校の一年か二年の夏休みだった。

　ひと通りの作業を終え、通用門のところで腰を下ろして休んでいると、通りかかった行員が露骨に顔をしかめた。まるで汚いものでも見るかのような目で、その若い男は父と私を見下していた。

上等じゃねえかと、血気盛んだった私は反射的に立ち上がりかけたが、父の逞しい両腕に制された。「やめとけ」。微笑みさえ浮かべながら私を諭す父と、おろおろと慌てて立ち去っていく行員とを思わず見比べて、私は誇らしかった。

それまで迷っていた私は、この瞬間、鉄屑屋を継ぐのも悪くないと思い始めた。肉体労働こそ男の仕事。大学に行きたいと考えるようになっても、商学部ばかりを受験した。シベリア時代の苦役がたたったのかどうかは知らない。父は私が成人する前に亡くなった。二度のオイルショックを経て、〝鉄冷え〟と呼ばれる時代も訪れた。心機一転、いくつかの新聞社の入社試験を受けたら辛うじて一社だけひっかかり、その子会社への入社を許されたのが、社会人の第一歩だった。

父の死から、もう二十年以上が過ぎた。母も昨年亡くなった。

たとえばこんな生まれ育ちが、本書『機会不平等』のモチーフを形成していることを否定しない。苦労したのは父で、私ではなかった。私はその父に大学の学費まで支払わせた、幸福な甘ったれでしかないのだが。

名もない男のつまらぬ原体験など知ったことかと叱られそうだ。こんな話より先に、解決されなければならない理不尽な差別が、この国にはいくらでもあるのも、よく承知している。

あえて恥をさらしたのは、本書の第五章で経済学者たちに己の学問の形成史を明らかにせよと迫ったこととの整合性を図るためばかりでもない。現代の日本社会を動かしている人々の多くが、あの時の銀行員と同じ目をしているからだ。私ももう、肉体労働者かどうかなど、人を表面だけで判断するほど単純ではない。ただ、額に汗して働く人間を平気で小馬鹿にできる者が、〝改革〟の美名の下、社会を都合よく変えてしまおうとしているのを、そのまま見過ごしているわけにはいかなかった。

個人的に辛いシーンが何度かあった。第一章の教育問題や、第四章に取り上げた健康学園の取材では、自分自身や両親の人生が否定されているような思いを味わった。拡げていけばきりがないテーマで、取り組みきれなかった分野がいくつか残った。殊に児童福祉の領域には、地味だが深刻な現実が山積している。今後の課題としたい。

以前、新聞にコラムを書いた時、あるご婦人からいただいたお手紙が、今、私の手元にある。長野県の農家に生まれたその方は早くにお父様を亡くされ、六人の兄弟とともに、お母様の女手ひとつで育てられた。十二歳の頃戦争が始まり、上の兄弟が次々に出征していく。

すると村の人たちに、「あの家は貧乏だ」「貧乏だ」と囁かれたそうだ。逆に金持ちの家の子にはいつまでも赤紙が来ず、それどころか絹の着物を着て〝ちゃらちゃらと〟村内を闊歩《かっぽ》していたのだという。

戦時下にあっても楽しく遊んで暮らした人々がいる。片や、彼らの利益のために、生きる機会さえ奪われた人々がいた。

怨み節でもひがみ根性でもない。この手紙に綴られた究極の機会不平等こそ、むしろ人類史のほとんど全部を貫いてきた愚かすぎる価値観だった。

どれほど物質的に豊かになろうと、あんな時代にだけは戻してはならない。手紙を下さったご婦人に、また、「よく書いてくれた」と思っていただけたら嬉しい。

文藝春秋出版局の下山進氏に、今回も深甚なる謝意を表したい。三年前の九七年六月、やはり彼とのコンビで『カルト資本主義』を上梓できた直後のささやかな宴席で、本書の構想も持ち上がった。私は以来、同じ問題意識を抱き続け、「文藝春秋」「世界」「現代」「プレジデント」「諸君!」などの媒体に原稿を寄せてきた。本書はこの間の取材や集めた資料などを再構成し、必要な取材を追加して、新たに書き起こしたものである。

なお本文中の肩書等は、原則として取材時のままとした。

取材に応じていただいた方々。なじみの担当編集者の面々。文藝春秋出版局で本書の刊行を決めてくださった平尾隆弘、関根徹、藤沢隆志、浅見雅男の四氏、重ねて下山君に、心からお礼を言いたい。追い込みの数ヶ月間、昼夜逆転を何度も繰り返して、何がなにやらわからなくなってしまった生活に耐えてくれた妻と娘にも。

ともあれ今回も、多くの人に会い、話を聞き、本を読んで、考えて、議論して、書きたいものを書くことができた。やはり人生は素晴らしい。
亡き両親に、本書を捧げたい。

二〇〇〇年十月

＊　＊　＊　＊　＊

追　記

現代文庫版刊行にあたって

最初に単行本として刊行してから十六年余、文春文庫版の出版からも、すでに十三年近くが経過した。取材当時に驚かされた事実の数々は、もはや当たり前の日常にされている。今さら手遅れになってしまった領域も小さくないとは思われるが、人間の尊厳をこれ以上は奪われないために、読者にはせめて本書が乱打していた警鐘の一部にでも耳を傾け直してみていただけることを願う。

本文庫版では、単行本と文春文庫版での「終章　優生学の復権と機会不平等」を第五章とし、「第五章　不平等を正当化する人々」の章を削除した一方、新たに書き下ろした「序章」を追加した。情勢の変化に対応し、より今日的な意義を持つ書物にしたいと考えた。巻末の対談を快く引き受けてくださったエコノミストの森永卓郎さんと、岩波書店の柿原寛さん、また校正や製作、印刷、販売、広告など、本文庫の出版に関わっていただいたすべての方々に、深く感謝している。

二〇一六年十月

斎藤貴男

【解説にかえて】

「機会不平等」を問いつづける

森永卓郎
斎藤貴男

森永　本書が単行本で出されたのは二〇〇〇年ですが、その後の「小泉改革」以降の社会のありかた、つまり権力者や利権を持つ人が他の人に対して配慮などしなくなって、弱肉強食というか、あからさまに言うと弱いやつは死んでしまえばよいといわんばかりの態度になる世の中が来る、そういうことを明確に予見していたことが、一番すごいと思っていました。

斎藤　ありがとうございます。取材を始めたときは、万能のように言われていた規制緩和の光と影を見つめようといった、ありがちな、だけどなぜかみんながやりたがらなかったテーマ設定でした。ところが、取材を進めると、今言われたようなことをあちこちで思い知ることになってしまうのです。私もこの仕事を長くやっていますから、それまでだって権力の側にある人たちが腹の中で思っていることはしばしば感じていましたが、記事に書かれる前提の話のなかであからさまな暴言を吐いてはばからない、というのは初めての経験でしたね。驚いたまま、記事にしていったのが実際でした。

森永 そのすごい驚きが、今の時点になると、例えば学生の過半数が同じことを言うようになった中では、どう受けとめればよいのか困惑します。学生たちに限らず、何かと「自己責任」という言葉が使われますけど、自己責任と言うのなら、本書に何度も書いてあるとおり、スタートラインが平等の上での競争なのかどうかが、決定的に大切です。けれど、そもそも競争に全然なっていなくて、それが仕掛けになっているのでしょうが。

私は、本書が最初に出た時に想定できていた以上の、とてつもない格差がこれからやってくるのだと思っています。その理由の一つとして、「第四の産業革命」で人工知能とロボットが人の仕事を奪っていく予想があります。二〇一五年に発表された野村総合研究所の推計があって、明確な年次は示していませんが、イメージとしては十数年後に起きることとです。

斎藤 二〇三〇年ごろというところでしょうか。

森永 はい。その時点で日本の職業の四九パーセントが消えてなくなると言っています。この間『人工知能と経済の未来』(井上智洋著、文春新書、二〇一六年)を読んだのですが、そこでは四十五年後に九〇パーセントがなくなるとありました。工場などの直接労働力だけでなく、事務関係や行政事務などを含め、普通の仕事が全部機械に置き換えられる。その時には、仕事として何が残るのかと考えざるをえません。

大きくは三つの種類しかなくなると思っていて、自分の本でもそう書いていますが、それをハゲタカと奴隷とアーティストの三択だという表現にしたこともあります。余談ですが、『10年後に失敗しない　未来予想図』(神宮館、二〇一六年)という子ども向けの本だと、出版社さんから「森永さん、奴隷はやめてください」と言われ、「しもべ」ではどうか、などとしているうちに、結局「従僕」ということで落ち着いたことがあります。わざと訳がわからないようにしたみたいですが。

斎藤　ハゲタカというのは一般的に、短期的な利益の獲得だけを狙う投資ファンドなどを指すことが多いようですが、森永さんはもう少し広く「働かずにカネを稼ぐ人、カネにカネを稼がせる人」のことをそう呼んでますね。残念ながら、結局、ハゲタカは残っていきそうに思います。

森永　本当にひどい状況です。実際は経済学の教科書ならどこにでも書いてあることの逆になっています。規制緩和をどんどん進めて、きちんと競争で勝った者が生き残る社会にすると、「完全競争の下では全ての企業の利益はゼロになる」ということが経済学の教えですから、儲かるということが起きないはずなのです。つまり、まともな商売をしていたら儲からないようになる完全競争の社会に向かっているようでありながら、都心の六本木や麻布といった界隈に年収数十億円のとてつもない金持ちが大量発生しているのです。これもテレビなどで言うと袋だたきに遭うのですが、そういう連中がしているビジネスは、三パターンしかなくて、博打と詐欺と泥棒なのです。どういう意味でそう言っているかは私の近著『雇用破壊』(角川新書、二〇一六年)を見ていただきたいのですが、巨万の富を手に入れる者があって、しかも止まることがないのです。

一億あったら一生、十億あったら子どもの代まで、百億あったら孫の代まで遊んで暮らせるのに、とてつもない金持ちたちは百億、二百億あっても全然止まりません。覚醒剤中毒と一緒でお金中毒という病気ではないかと言いたい。彼らはパイが大きくなるにしてもそれを独り占めして、そのしわ寄せを全部下に持っていくのですから、庶民の生活がまったく良くならない構造になっています。

斎藤　何のために我々は社会を作ってきたのかと、そういう根源的な話になりますね。私もいつもそんなことばかり考えるようになってしまいました。

森永　彼らは、同じ人間どうしだと思っていないのでは、と思ってしまいます。道具だと思っているのでしょう。品格のかけらもない人たちが実は世の中を支配するようになっています。

斎藤　本書を最初に出した時は、いくら何でもそこまでは考えられませんでした。やはりＡＩ(人工知能)などの発達が状況の悪化を加速するということになりますか。

森永　なっていくと思います。そうなっても、マルクス経済学で想定していたような、あまりに搾取が進むと労働者による革命が起き、最終的に共産主義に移行していくとはなりそうにありません。

斎藤　マルクスの時代は、一応「人間対人間」ではありました。

森永　金こそが神になっていますね。そして稼げる人には信奉者がつく。笑い話になりますが、有料のメールマガジンを私もやったことが一年ほどあって、最後でも二百人に届かない程度でした。いま有名なメルマガはホリエモン(堀江貴文)のもので、五〇〇〇人ぐらい読んでいるそうです。私はかなり本気を出して毎週原稿用紙一〇枚分ぐらいは書いて出し続けていたのですが。ホリエモンは、とあるセミナーですが「会社は半日で作れる」と言うような人ですよ。そうなのかなと私も思いましたが、実際に今の自分の会社を作った実体験でいうと、三か月ぐらい掛かったわけで、半日では絶対できないものです。

斎藤　ホリエモンと森永さんに知名度の差はありません。メルマガの料金もあちらはケタ外れでしょうし。彼の人気は、神と信奉者の関係だということになりますね。

森永　私が最近強く思うことがあるのです。それは安倍総理も言っていることだし、最近まで割りとまともだったエコノミストも言うのを聞いたばかりなのですが、「世界の目標は平和と繁栄だ」という言い方をします。これはおかしいのではないかと思うのです。「平和と平等」でしょう。そう思って発言したりすると、周囲は、それは間違っている、という反応になります。

斎藤 それはそのエコノミスト氏だけでなくて？

森永 そうですね、経済学者の竹中平蔵にも強く批判されました。彼らの思想は、パイが大きくなれば、ということですから。

斎藤 大きくなれば分配もそれなりにできる、結果として平等に結びつくという論法をでっち上げたがりますね。

森永 それ以前に、とりあえずパイを大きくしなければいけない、というだけのように思えます。パイを大きくしても、金持ちが総取りしていたら何にもならないと思うのは当然でしょう。

近年、ピケティの『21世紀の資本』がブームになりました。私が一番なるほどと思ったのは、資本の収益率と経済成長率の関係です。

経済成長率は景気によって動きますが、資本の収益率はほぼ一貫して五パーセントぐらいで、ずっと安定しています。経済成長率は、常にその下を行っている。それは、パイの増え方よりも常に資本の収益率が高いということであり、金持ちの取り分の伸び方の方が経済の伸び方より大きいということです。ですから、格差は拡大するに決まっているのです。高度成長の時期は、その二つの率は近づきますから、あまり不平等化が進行しません。けれども、景気のよしあしに関係なく資本収益率の方は常に上回るのは、お金持ちは、常にお金を増やし続けないと満足できないようになっているからだと思います。

これは覚醒剤などの中毒と一緒だと思うのです。ならば、この病気は何とか治さないといけないと思いますから、この間大阪でのテレビ番組で「今すぐやるべきは富裕層を逮捕して矯正治療施設に入れることです」と言ったら、芸人さんの司会者が壇から下りてきて、「森永さん、あなたを逮捕します」と。そこは笑いの場面となりますが、その番組にはそれ以来呼ばれなくなってしまいました。

斎藤　テレビ番組もそうですし、近年はジャーナリストやニコノミスト、の発言がことごとく政府に同調的になっている傾向が強まっていませんか。

森永　朱に交われば赤くなるということもあるし、それだけではないかもしれません。例えば、米軍の批判をするジャーナリストがいると、そういう人に対して、アメリカがご招待をするということもあります。〝あごあし〟を全部アメリカ側が持って、会いたい取材対象に会わせてくれる。力のある記者は今でもやっているのだと思っています。実は十年ほど前に一回、私のところにもアメリカ海軍から「あなたを空母にご招待するから来てください」と、金箔が押してあるような立派な招待状が来たことがありました。すぐ捨ててしまったのですが、レターの実物だけでも取っておけばよかったですね。

斎藤　相手の目的はハッキリしているのですから、取材はありがたくさせていただいて、だけどもきちんとぶった斬るというのが理想かもしれません。次から誘ってくれなくなりますけどね。みなさん妙に義理がたいのかな。

森永　講演料一つとっても、企業相手のものだと一回で百万円だという話などを聞くと、札束でひっぱたかれると動くもの、と考えてしまいます。飛躍するかもしれませんが、米大統領候補(対談時)のヒラリー・クリントンですが、ロシアの原子力企業がアメリカの鉱山会社を買う時にクリントン財団として百億以上の寄付をもらった上に、ビル・クリントンの講演ギャラが五千万円と言います。そんな額の講演料は、私の感覚で言うと一〇〇パーセント賄賂ですね。

斎藤　今回書き下ろした序章でも触れたのですが、経済学者の中谷巌さんが懺悔の本を出した時に、新自由主義とは理論として良いからというのではなくて、ヨーロッパやアメリカのエリートたちはそれだと潤うから進めている、ということを言っているのです。そういう現実があるから、ますますお金が全てであるという価値観が信仰のようになっていくのでしょう。

森永　中谷さんについては、私が三和総研に勤めていたとき、理事長として彼がやって来たという奇縁があります。私は新聞や雑誌でがんがん批判していたので、ある朝エレベーターに飛び乗ったら二人きりで、結構冷や汗かいたりもしましたが、そんなことよりも、研究経費を注ぎ込んで「IT全集を作る」と進めたところで、ITバブルがはじけて、中断してしまったこともありましたね。
中谷さんの一番大きい罪は、竹中平蔵を育てて世に出したことではないでしょうか。一例にしかすぎませんが、竹中が経済財政担当大臣をしていた時に、派遣法の改正で製造業への派遣労働が解禁になったのです。その結果、派遣業界はものすごく業容拡大をしたのですが、その直後、大臣を降りた竹中は派遣大手のパソナの会長に就任しました。これをなぜか、誰も問題にしないのですが。パソナの役員の平均年棒は三千万円ぐらいのようなので、会長だと五千万円の報酬になっているのではないでしょうか。それは問題だろうと今でも思っているのです。
ただ、よくない期待ですが、今、銀座四丁目にある鳩居堂前の坪単価が路線価で九一年のバブルのピークの時(一億二千万円)に近づいて、一億五百六十万円になりました。バブルとほぼ同じところまで来ていて、今回の土地バブルはオリンピックの前に大体ははじけるでしょうから、マネーゲームばかりやっている連中はそのときこそどうなるか、と思ってしまうのです。

斎藤　そういうことも含めて、繰り返しになりますが、生き方の問題を考えなくてはならなくなったようです。

森永　そう思います。

私自身は何を勧めているかというと、生きるためには奴隷の仕事をしなくてはならないかもしれないけれど、まず生活の基礎部分を見直して、思い切りリストラすれば、食っていくだけにはそんなにコストは掛からない。今平日は事務所で一人暮らしをしていますが、一番安い食材をまとめて買ってきて、うまく組み合わせるなどして、一週間の食費は一〇〇〇円ですませています。もう二、三年やっていますから、それで生きていけることは一応実証できています。

そんなふうに生活コストを小さくして、みんなアーティストになるのがよいのではないかと思っているのです。誰にも支配されないで。何も画家とか音楽家だけがアーティストだというのではなくて、俳句や短歌を作ることも、あるいはコレクターになることだって、アーティストの生き方になります。写真を撮ることだっていいし、寺子屋のようなことをするのもいいし、何か自分のクリエイティビティを発揮できることをやっていくことを勧めたいのです。

ギャラがなくてもライブやコンテストに通うアイドルの卵たちの話を聞いたことがありますが、とても貧乏だけどとても幸せそうでした。

斎藤　お金では測れない価値を実践しようということですね。蔓延してしまった新自由主義の世界観を正していく特効薬が見い出せていない現状にあって、アーティストを目指すしかないというのは、支配される側に残された最後の選択肢、ということでしょうか。

森永　本当は、富裕者には重税を課す、ベーシック・インカムを導入する、こういうことで世の中はかなりよくなると思っています。今の支配者たちがとてつもない反対をするでしょうが。

そもそも平等化を進めようという考えが全くないのは、今の支配者側の人たちが、シンガポールなどの「オフショア」にお金を持っていく、つまりは世界的に問題となったタックスヘイブンと同じようなことを行っていることからも、よくわかります。そうしてロンダリングされた金は、麻薬や売春、兵器提供さらには核開発資金などにつながっていると言われているですから、メディアも無自覚ではいけないはずなのですが。

実はもう今、日本は世界最大のタックスヘイブンへの資金供給国になっていると言ってよい状況です。国際決済銀行の統計で見ると。アメリカ・イギリスを抜きました。タックスヘイブンからの利益送金に特別控除を作っていて、法人税を無税にしていますが、私に言わせれば「泥棒に追い銭」の状態です。

斎藤　富裕税の創設は絶対に必要だと私も思いますが、マスコミでも議論さえさせてもらえない状況です。タックスヘイブンのことは随分話題になったものの、例の「パナマ文書」の問題も日本ではまったく広がる気配がありません。森永さんはどんなふうに書いてこられましたか。

森永 いや書いてはいなくて、NHKのラジオ番組でしゃべったことはあります。そのときもNHKが危ないと思ったのか、裏を取りにいって、大丈夫だったという話もついていますが。パナマ文書の問題は、日本がたまたまパナマでは関わりが薄かっただけで、シンガポールを問題にしたら、掃いて捨てるほどの話が出てくるでしょう。

せんだって、清武英利著の『プライベートバンカー』(講談社、二〇一六年)が出版されましたが、そこでは全部実名で書いてありました。実名で書くと訴訟を起こされたりするのが怖いというのも正直なところですから、とても尊敬しました。それにしても、シンガポールでは節税だけでなく、相続税がないから移住して、という人たちもある。こうした心理は私たちには想像のしようもありません。

斎藤 国際決済銀行のデータで日本のことが出てくるのですね。自分でもあらためて調べてみたいと思います。それにしてもマスコミにはこうした事情は一切取り上げられませんね。ニュースにしてくれない。

森永 はい。どういうニュース価値があるのか、よくわからないのだと思います。庶民には接点がありませんから。

ですから、この『機会不平等』がなぜ衝撃だったかというと、庶民がここで書かれている人たちと接点がなく、何を本音では考えているか、知るよしもなかったからなのですね。普段の暮らしからは見えてこないものですから。

お金持ちの心理を知るためには、高級住宅街で突撃取材をして、「どうやって稼いだのですか」「どうやってこの家を建てたのですか」と聞くしかないかもしれないですね。

斎藤　本書の最初の版から今にいたる間に、民主党政権の時代がありました。格差拡大に関して影響があったと思いますか。

森永　今のリベラルの人気失速について、最大の原因を作ったのは民主党だと私は思っています。二〇〇九年の民主党のマニフェストは、実は私もちょっと手伝ったこともあってよく知っていますが、整合性も取れていて、すごく良くできていたと思っているのです。ところが、鳩山(由紀夫)首相は辞任して謎の引退表明、小沢(一郎)幹事長は冤罪で追い詰められ、結局菅(直人)政権を挟んで野田(佳彦)政権になった時に、マニフェストとすべて真逆の政策を進めるようになってしまっていました。ＴＰＰは参加する。消費税は上げる。子ども手当は抑えこむ。法人税率は下げる。これだけ真逆に転換するのを見た国民は、「あ、民主党の掲げていた政策とはそもそも妄想で、実現不可能な政策だった」と思ってしまったのです。要するに、リベラルなどは実現不可能だと思って安倍政権を支持するようになってしまった。

でも、リベラルから保守への再転換かというと、本当はそうではないのです。私は金融緩和をずっと主張してきましたが、世界全体で見ると、財政金融政策においてはリベラルの方がむしろ緩和の方向で、保守の側の方が引き締めを図るものなのです。そういう意味では、安倍首相がうまかったのは、金融政策で一部リベラルをつまみ食いするというところです。他の政策でもそうですが、やっていることの本質は超タカ派路線ですが、取り込むこともしているのです。

民主党が民進党になって、安倍政権につまみ食いされたことも含めて反省し、もう一回出直すなら良かったのですが、新しい代表に蓮舫が選ばれる前に何をしたいのかよくわからなかったので、テレビ番組で、民進党内で誰と仲がいいんですか、と聞いたことがあるのです。そうしたら、蓮舫は「言えません」という答えでしたが、代表になったあとに指名した幹事長は野田元首相でした。これでは民進党は終わった、とラジオ番組で話をしたのですが、実際に、民進党の新執行部が発表された途端に、安倍政権の支持率は上がったのです。

斎藤　なかなか状況を変える手がかりが見つけにくいわけですが、それでもどうしたらいいか、を考えるとすると、どこからでしょう。

森永　私は先ほど言ったように、みんなでアーティストになろう、ということですね。体は売っても魂は売らない、精神までは支配されない、という気持ちで行くしかないでしょう。

斎藤　私も格差問題だけでなく、監視社会の問題をテーマで話をするときにも、質問されると、結局そういう話に行き着くことばかりです。あんな連中に支配され、操られるような人生にだけはしてはいけないと思う。

社会全体を一から立て直さなければならないのはもちろんですが、事ここまでに至ってしまったら、もはや一朝一夕にはどうにもなりません。私たちが生きている間は何もかも彼らに独占されたままかもしれないけれど、であるならなおさら、私は金の亡者ではない、せめてもの真っ当な魂を湛えた人間でありたいと願っています。ただ、状況に慣れすぎてはならない。これほど理不尽な時代に抗う精神を失ってしまったら、人間はおしまいだと思うのです。

森永　ただ、私はずっと言ってきていることがあるのです。たとえば、反原発で運動している人たちと話していると、彼らだ「みんなで戦おう」とすぐに言いがちなのですが、私は、逆に、「連帯はやめよう」と言うのです。一人ひとりがその立場でできる最大限のことをするのだ、と。できれば、同時多発的に。普段の暮らしの中で、戦うのは大変ですが、無抵抗よりましです。

ここで思い出すのですが、小学校の時にガンジーは「非暴力・無抵抗」を貫いたと習ったままをずっとそう思っていたのですが、実はすごい誤訳で、彼は「非暴力・不服従」だったのです。

庶民はヒット・アンド・アウェイでジャブを打つということを、連帯せずにやるのが私はいいのではないかと思っています。

斎藤　「連帯」を最優先しようとすると、この夏(二〇一六年七月)の都知事選での野党共闘のようになるおそれもあります。

森永　そうですね。それに連帯すればするほど、支配者はそこを根こそぎつぶしに掛かってきます。

斎藤　人間がどこまで人間であり続けられるかが問われている時代なのだと思います。

(二〇一六年九月)

【もりなが・たくろう】　一九五七年生まれ。経済アナリスト、獨協大学教授。著書に『老後破産しないために、年金13万円時代でも暮らせるメタボ家計ダイエット』(扶桑社新書)、『庶民は知らないデフレの真実』(角川SSC新書)など。

本書は、二〇〇〇年十一月に文藝春秋から刊行され、加筆が施されたうえで二〇〇四年二月に文春文庫として刊行された同名書をもとに、一部の内容を省き新稿を加えるなど、再編集したものである。

機会不平等

2016年11月16日　第1刷発行

著　者　斎藤貴男《さいとうたかお》

発行者　岡本　厚

発行所　株式会社　岩波書店
〒101-8002 東京都千代田区一ツ橋2-5-5

案内 03-5210-4000　営業部 03-5210-4111
現代文庫編集部 03-5210-4136
http://www.iwanami.co.jp/

印刷・精興社　製本・中永製本

ISBN 978-4-00-603302-6　　Printed in Japan

岩波現代文庫の発足に際して

新しい世紀が目前に迫っている。しかし二〇世紀は、戦争、貧困、差別と抑圧、民族間の憎悪等に対して本質的な解決策を見いだすことができなかったばかりか、文明の名による自然破壊は人類の存続を脅かすまでに拡大した。一方、第二次大戦後より半世紀余の間、ひたすら追い求めてきた物質的豊かさが必ずしも真の幸福に直結せず、むしろ社会のありかたを歪め、人間精神の荒廃をもたらすという逆説を、われわれは人類史上はじめて痛切に体験した。

それゆえ先人たちが第二次世界大戦後の諸問題といかに取り組み、思考し、解決を模索したかの軌跡を読みとくことは、今日の緊急の課題であるにとどまらず、将来にわたって必須の知的営為となるはずである。幸いわれわれの前には、この時代の様ざまな葛藤から生まれた、人文、社会、自然諸科学をはじめ、文学作品、ヒューマン・ドキュメントにいたる広範な分野のすぐれた成果の蓄積が存在する。

岩波現代文庫は、これらの学問的、文芸的な達成を、日本人の思索に切実な影響を与えた諸外国の著作とともに、厳選して収録し、次代に手渡していこうという目的をもって発刊される。いまや、次々に生起する大小の悲喜劇に対してわれわれは傍観者であることは許されない。一人ひとりが生活と思想を再構築すべき時である。

岩波現代文庫は、戦後日本人の知的自叙伝ともいうべき書物群であり、現状に甘んずることなく困難な事態に正対して、持続的に思考し、未来を拓こうとする同時代人の糧となるであろう。

（二〇〇〇年一月）

S297
フードバンクという挑戦
―貧困と飽食のあいだで―
大原悦子

食べられるのに捨てられてゆく大量の食品。一方に、空腹に苦しむ人びと。両者をつなぐフードバンクの活動の、これまでとこれからを見つめる。

S298
いのちの旅
「水俣学」への軌跡
原田正純

水俣病公式確認から六〇年。人類の負の遺産「水俣」を将来に活かすべく水俣学を提唱した著者が、様々な出会いの中に見出した希望の原点とは。〈解説〉花田昌宣

S299
紙の建築　行動する
―建築家は社会のために何ができるか―
坂茂

地震や水害が起きるたび、世界中の被災者のもとへ駆けつける建築家が、命を守る建築の誕生とその人道的な実践を語る。カラー写真多数。

S300
犬、そして猫が生きる力をくれた
―介助犬と人びとの新しい物語―
大塚敦子

保護された犬を受刑者が介助犬に育てるという米国での画期的な試みが始まって三〇年。保護猫が刑務所で受刑者と暮らし始めたこと、元受刑者のその後も活写する。

S301
沖縄　若夏の記憶
大石芳野

戦争や基地の悲劇を背負いながらも、豊かな風土に寄り添い独自の文化を育んできた沖縄。その魅力を撮りつづけてきた著者の、珠玉のフォトエッセイ。カラー写真多数。

2016.11

岩波現代文庫[社会]

S302

機会不平等

斎藤貴男

機会すら平等に与えられない〝新たな階級社会の現出〟を粘り強い取材で明らかにした衝撃の著作。最新事情をめぐる新章と、森永卓郎氏との対談を増補。

2016. 11